Eva-Maria & Wolfram Zurhorst

Liebe dich selbst
auch wenn du deinen Job verlierst

GOLDMANN
ARKANA

EVA-MARIA & WOLFRAM ZURHORST

Liebe dich selbst

auch wenn du deinen Job verlierst

Unter Mitwirkung von Dr. Christoph Quarch

und mit Porträts von

Richard Branson, Paulo Coelho, Sybille Grüter,
Eckart von Hirschhausen, Hape Kerkeling,
Anne Koark, Dieter Leipold und Peter Kowalsky,
Georg Schöffler, Susanne Schöning, Eckhart Tolle,
Neale Donald Walsch und Oprah Winfrey

GOLDMANN
ARKANA

Verlagsgruppe Random House FSC-DEU-0100
Das FSC-zertifizierte Papier *Munken Premium Cream* für dieses Buch
liefert Arctic Paper Munkedals AB, Schweden.

1. Auflage
Originalausgabe
© 2009 Arkana, München
in der Verlagsgruppe Random House GmbH
Lektorat: Wiebke Rossa
Satz: Barbara Rabus
Druck und Bindung: GGP Media GmbH, Pößneck
Printed in Germany
978-3-442-33861-0

www.arkana-verlag.de

Für unsere Väter

Finde heraus, was du tun willst,
und tue es dann aus vollem Herzen.

Buddha

INHALT

Vorwort

Was für ein ignoranter Titel
in Zeiten wirtschaftlicher Verunsicherung 15

I. TEIL
Das Geschenk der Wirtschaftskrise

1. Ich bin die Wirtschaft 23

2. Dankbar für die Kündigung ...? 40

   Porträt: Anne Koark 50

3. Nur meine Geschichte ...
   oder auch Teil Ihrer Geschichte? 58

4. Das Schicksal führt jene, die es annehmen.
   Die es ablehnen, zwingt es 68

5. Mit Vollgas in die nächste Sackgasse 81

6. Von Ehefrauen, Exkollegen
   und anderen gut meinenden Ratgebern 93

Porträt: Hape Kerkeling 95

7. Weniger Karriere, mehr Leben 105

   Porträt: Neale Donald Walsch 114

8. Eine Krise trifft selten nur einen allein
   oder Krise im Job – Krise zu Hause 119

9. Beruf oder Berufung 139

   Porträt: Eckart von Hirschhausen 145

10. Mehr Angst vor der Arbeit oder
    vor der Arbeitslosigkeit? 160

11. Unsere größte Angst ist die vor dem Erfolg 171

12. Führungskraft ist passiv 186

II. TEIL
Der Weg in die Berufung

1. Sonne, Meer und Arbeit 203

2. Verkaufen Sie Ihre Zeit, oder
   folgen Sie Ihrer Berufung? 212

   Porträt: Dieter Leipold und Peter Kowalsky 217

3. Gucken Sie ab! Suchen Sie sich Vorbilder 229

   Porträt: Paulo Coelho 230

   Porträt: Richard Branson 239

4. Wer loslässt, hat zwei Hände frei 246

   Porträt: Georg Schöffler 247

5. Friede, Freude – Eierk…? Erfolg! 267

   Porträt: Eckhart Tolle 275

   Porträt: Susanne Schöning 287

6. Wer Erfolg haben will, muss auch bereit sein,
   Erfolg anzunehmen 290

   Porträt: Sybille Grüter 299

7. Am Anfang steht immer nur ein Gedanke 307

8. Ändere deine Gedanken,
   dann ändert sich dein Leben 321

   Porträt: Oprah Winfrey 326

Nachwort 335

Dank 343

Danke *von Paulo Coelho* 345

Literaturnachweis 347

Wenn dieses Buch den Weg zu Ihnen gefunden hat,

DANN WILL ETWAS IN IHNEN

- ⋯⇥ nicht mehr wie in einer Tretmühle funktionieren

- ⋯⇥ nicht mehr bis zur Rente warten, um seine Träume zu verwirklichen

DANN HABEN SIE DIESER WELT ETWAS ZU GEBEN.

DANN IST ETWAS IN IHNEN REIF

⟶ für den Wechsel vom Job zur Berufung

⟶ für mehr Lebensfreude und Leidenschaft

⟶ für eine neue Form von Wohlstand

⟶ für echten, nachhaltigen Erfolg

Dann kann die aktuelle Wirtschaftskrise zu Ihrem Sprungbrett in Ihre wahre Berufung werden.

Vorwort

WAS FÜR EIN IGNORANTER TITEL
in Zeiten wirtschaftlicher Verunsicherung

Als wir Ende 2007 unserem Verleger dieses Buch vorschlugen, war für uns eine Wirtschaftskrise in unserem Land nicht in Sicht. Ganz im Gegenteil, wir waren erschrocken, wie viele Menschen trotz immer mehr Konsum und Wohlstand in immer auswegloseren, persönlichen Krisen zu uns kamen. Für uns wurde im Rahmen unserer Arbeit immer deutlicher, dass wir den Blick der Menschen, die nach dauerhafter und tief greifender persönlicher Wandlung suchen, unbedingt auch auf ihr Berufsleben richten müssten. Dass niemand sich über Jahre, oft Jahrzehnte hinweg uneingeschränkt beruflich auslaugen und selbst ausbeuten kann, ohne sich selbst und sein Beziehungsleben damit zu gefährden. Dass niemand einfach den größten Teil des Tages abgeschnitten von seinem Gefühl, seinem Herzen und seinem Wesen unter Extremdruck agieren und abends auf Nähe, Erfüllung und echte Begegnung hoffen kann. Dass ein Leben auf der Überholspur oft vor die Wand führt. Dass ein Job etwas anderes ist als die Berufung.

So fingen wir an, dieses Buch zu konzipieren, in der Hoffnung, vor allem auch Männer für einen neuen Umgang mit Beruf und Beziehung zu begeistern, nachdem wir bereits Millionen von Frauen auf der ganzen Welt mit unserem *Liebe dich*

Was für ein ignoranter Titel ... ∞ 15

selbst-Konzept erreicht hatten. Beim Konzeptionieren und Zusammentragen für dieses Buch saßen wir eines Tages zusammen und wussten klarer denn je: So kann dieses vor allem von Kompensation, Druck und Gier bestimmte Wirtschafts- und Arbeitsleben nicht mehr weitergehen, wenn Menschen wieder erfüllt und lebendig leben wollen. Kaum hatten wir diesen Gedanken so klar formuliert und wollten ihn zur zentralen These dieses Buches machen, überschlugen sich die Medien mit Hiobsbotschaften. Es war fast gespenstig: Immer neue Meldungen über die internationale Banken- und Finanzkrise, den Zusammenbruch von überschuldeten Unternehmen, über Werksschließungen und drohende Kündigungswellen für Zigtausende Arbeitnehmer in allen möglichen Branchen.

Während wir seit einem Jahr an diesem Buch schreiben, wird diese Entwicklung immer drastischer. Mittlerweile ist längst die Rede von der größten Rezession seit Kriegsende. Die Wirtschaftsleistung Deutschlands sinkt von Quartal zu Quartal immer weiter. Sowohl die Bundesregierung als auch die führenden Wirtschaftsinstitute rechnen für das Jahr 2009 mit dem stärksten wirtschaftlichen Einbruch seit Gründung der Bundesrepublik. Gleichzeitig wachsen die Steuerausfälle in einem Ausmaß, das es in Deutschland noch nie gegeben hat, was wiederum zu einer ebenfalls nie da gewesenen explosionsartigen, staatlichen Neuverschuldung führt. Kein namhafter Wirtschaftsexperte wagt es im Moment, eine nennenswerte Aufwärtsentwicklung dieses Abwärtstrends für die kommenden Jahre zu prognostizieren.

Als wir anfingen, dieses Buch zu schreiben, konnten wir uns kaum vorstellen, dass Angst und Druck im Berufsleben noch stärker werden könnten. Aber heute erleben wir eine fast epidemieartig um sich greifende, gesellschaftliche Verunsiche-

16 ∞ *Vorwort*

rung. Allerorts schalten die Menschen auf Überlebensmodus; sind paralysiert, arbeiten noch mehr, kämpfen noch mehr. Quer durch alle Gesellschaftsschichten wächst die Tendenz festzuhalten, wird angespannt über mögliche Kollapsszenarien in der Zukunft spekuliert. Und nun kommen die Zurhorsts daher und schreiben so lapidar, man solle sich freuen, wenn der Job weg ist. Die spinnen doch!

Falls Sie unsere *Liebe dich selbst*-Bücher schon kennen, wissen Sie, dass wir mit unseren Titeln gerne provozieren. Das tun wir aber stets nur aus einem Grund: Um unsere Leser an einem schwierigen Punkt ihres Lebens und ihrer persönlichen Entwicklung für eine neue Sicht der Dinge zu öffnen. Eine Sicht, die vielleicht auf den ersten Blick befremdlich oder gar bedrohlich wirkt. Wer hier aber nicht gleich aus Gewohnheit urteilt und sich verschließt, sondern stattdessen wenigstens für eine Buchlänge bereit ist, sich jenseits vertrauter Denkmuster tiefer einzulassen, dem bietet sich die Chance, die Grenzen dieser Krise, der eigenen Persönlichkeit und des eingefahrenen, oft von überholten Glaubenssätzen eingeschränkten Denkens zu überwinden, einengende Vorurteile hinter sich zu lassen und Ansprüche zu lockern. Daraus kann sich ein neues Lebens- und Berufsmodell, eine neue Lebensqualität, wahre Erfüllung und – in diesem besonderen Kontext – auch eine neuen Art von natürlichem Wohlstand eröffnen. Aber dafür werden in diesen turbulenten Zeiten Menschen gebraucht, die zu einem solchen Wagnis nicht nur für sich persönlich, sondern auch für diese Gesellschaft bereit sind. Vielleicht sind Sie ja einer von ihnen …

Liebe dich selbst, auch wenn du deinen Job verlierst? Am Anfang ist es wohl fast immer eher beängstigend und verunsichernd. Aber rückblickend betrachtet ist es für die persönliche

Entwicklung oft ein Segen, aus den alten, sicheren, aber eingefahrenen Gleisen gehoben worden zu sein. Für jeden von uns beiden war es das Beste, was uns passieren konnte, dass wir von einem Tag auf den anderen unsere Arbeit verloren haben. Auch wenn jeder von uns das unfreiwillige Ende seiner bisherigen Karriere zu einem anderen Zeitpunkt und in einer anderen Lebensphase erlebte – so waren die tiefer liegenden Prozesse doch die gleichen.

Erst vom überraschenden Schock, von den darauf folgenden, immer neu aufsteigenden Existenzängsten, vom Dahinschmelzen unserer Sicherheiten und Zerbröckeln des äußeren Images waren wir ausreichend weich gekocht und aus den gewohnten Gleisen geworfen, um dem lange aufgestauten Druck endlich nachzugeben und uns mit unseren inneren Bedürfnissen ernst zu nehmen. Waren wir endlich – wenn auch gezwungenermaßen – bereit, unsere Prioritäten neu zu setzen, unsere Ansprüche zu hinterfragen und uns für unsere echten Talente, unsere innere Berufung und für ganzheitlichen, auch unsere Seele erfüllenden Wohlstand auf neuen, lebendigeren Wegen zu öffnen.

Allerdings mussten wir erst willens sein, hinter der alltäglichen Informationsflut und dem ständigen, aufgeregten Rauschen der Tagesnachrichten nach tieferen Zusammenhängen und Erklärungen für die Dinge zu suchen. Das wären wir ohne den Druck dieser existenziellen Krise zum damaligen Zeitpunkt nicht gewesen. Erst sie hat uns so ins Abseits manövriert, dass wir still werden und die feinen Kräfte des Lebens wieder zulassen konnten. Sie sorgten dafür, dass unter diesem vermeintlichen Erfolgsgebilde, das wir mit Kraft, aber oft ohne inneren Kontakt unermüdlich aufgebaut hatten, endlich wieder alles in eine natürliche Ordnung fallen konnte.

18 ∞ *Vorwort*

Egal, wie unüberwindbar und existenziell Ihnen Ihre Krise gerade erscheint – Sie haben Ihren Job verloren, Ihre Firma ist pleite oder steht vor dem Aus, der Druck in Ihrer Abteilung ist kaum noch zu ertragen, Sie sind völlig ausgebrannt, Ihre Karriere ist nur noch eine leere, glänzende Hülle, unter der sich alles tot anfühlt –, diese Krise ist der Startpunkt für etwas Echteres. Wenn Sie sie erforschen, verstehen und annehmen, statt sich in der Rolle des Opfers immer weiter festzubeißen, dann wird diese Krise zu einem solideren Fundament für Ihren beruflichen Weg, als Sie es je hatten. Dann können Sie in ihr all das Potenzial entdecken, das Sie für tragenden Erfolg brauchen.

Das erste *Liebe dich selbst*-Buch habe ich (Eva) noch alleine, an der Peripherie des Managerlebens meines Mannes geschrieben. Er wusste, dass ich ein Buch über Beziehungen schreiben wollte. Er sah mich in jeder freien Minute vor dem Computer sitzen. Aber in das Innere des Buches wollte er nie ungefragt vordringen. Als ich mit dem Schreiben begann, schien seine Karriere noch ungebremst auf Erfolgskurs, wie sie es bis dahin immer gewesen war. Aber während ich weiterschrieb, verlor er sozusagen über Nacht völlig unerwartet seinen Job. Es war wie ein Schock für uns alle. Doch ohne diesen Schock wäre er wahrscheinlich nicht bereit gewesen, über seine alten Grenzen hinauszuwachsen und sich für das Innere von *Liebe dich selbst* zu öffnen. So weit, dass er tatsächlich bereit war, sein Leben völlig umzukrempeln, seine alte Karriere hinter sich zu lassen, sich selbst zu entdecken, seine Talente freizulassen und später sogar am zweiten Buch mitzuschreiben.

Dieses dritte Buch habe ich (Wolfram) sogar initiiert. Es hat mir in den letzten Monaten immer mehr auf der Seele ge-

Was für ein ignoranter Titel ... ∞ 19

brannt, nachdem ich in meiner jetzigen Arbeit, vor allem bei den Männern, so viel Orientierungslosigkeit in Berufsfragen erlebt habe und eine immer klarere Verbindung zwischen dieser Orientierungslosigkeit im Berufsleben und in den persönlichen Beziehungen erkennen musste. Ich bin mittlerweile davon überzeugt: Es braucht unbedingt einen radikalen Wandel in der Betrachtung und Beurteilung von Erfolg, Wachstum und Wohlstand. Und ein Ende dieser alten Männermär, dass auf der einen Seite das Berufsleben und auf der anderen das Privatleben ist – und zwischen beiden keinerlei Verbindung bestehen sollte.

Dies kann ich allerdings erst so überzeugt sagen, seit ich mein altes Gerüst komplett verloren und danach etwas viel Echteres und Kraftvolleres gefunden habe. Eine Arbeit, bei der ich mir die Fragen stelle: Macht sie mir wirklich Spaß und gibt sie Raum für wachsende Kreativität? Kann ich hier meine Talente einbringen? Kann ich anderen etwas geben? Fördert sie das Zusammensein in meiner Familie? Bringt sie Wohlstand auf allen Ebenen? Lässt sie mir Raum für Genuss, Stille und Entfaltung? Sorgt sie für neues Bewusstsein und die Wiedergenesung unserer Welt? Bringt sie mir und anderen Glück und Zufriedenheit?

Im Gegensatz zu früher, als ich noch in den Gleisen meiner scheinbar sicheren und zielstrebigen Karriere war, kann ich diese Fragen jetzt einfach mit Ja beantworten. Können Sie das auch? Wenn nicht, dann kann genau dieses ehrliche Eingeständnis der Startpunkt für einen neuen Weg in Ihre Berufung und persönliche Erfüllung sein.

I. TEIL

Das Geschenk der Wirtschaftskrise

1. Kapitel

ICH BIN DIE WIRTSCHAFT

Ein bedeutender Teil der Weltbevölkerung wird bald erkennen – falls er das nicht schon getan hat –, dass die Menschheit jetzt nur noch eine Wahl hat: Weiterentwicklung oder Tod.« Das sagt Eckhart Tolle, ehemaliger Wissenschaftler an der Cambridge University und heute einer der größten Weisheitslehrer unserer Zeit, in seinem Buch *Eine neue Erde*. Die einflussreichste Talkmasterin der Welt, die Amerikanerin Oprah Winfrey, hat diesem Mann und diesem Buch zehn eigene Talksendungen gewidmet, die über das Internetfernsehen in die ganze Welt ausgestrahlt und von Millionen Menschen aller Nationalitäten auf allen Kontinenten angeschaut wurden.

»Nach allem, was mir meine Daten sagen, ist eine Weltwirtschaftskrise in den nächsten fünf Jahren sehr wahrscheinlich. Die Globalisierung selbst hat eine große Blase erzeugt, die über kurz oder lang entweder schnell platzen oder langsam in sich zusammensinken muss. Wenn ich die Zeichen richtig verstehe, die uns die Weltwirtschaft derzeit überall hinterlässt, dann muss es krachen – und zwar mit einer gewaltigen Wucht.« Das schreibt der Wirtschaftsprofessor Max Otte 2006 in seinem Bestseller *Der Crash kommt*.

Ein Weisheitslehrer und ein Wirtschaftsexperte. Beide sagen uns eine globale Krise voraus, und beide schreiben ihre

Ich bin die Wirtschaft ∞ 23

Bücher nicht, um Untergangsstimmung zu verbreiten, sondern um uns aufzuwecken. »Wenn ich mit meinen Analysen richtigliege, dann bereiten Sie sich lieber früher als später auf die Krise vor. Es ist höchste Zeit.« Davon ist Max Otte überzeugt. Eckhart Tolle sagt etwas Ähnliches voraus: »Unsere bisherige Sicht der Welt funktioniert nicht mehr. Wenn wir sie nicht ändern, bewegen wir uns auf zunehmend gefährlichem Terrain mit dem Potenzial zur Selbstzerstörung.«

Wir beide sind keine Weisheitslehrer und auch keine Wirtschaftsexperten. Unsere Kompetenz ist es, uns mit unserem Leben und unserer Arbeit auch in Zeiten der Krise immer glücklicher zu fühlen; zwar beruflich in Bewegung zu sein, aber nicht von äußeren Wellen geschüttelt zu werden; mit dem, was wir tun, äußerlich messbaren Erfolg zu haben und gleichzeitig innerlich erfüllter zu werden; und in unserer Arbeit mit Tausenden von Menschen die Prognosen der beiden Experten und unsere eigenen Erfahrungen allerorts bestätigt zu finden. Sosehr wir unser eigenes Berufsleben einem grundlegenden Wandel zugunsten unserer persönlichen Talente und Bedürfnisse unterzogen und es unserer individuellen Persönlichkeit angepasst haben, sosehr wir unsere Träume und Visionen realisieren, sosehr sehen wir die klassischen, oft statischen Beziehungs- und Berufsmodelle in wachsendem Maße kollabieren.

Unsere Gesellschaft rast in immer höherer Geschwindigkeit durch die tiefgreifendste Transformation seit der industriellen Revolution. Niemand glaubt mehr daran, dass dieser temporeiche Wandel einfach nur in niemals endende Prosperität und in ungetrübtes, lineares Wachstum führen kann. Jedes dritte Unternehmen in Deutschland baut Arbeitsplätze ab. Selbst in Firmen, denen es noch gut geht, sitzt den Mitarbeitern die Angst im Nacken. Mittlerweile befürchtet ein Drittel der Menschen hierzulande, dass sie im Zuge der anhaltenden Wirtschaftskrise gesellschaftlich abrutschen könnten. Orientierungslosigkeit und die Angst vor Statusverlust breiten sich aus. Das Sicherheitsgefühl ist erschüttert. Niemand weiß, wie sicher sein Job morgen noch ist.

Die Globalisierung reißt alle Grenzen ein. Das Tempo der Entwicklungen verwandelt Unternehmen und die Menschen, die in ihnen arbeiten, rasant. Marktbedingungen ändern sich oft über Nacht. Zusammenschlüsse, Fusionen, Übernahmen – heute wissen Mitarbeiter nicht, wie morgen der Name ihrer Firma lautet und ob ihre Arbeit nicht schon bald von einem anderen Menschen, in einem anderen Land, für einen niedrigeren Lohn übernommen wird.

Die klassischen Lebensläufe im Sinne eines konstanten und beständigen Arbeitslebens, das noch die Generation unserer Eltern prägte, gehören zunehmend der Vergangenheit an. Dienstjubiläen, Zugehörigkeitsurkunden und feierliche Verabschiedungen altgedienter Mitarbeiter werden immer seltener und wirken fast nostalgisch in Zeiten des sich immer schneller drehenden Jobkarussells.

Stattdessen werden die Innovationszyklen immer kürzer und neue Produkte in immer geringeren Abständen auf den Markt geschwemmt. Das sorgt dafür, dass die Menschen, die mit diesen Entwicklungen umgehen, sich immer schneller bewegen und anpassen müssen. Arbeitsverhältnisse werden zu Zweckbündnissen auf Zeit. Statt Festangestellter gibt es Subunternehmer, freie Mitarbeiter und Teilzeitkräfte. An die Stelle von Stammabteilungen treten Projektteams, die nur für die Dauer eines Auftrags zusammenarbeiten.

Arbeitsplatz- und Existenzsicherheit? Naiv, wer das heute

Ich bin die Wirtschaft ∞ 25

noch für sein Leben erwartet. »Die Zukunft braucht uns nicht«, sagt Bill Joy, der Mitbegründer und Vordenker der Computerfirma Sun. Er geht davon aus, dass wir heute erstmalig an einem Punkt stehen, an dem Menschen nicht mehr gebraucht werden, um die Wirtschaft zum Wachsen zu bringen. Begriffe wie Human Resources (menschlicher Rohstoff) oder Human Capital (menschliches Kapital) lassen spüren, wo der Mensch in der Arbeitswelt steht. Bei allem, was wir im Rahmen unserer Coachings und Seminare erleben, ist jeder Versuch, diesem weltweiten Wandlungsprozess mit Kraft, Verdrängung oder hektischer Betriebsamkeit gerecht werden zu wollen, zum Scheitern verurteilt. Es braucht Menschen, die der Tatsache ins Auge sehen, dass die alten Sicherheitssysteme gerade überall in sich zusammenfallen und es trotz wachsendem Fortschritt immer weniger äußeren Halt gibt. Menschen, die wieder bereit sind, sich selbst einer persönlichen Öffnung und Wandlung zu unterziehen, über alte Begrenzungen hinauszugehen und radikal Eigenverantwortung für ihr Tun und ihr Leben zu übernehmen.

Eckhart Tolle macht den Prozess eines konstruktiven globalen Wandels von der Transformation des Einzelnen und seines persönlichen Ego-Bewusstseins abhängig. Max Otte sagt, dass es sich bei dem Ausbruch einer großen Wirtschaftskrise ausschließlich um das Ergebnis menschlichen Verhaltens handelt. Auch unserer Überzeugung nach ist diese globale Krise, von der die beiden Experten reden, kein theoretisches Konstrukt dort draußen und auch kein Fluch, der über uns arme Geschöpfe willkürlich hereinbricht.

Wir alle sind Teil dieser Krise, haben sie mit verursacht, und jedem von uns wohnt die Kraft zur Lösung und zur Neuschöpfung inne.

Unser beider Lebensweg hat uns gezeigt, dass wir selbst höchstpersönlich die Schöpfer unserer Umstände sind. Dieser Glaube an unser aller persönliche Macht und Eigenverantwortung entspricht allerdings nicht der Selbstwahrnehmung der meisten, zurzeit von der globalen wie von persönlichen, beruflichen Krisen betroffenen Menschen.

Zu uns kommen immer öfter Männer und Frauen, die sich im Berufsleben völlig verloren haben und die sich von der gnadenlosen Dominanz der Arbeit über den Rest ihres Lebens erdrückt fühlen. Die sich nach ausgiebigem Klettern auf der Karriereleiter und trotz vielfältigster materieller Errungenschaften völlig ausgebrannt fühlen und denen ihr Berufsleben ohne jegliche Sinnhaftigkeit erscheint. Andere haben seit Jahren resigniert und bringen ihre beruflichen Pflichten tagein, tagaus nur noch wie ein notwendiges Übel zur Existenzerhaltung hinter sich. Menschen, die seit genauso vielen Jahren heimlich von einer ganz anderen Beschäftigung träumen, solche Träume aber unter dem Druck ihrer Existenzängste fest unter Verschluss halten.

Noch öfter erleben wir Menschen, die in ihrem Unternehmen oder bei ihrer Arbeit über Jahre und Jahrzehnte Höchstleistungen vollbracht haben, unter denen trotzdem auf einmal das berufliche Fundament wie ein Kartenhaus zusammenbricht. Sie fühlen sich, wie von einer Naturkatastrophe heimgesucht. Mit dem beruflichen Rahmen scheint gleichzeitig ihr persönlicher Halt zu verschwinden. Aus dem perfekt funktionierenden Anführer wird über Nacht ein Versager. Und natürlich treffen wir im Rahmen unserer Arbeit als Beziehungscoachs auf Heerscharen von Männern und Frauen gleichermaßen, die mit den Jahren zu Sklaven ihrer Arbeit geworden sind. Sie haben jeglichen Halt in ihrer Familie und ihrer Part-

Ich bin die Wirtschaft ∞ 27

nerschaft verloren. Entfremdung vom Partner und von den Kindern hat sich breitgemacht. Lebensmittelpunkt ist längst das Büro geworden. Für Privatleben bleibt kaum noch Raum. Leichtigkeit, Spontanität, Selbstbestimmung und Freiheit sind für sie nur noch Fremdwörter.

Wir schreiben dieses Buch, weil wir jeden der oben beschriebenen Zustände selbst durchlebt haben. Weil wir heute dankbar sind für die vielen Geschenke – die wegweisenden Erkenntnisse und die Rückkehr von Lebendigkeit und Lebensfreude –, die uns aus dem Zusammenbruch unserer einstigen beruflichen Modelle und alten Erfolgsrollen erwachsen sind. Weil wir glauben, dass es jenseits eines unfreiwilligen Karrierecrashs einen neuen Weg gibt, für den sich jeder mit etwas Mut und Risikobereitschaft freiwillig entscheiden kann. Weil wir glauben, dass Beziehungen nur wirklich heilen können, wenn Arbeit, Erfolgsstreben, Wachstumsorientierung und Statusdenken auf ihre rechtmäßigen Plätze verwiesen werden – weit hinter die Beziehungen zu anderen Menschen und die Beziehung zu unserer Erde. Und weil wir eine Tochter haben, die nicht von etwas wächst und gedeiht, was wir ihr geben wollen, wenn wir es irgendwann in einer imaginären Zukunft erreicht haben. Sondern nur von dem, was wir heute im Herzen mit ihr teilen können.

Wir schreiben dieses Buch für alle, die das vage Gefühl haben, dass es einen anderen beruflichen Weg geben kann als ihren bisherigen. Die des Spiels um die ständige Anerkennung müde sind. Die erkannt haben, dass sie für ihr bisweilen ansehnliches Einkommen und den daraus resultierenden Lebensstandard einen zu hohen Preis zahlen, wie Burn-out, Krankheit und gestörte Beziehungen. Die mittlerweile klar sehen: Wer alles auf die Karriere setzt, verpasst sein Leben. Die spüren, dass sie der Welt mehr zu geben haben, und von einem inneren Ruf gedrängt werden, über die alten Grenzen hinauszugehen.

Vielleicht kennen Sie ja die Angst vor diesen kurzen Augenblicken, in denen mal nichts ist. Dann, wenn sich hinter dem andauernden Erfolgslärm ein kleiner, stiller Spalt ins Innere auftut und Sie auf einmal von diesem grauen Gefühl überkommen werden, eigentlich nur eine funktiontüchtige Fassade zu sein, hinter der jede Sinnhaftigkeit und Verbundenheit fehlt. Oder Sie kennen diese seltenen Momente der völligen Entspannung, in denen auf einmal der alte Traum vom Leben anklopft: »Hallo, bist du's noch? Da war doch noch was… Da war doch mal dein Traum! Du hattest doch immer diese Vision! Was ist davon geblieben?«

Schieben Sie diese Sehnsucht nicht länger weg. Der Weg in den Erfolg führt einzig über solche Visionen und Träume, über Freude und Selbstverwirklichung. Dies alles hat nichts mit der Erfüllung eines Karriereplans zu tun, es entspringt Ihrem Inneren, genau wie Ihre Berufung es tut. Diese Berufung kann man nicht anstreben, man kann sie nur erfüllen, weil sie längst in einem verwurzelt ist und lediglich ins Leben gebracht werden will. Sie zu erfüllen ist mehr, als einfach nur einen Job zu finden, der Ihren Qualifikationen entspricht.

Ihre Berufung ist das, was kein anderer Mensch auf dieser Welt besser erfüllen könnte als Sie.

In Ihnen ist eine unverwechselbare Kombination aus Begabungen, Persönlichkeitseigenschaften und Erfahrungen angelegt. Nur wenn Sie diese individuelle Anlagenkombination auch leben, werden Sie am richtigen Platz sein. Diese Anlagen funktionieren wie die Zahlenkombination für einen Tresor. Nur wer die Kombination kennt und anwendet, kann den

Ich bin die Wirtschaft ∞ 29

Tresor öffnen. Wenn Sie Ihre persönlichen Anlagen nicht nutzen, sich stattdessen anpassen, irgendeine Pflicht erfüllen oder äußerem Erfolg und ausschließlich gewinnorientierten Ideen hinterherjagen, dann entfernen Sie sich von dieser Zahlenkombination. Alles wird kräftezehrender, anstrengender und auslaugender. Sie stehen immer mehr neben sich und funktionieren nur noch, anstatt zu leben.

Ihre Berufung zu erfüllen bedeutet, den Weg in die entgegengesetzte Richtung einzuschlagen: Sich immer weiter von der Außenorientierung zu lösen. Prägungen, Normen und übermächtige Pflichtgefühle auf ihre aktuelle Dienlichkeit hin zu untersuchen und sich Schritt um Schritt dem Leben, dem Beruf und mutig den Lebensumständen anzunähern, die ganz individuell zu Ihnen passen und Ihnen Freude machen.

Gäbe es eine Art Kurzanleitung für den Weg aus der beruflichen Sackgasse, würden wir sie ungefähr so zusammenfassen:

Finden Sie heraus, was Sie von Herzen gerne tun. Was wirklich Ihren Talenten entspricht. Woran Sie voll und ganz glauben. Machen Sie daraus ein Produkt oder eine Dienstleistung mit dem Ziel, dass es für Sie und diese Welt von Nutzen ist. Und Sie werden entdecken, dass Sie nun genau das leisten, was Unternehmen fehlt, wonach viele Menschen suchen und was sich gesundend auf unsere Gesellschaft und unsere Umwelt auswirkt. Das deshalb hoch im Kurs steht und, seinem echten Wert entsprechend, auch Wohlstand in Ihr Leben bringt.

Sie schmunzeln vielleicht und denken sich: Das klingt ja wie eine Bestellliste für die gute alte Märchenfee. Oder Sie schütteln nur den Kopf und denken: wie realitätsfern und naiv in Zeiten von Konkurs, Kündigung und Kurzarbeit!

An dieser Stelle zu zweifeln ist in unserer Gesellschaft normal. Arbeit ist mit so vielen beschwerlichen Glaubensmustern belegt, dass kaum jemand noch in Kontakt mit ihrer eigentlichen Bedeutung in seinem persönlichen Leben und unserer Gesellschaft ist. Arbeit hat sich auf eine sehr subtile Art entmenschlicht und verselbstständigt zu etwas, das uns und diese Welt mehr beherrscht, als dass es uns dient. Aber ist etwas richtig, bloß weil es wie eine Seuche um sich greift?

Sollten Sie also gerade in einer beruflichen Sackgasse stecken – was haben Sie zu verlieren, wenn Sie dieser leisen inneren Stimme einmal einen Moment lang zuhören? Was wäre, wenn Selbstverwirklichung und nicht Anstrengung der Schlüssel zum Erfolg wäre? Wenn Arbeit den Zweck hätte, dieser Welt und ihren Bewohnern zu dienen und nicht immer mehr, immer Neues, immer weiter zu perfektionieren und in einen übervollen Markt zu drücken?

Gönnen Sie sich ein paar tiefe Atemzüge und einen Moment Stille. Es braucht einen Moment, um die Antworten Ihrer inneren Stimme auf diese Fragen wahrzunehmen. Sie sind vielleicht nicht sehr konkret, aber ihre Regungen sind spürbar. Wie geht es Ihnen, wenn Sie sich einen visionären Blick über die Mauern der Angst und der Konvention erlauben? »Ich bringe endlich das ins Leben, was in mir steckt. Was wirklich meinen Talenten entspricht, was ich mit Leidenschaft tue und was mir am Herzen liegt. Und ich tue endlich etwas Sinnvolles. Etwas, was wirklich von Nutzen ist, anderen Menschen dient. Etwas, was diese Welt dringend braucht ...«

Wir beide können uns unsere Arbeit mittlerweile gar nicht mehr unter anderen Prämissen vorstellen. Ganz im Gegenteil, wir fragen uns immer wieder aufs Neue, ob das, was wir tun, unseren Talenten und unserer Leidenschaft entspricht. Wir

Ich bin die Wirtschaft ∞ 31

orientieren die notwendigen, aktuellen Schritte und den weiteren beruflichen Kurs kontinuierlich an der Frage, ob sie sinnvoll und für uns wirklich von Nutzen sind und anderen Menschen dienen. Damit ist unser Berufsleben alles andere als statisch. Wir sind immer wieder zu Kurskorrekturen gezwungen und können nie weit in die Zukunft planen. Aber dafür ist unser Schaffensprozess lebendig, erfüllend, erweiternd und immer neu in Bewegung.

Unsere jeweiligen Prägungen waren allerdings ganz anders. Von Haus aus galt es, finanzielle Sicherheit zu schaffen und Karriere im Sinne von stetigem Wachstum zu machen. So hätten auch wir Leute, die solche Szenarien in den Raum stellen, lange Zeit eher für Träumer gehalten. Und die, die ihr Berufsleben tatsächlich nach solchen Fragen ausrichten, für Glückspilze oder Exoten. Im besten Fall für heimlich zu beneidende Randerscheinungen des harten Berufslebens, die man allerdings als Wegweiser getrost vernachlässigen kann.

Wie bei den meisten, lösten solche Fragen auch bei uns noch vor wenigen Jahren neben sehr leisen Sehnsüchten vor allem Widerstände aus. Im Rahmen unserer Arbeit hören wir auf solche Fragen anfangs fast immer Antworten wie: »Sicher, das wäre befreiend. Aber das ist doch völlig realitätsfern.« Bei Menschen, die sich beruflich gerade in einer eher schwierigen Phase befinden, ist der Widerstand oft auch noch mit unbewussten Schuldgefühlen untermauert. Wer feststeckt oder aus der Kurve geflogen ist, der erlaubt sich meist keine Wagnisse, keine Perspektivwechsel und auch keine seinem Wesen und seinen Talenten besser entsprechenden Lösungsansätze. Sein inneres Programm heißt: »Ich habe so was nicht verdient. Meine Firma ist in Konkurs gegangen, ich bin gekündigt. Ich hab's vermasselt, stecke fest, und jetzt muss ich entweder unerhörtes Glück haben oder noch mehr leisten, damit es wieder besser wird.« Wer in der beruflichen Krise steckt, schimpft vielleicht lautstark nach außen. Aber innerlich fühlt er sich fast immer klein und wertlos.

Erst wenn Sie genug vom Dasein als hilfloses Opfer und von der Selbstgeißelung haben; wenn Sie des ständigen Urteilens und der Suche nach Schuldigen müde geworden sind; wenn Sie ausreichend weich gekocht sind vom nicht zu gewinnenden Kampf um den Sieg; wenn Sie genug ausprobiert haben, um zu wissen, dass Sichanpassen und Selbstausbeuten nicht funktionieren und erfüllen; wenn immer spürbarer wird, dass Sie endlich als das Original in die Welt wollen, das Sie sind: Dann ist es ein unschuldiges, aufregendes und lebendiges Gefühl, sich vorzustellen, sein Geld mit etwas zu verdienen, was wirklich Freude macht, Wohlstand bringt und dieser Welt dient. Dann sind Sie wahrscheinlich bereit für eine Rückkehr zur Schlichtheit des Lebens. Wir meinen wirklich schlicht. Für beruflichen Erfolg, gepaart mit persönlicher Erfüllung, gibt es tatsächlich nur zwei Grundregeln:

1. Das, was dir am meisten Freude macht, ist das, was du am besten kannst und was dir dauerhaft den größten Erfolg und Wohlstand bringen kann.

2. In einem ausschließlich von Verdrängung und Konkurrenz geprägten Weltmarkt gibt es nur ein einziges Produkt, das überall Mangelware ist, aber von jedem Menschen auf diesem Planeten gebraucht wird: Liebe.

Klingt zu einfach und banal? Die Gesetze, nach denen diese Welt funktioniert, sind einfach, schlicht und klar. Ob wir von ihnen wissen oder an sie glauben, ist der Welt dabei egal. Die

Ich bin die Wirtschaft ∞ 33

Erde war immer schon rund, auch als wir sie für eine Scheibe hielten. Sie hat sich immer schon gedreht, auch als wir noch Angst hatten, vom Ende der Welt direkt hinab in die Hölle zu stürzen. Heute wissen wir: kein Anfang. Kein Ende. Keine Hölle. Nur ein pulsierender bis in den Kern lebendiger Planet im unendlichen Universum. Wer das Leben und die stets perfekt funktionierenden Gesetze auf diesem Planeten wirklich verstehen will, braucht in diesen Zeiten vor allem die Bereitschaft zu einem radikalen Perspektivwechsel.

Unsere menschliche Wissenschaft hatte seit ihrer Geburtsstunde eigentlich immer nur die Aufgabe, den Gesetzen, nach denen diese Welt funktioniert, auf den Fersen zu sein. Sie im Laufe der Zeit immer tiefer in ihrer Existenz zu erkennen und sie Stück für Stück zu ergründen. Dabei musste sich unser menschlicher Geist auf seinem Weg der Erkenntnis unendliche Male von der noch unentdeckten, aber längst bestehenden Realität erweitern und eines Besseren belehren lassen. Die Geschichte der Wissenschaft ist eine Geschichte der Bewusstseinserweiterung. In diesem Kontext betrachtet, entdeckt sie nichts Neues, sie öffnet uns nur sukzessive für die bestehende Wahrheit. Letztendlich verhalf und verhilft sie uns Menschen dazu, uns zu unserer großartigen, allumfassenden Wahrheit und in den Schoß eines göttlich funktionierenden Universums zurückführen zu lassen.

Denken Sie nur an die Quantenphysik, die mit einem Schlag unser komplettes Weltbild auf den Kopf gestellt hat. Die Quantenphysiker haben eine allem Leben zugrunde liegende Intelligenz entdeckt. Eine Intelligenz, die sich selbst in den kleinsten subatomaren Wellen oder Teilchen befindet und sie befähigt, sich in jedem Moment unmittelbar zu reorganisieren; auf Gedanken zu reagieren und eine universelle Verbindung zu anderen Teilchen herzustellen, unabhängig von jeder räumlichen Entfernung.

In jedem von uns wirkt diese Intelligenz. Die meisten von uns haben allerdings die Verbindung zu dieser universellen Wahrheit verloren. Wir leben fast alle eher das Leben von Krebszellen. Wir wachsen und wuchern. Aber wir haben unseren Kontakt zum Ganzen und unseren konstruktiven Platz verloren. Wir wirken nicht mehr in Verbundenheit mit dem restlichen System, sondern bedrohen seine Gesundheit durch unser desorientiertes, abgetrenntes, krankhaftes Wachstum. Wir zerstören, wovon wir Teil sind.

Erst wenn wir uns mit dieser unserem Leben zugrunde liegenden Intelligenz wieder verbinden, finden wir zu unserer wahren Kraft zurück. Wir bemühen immer wieder ein einfaches Bild, um dieses Wirken zu verdeutlichen: Eigentlich sind wir alle wie Samenkörner. Man steckt sie in die Erde, und dann erblühen sie zu dem, was sie sind. Kein Samenkorn käme auf die absurde Idee, sich abzutrennen, anzustrengen, abzurackern und selbst zu verleugnen, um dadurch eine besonders erfolgreich blühende Pflanze zu werden. Für ein Samenkorn würde es Selbstmord bedeuten, wenn es versuchen würde, seine Anlagen zu unterdrücken und zu kontrollieren, um dann alle Kräfte darauf zu verwenden, eine andere Pflanze als die, die es so vollständig in seinen Anlagen trägt, werden zu wollen.

Jedes Samenkorn trägt eine einzigartige Information wie kein anderes in sich. Damit diese Information sich erfolgreich entfaltet, muss das Samenkorn nichts anderes tun, als sich für die allem Leben zugrunde liegende Intelligenz zu öffnen. Sie sorgt ganz automatisch und mit größter Perfektion dafür, dass es sich optimal entfaltet und dass es mit allem anderen Leben

Ich bin die Wirtschaft ∞ 35

im Einklang ist. Das heißt, dass sich das Samenkorn am richtigen Platz, zur richtigen Zeit unter den richtigen Bedingungen in der Erde verwurzelt und ganz selbstverständlich zu dem wird, was es ist.

Letztendlich folgt das ganze Universum einem inneren, ganzheitlichen Bewusstsein, das wir rational nicht begreifen können. Alles und jedes auf dieser Welt ist verwoben in einem untrennbaren Netz aus Beziehungen und beeinflusst sich gegenseitig. Samenkorn, Sonne, Erde, Wasser, Pflanze. Wir Menschen müssen begreifen, dass wir alle Maschen in diesem Netzwerk sind. Wir sind alle beseelt, und unser Leben erblüht und fühlt sich erfüllt an, wenn wir dieser inneren Wahrheit Rechnung tragen. Das heißt, dass jeder von uns wieder zu seinem Potenzial zurückfinden und dafür Sorge tragen muss, dass es sich durch ihn in seiner individuellen Ausprägung in unserer Gesellschaft entfalten und ihr nützen kann. Dass wir also anfangen, wie Samenkörner zu leben.

Was heißt das konkret für unseren Kampf, unser Ausgebranntsein und die allgegenwärtige Konkurrenz im Arbeitsleben? Im Bewusstsein des Samenkorns müssen wir unsere Beziehungen zu anderen und der Welt um uns herum neu definieren. Auch wenn der Glaube ans Getrenntsein uns in Fleisch und Blut übergegangen ist. Unsere innerste Wahrheit ist es nicht. Wir sind mit allem verbunden. Als Samenkorn ist uns sofort klar: Unser Kampf bringt uns keinen Erfolg und hilft niemandem da draußen. Er nimmt uns unsere Kraft und sorgt dafür, dass wir uns selbst von innen ausbrennen. Unser Konkurrenzdenken ist verrückt, denn wir leben in einem fein abgestimmten, zusammenhängenden System, in dem wir alle einander brauchen. Nur in Gemeinschaften werden wir in Zukunft Erfolg haben.

Meine persönliche Entfaltung sorgt automatisch für alle anderen im System. Und alle anderen für mich. Wünsche ich mir selbst mehr Wohlstand in meinem Leben, als ich ihn jetzt habe, gibt es nichts da draußen, was mir dazu verhelfen könnte. Alles, was es braucht: Ich muss mich selbst und meine mir gegebenen Anlagen mehr ins Leben bringen, als ich es jetzt tue. Suche ich einen Weg aus der Wirtschaftskrise, muss ich mein Bewusstsein für diese Zusammenhänge kultivieren und verstehen lernen, dass nicht mein Kampf und mein Habenwollen, sondern meine Selbstwertschätzung und Fürsorge, mein Erfolg, meine erfüllenden Beziehungen, mein finanzielles Wohl und meine körperliche Gesundheit sich auf alle anderen positiv auswirken.

Wenn ich wieder voller Echtheit, Freude, Leidenschaft und Vision bin, ist mein Produkt, meine Arbeit, meine Dienstleistung voll von diesen Qualitäten. Noch einmal: Alles ist verbunden! Eins geht aus dem anderen hervor, beziehungsweise birgt das andere in sich. Aus meiner Arbeit im Zusammenspiel mit anderen entwickelt sich die Wirtschaft. Die Wirtschaft wiederum sorgt für alles, was ich brauche.

Ich bin Teil eines Ganzen. Wenn ich mich verändere, verändert sich das Ganze. Wenn das Ganze sich verändert, verändere ich mich. Wenn ich mich ausbeute, erschaffe ich nur Leere und sorge für weitere Ausbeutung. Wenn ich mich entfalte und wieder meinem eigenen, natürlichen Rhythmus folgen lerne, entfaltet sich die gleiche Kraft in meinem Tun und damit in meiner Umwelt. Diese Erde wird geschunden, weil wir uns schinden. Diese Erde wird ausgebeutet, weil wir uns ausbeuten.

Erst wenn wir zu unserem Herzen zurückfinden, können wir diesem Wirtschaftsleben sein Herz zurückgeben.

Ich bin die Wirtschaft ∞ 37

Wenn ich mich wieder fühlen kann; wenn ich wieder lebendig werde, dann kann ich auch wieder fühlen, dass diese Erde lebendig ist. Wenn ich lerne, vorsichtig und einfühlsam mit mir selbst zu sein, kann ich vorsichtig und einfühlsam mit anderen sein. Wenn ich weiterhin von meinem inneren Wesen und meinen lebendigen Gefühlen getrennt funktioniere, dann fühle ich mich auch von dem feinen Lebensatem getrennt, der die Natur um mich herum durchpulst und mit universeller Präzision versorgt und verbindet.

Von mir selbst und der Natur abgeschnitten, glaube ich auch weiterhin, dass ich von der Macht und dem größeren Geschehen in dieser Welt abgeschnitten bin und stattdessen irgendwelchen verantwortungslosen Wirtschaftsbossen und deren Entscheidungen ausgeliefert bin. Dass alleine sie die Schuld am ganzen Dilemma und an all den Krisen tragen, als deren ohnmächtiges Opfer ich mich fühle. Aber das ist nicht die Wahrheit. Wenn ich von einer Krise geschüttelt werde, völlig egal, ob es sich um eine scheinbar persönliche (meine Kündigung) oder eine scheinbar von übergeordneten Kräften verursachte (die globale Bankenkrise) handelt:

Ich bin der Mitschöpfer der Krise. Damit bin ich auch derjenige, in dessen Macht es steht, für Umkehr und Lösung zu sorgen!

Größenwahn? Realitätsverlust? Egotrip? Nein, einfach ein Plädoyer für Selbstverantwortung und Selbstverwirklichung als entscheidende Kräfte zur Transformation unserer globalen und persönlichen Krisen. Selbstverwirklichung ist das Gegenteil von einem Egotrip. Selbstverwirklichung sorgt dafür, dass wir wieder gesunden, zu unseren Talenten und Kräften zurückfinden, sie entfalten und im Sinne des Samenkorns unseren Platz im Leben einnehmen, an dem wir dem Ganzen dienen. Selbstverwirklichung fordert von uns, dass wir den Mut finden, uns zu fragen: »Wozu bin ich da? Was ist der Sinn meines Lebens? Wer bin ich? Was ist mein Weg?« Diese Fragen sind nicht banal, sondern schlicht. Sie sind nicht egoistisch, sondern heilsam. Und dass sie keine theoretischen Gedankenspiele sind, sondern die Sprengkraft haben, ein ganzes Leben umzukrempeln und einen beruflichen Zusammenbruch in ein volles, erfolgreiches und erfüllendes Berufsleben zu verwandeln; dass es keine besseren Zeiten im Leben gibt, sich diese Fragen zu stellen, als in denen großer Krisen, das haben wir beide am eigenen Leibe erfahren.

2. Kapitel

DANKBAR FÜR DIE KÜNDIGUNG...?

Wenn Sie wie ich (Wolfram) schon einmal die Erfahrung gemacht haben, beruflich komplett aus der Kurve geschleudert und von einem Tag auf den anderen gekündigt zu werden, dann wissen Sie, dass Sie diesen Moment im Leben nicht mehr vergessen werden. Vor allem dann nicht, wenn der Schock Sie aus heiterem Himmel zu treffen scheint – zumindest auf bewusster Ebene unvorbereitet über Sie hereinbricht. Auf so eine Situation kann man sich nicht vorbereiten. Und das ist vielleicht auch ganz gut so. Denn wenn ich daran zurückdenke, wie es mir bei der Verkündung meiner Kündigung ging, dann war es, als ob ich von mir abgetrennt worden sei und nur noch irgendein fremdes Wesen in mir reagierte.

Es war ein Montagmorgen im Spätsommer. Ich arbeitete als Geschäftsführer in der Modebranche. Nichts deutete darauf hin, dass dieser Tag mein ganzes Leben verändern würde. Wie sonst auch war ich zur Firma gefahren. Wie sonst auch war ich in mein Büro gegangen. Und auch als mich die Vorstandssekretärin anrief und mir sagte, einer der Vorstände würde gerne mit mir reden und ich möge doch bitte gleich vorbeikommen, ahnte ich nichts Böses. Bis der Vorstand mir gegenüber in einem Besprechungsraum Platz nahm und unvermittelt und mit unbewegter Miene sagte: »Herr Zurhorst, Sie wis-

40 ∞ *Das Geschenk der Wirtschaftskrise*

sen ja, dass wir umstrukturieren müssen. In diesem Kontext haben wir uns auch Gedanken über Sie gemacht. Wir schätzen Sie sehr, aber wir haben im ganzen Konzern nichts gefunden, von dem wir glauben, dass es für Sie passt. Und deswegen wollen wir den Vertrag mit Ihnen aufheben.«

Rums! Ich fühlte mich wie schockgefroren. Aber ehe ich denken konnte, schaltete sich auch schon gleich – nüchtern und korrekt, wie er war – der Personalchef ein: »Herr Zurhorst, wir wollen Ihnen keine Steine in den Weg legen, und wir werden eine gute Lösung für Sie finden.« Dann wieder der Vorstand: »Wir haben Ihnen auch nichts vorzuwerfen. Es passt einfach nicht mehr.« Von da an war ich sprachlos. Da waren noch Floskeln. Aber alles war längst endgültig. Die Worte, die ich hörte, schienen aus weiter Ferne zu kommen: Ich solle jetzt mal nach Hause gehen und die Dinge mit der Familie klären. Im Übrigen wäre ich mit sofortiger Wirkung freigestellt.

Das war der Beginn der größten beruflichen Krise in meinem Leben. Ich ging in mein Büro, sagte meine Termine ab, packte meine Sachen und machte mich auf den Heimweg. Meine Zukunft war von einem Moment auf den anderen im Nebel versunken. Ich saß wie versteinert, fast taub in meinem Noch-Dienstwagen und lenkte ihn mechanisch nach Hause. Nur ein einziges Gefühl hatte immer wieder die Kraft, meine schockartige Lähmung zu durchdringen: Ohnmacht. Nach all den Jahren von ununterbrochenem Aufstieg und Machtzuwachs war ich auf einmal von einer Minute auf die andere ein Opfer. Einer, den sie hinterrücks kalt erlegt hatten. Einer, dem sie Unrecht getan hatten.

Banken-, Finanz- und Immobilienkrisen, Kurzarbeit, Kündigungswellen, Konkurs, Insolvenz, Burn-out – in Zeiten wie

Dankbar für die Kündigung ...? ∞ 41

diesen haben viele von Ihnen ihre eigenen schmerzlichen Begegnungen mit beruflichen Endstationen. Manchmal ist es der falsche Chef, die falsche Abteilung, das falsche Unternehmen. Jeder von uns macht im Rahmen seiner beruflichen Laufbahn Erfahrungen, in denen er das Gefühl hat, dass ihm Unrecht geschieht; ihm Steine in den Weg gelegt werden oder er sich am Ende einer Sackgasse sieht, aus der er keinen Ausweg zu finden scheint.

Der Umgang mit solchen Widerständen ist von Mensch zu Mensch unterschiedlich. Die wenigsten nutzen sie allerdings zu echtem innerem Wachstum, zur Selbsterkenntnis und als Startrampe für einen mutigen Schritt nach vorne. Im Laufe unserer Arbeit mit Menschen haben wir bei den meisten erlebt, dass sie in Krisensituationen entweder zum Angriff oder zu Ablenkung und Verdrängung neigen. Aber kaum jemand stellt sich die simplen Fragen: Was kann ich hier gerade lernen? Wozu ist diese erzwungene Vollbremsung in meinem Leben jetzt gut? Wohin zwingt sie mich, wohin hätte ich schon lange freiwillig gehen sollen? Was sollte ich schon lange loslassen?

Wenn Sie sich in Zeiten beruflicher Engpässe oder scheinbarer Endstationen nicht in eine Vermeidungshaltung flüchten oder in Beschuldigungen verlieren, können Sie immer etwas Wichtiges lernen. Die Krise ist ein seelischer Weckruf.

Die berufliche Krise rüttelt uns wach, zwingt uns aus unserem sicheren Trott in die Präsenz und Aufmerksamkeit unserem Inneren gegenüber. Wir landen überhaupt erst in dieser Sackgasse, weil wir unser Inneres so lange ignoriert und seinen Signalen keine Aufmerksamkeit gezollt haben.

Irgendwann durchdringt ein seelischer Weckruf unsere gewohnheitsmäßige Taubheit gegen unsere innere Stimme. Er kann die unterschiedlichsten Formen annehmen: gravierende finanzielle oder berufliche Krisen; ernsthafte, körperliche Verletzungen; bedrohliche Krankheiten oder schmerzliche Trennungen und Scheidungen. Unsere Seele ist sehr präzise: Jeden erreicht der Ruf da, wo er besonders hartnäckig weggehört hat. Aber spannenderweise gleichzeitig immer auch da, wo er seine größten Gaben hat.

Kürzlich erzählte uns der Kreditberater einer Bank von den Auswüchsen der Bankenkrise in seinem Arbeitsalltag. Auf einmal säßen da immer öfter ängstliche, verunsicherte Menschen vor seinem Schreibtisch. Manche weinten, aus Angst, ihr ganzes Erspartes zu verlieren. Andere tobten vor Wut über die Verantwortungslosigkeit der Banken. Einer habe gar vor ihm gesessen und plötzlich eine Pistole gezogen mit den Worten: »Die ist geladen! Ich lasse mir nicht gefallen, dass Sie mich ruinieren. Machen Sie sich klar, dass Sie dran sind, wenn ich mein Geld verliere.«

Vielleicht ein drastisches Beispiel für den Umgang mit einer Krise, aber auch ein exemplarisches: Dieser Mann fühlte sich bedroht und zückte die Waffe, um sich zu wehren. Wenn auch nicht in diesem unmittelbaren Sinne, gehen wir doch alle auf eher kriegerische Art mit den Widerständen des Lebens um. Wir kämpfen ständig gegen Feinde im Außen. Jemand dort draußen macht etwas oder auch nicht – und wir halten ihn für den Verursacher unserer Probleme. Tatsächlich funktioniert die Welt aber genau andersherum. Nicht sie ist verantwortlich für unser Glück und unser Leid. Die Welt spiegelt uns lediglich mit großer Präzision, was wir unbewusst über sie glauben. Wie viel Glück wir uns tatsächlich zugestehen und wie viel Schmerz, Zweifel und Angst wir noch unbewusst und ungeheilt in uns tragen und deshalb nach außen projizieren.

Dankbar für die Kündigung ...? ∞ 43

Um diesen Mechanismus deutlich zu machen, möchte ich noch mal zu unserem Mann mit der Pistole zurückkommen: Für ihn war klar: Er ist ein Opfer. Und die Täter sitzen auf der anderen Seite des Schreibtisches: der eine Banker im Besonderen. Die Banken im Allgemeinen. Bei mir waren es der neue Vorstand und der Konzern. In meinem heutigen Bewusstsein kann ich nur sagen: Der Mann mit der Pistole und ich – wir haben beide im Außen erlebt, woran wir innerlich – aber eben unbewusst – glaubten.

Der Mann mit der Pistole fühlte seine finanzielle Sicherheit existenziell durch die Bankenkrise bedroht. Er hatte Angst vor dem Ruin. Die Schuld am möglichen Ruin schrieb er den Bankern zu. Die Angst vor solch einer existenziellen Bedrohung und Ruin muss allerdings bereits vorher längst in ihm existiert haben, sonst hätte die Bankenkrise sie nicht aktivieren können. Das Geschehen im Außen kann nur den verunsichern, der bereits Existenzängste und keinen echten Glauben an seinen eigenen Wert und Wohlstand in sich trägt. Die Menschen und das Geschehen im Außen sorgen lediglich dafür, dass diese verdrängten, aber unterschwellig aktiven Gefühle und Glaubenssätze wieder in sein Bewusstsein zurückkehren.

Es geschieht oft, dass wir wieder und wieder mit den gleichen Grundthemen, Situationen, Menschentypen und vermeintlichen Bedrohungen konfrontiert werden, weil wir immer noch die gleichen, unverarbeiteten Ängste und Abwehrmechanismen in uns tragen.

Das Leben ändert sich erst dann, wenn wir uns ändern; wenn wir durch persönliche Entwicklung alte Ängste ins Bewusstsein zurückgeholt und transformiert haben und über einschränkende Glaubenssätze hinausgewachsen sind.

Egal ob bei dem Mann mit der Waffe, bei mir, bei Ihnen – falls Sie gerade eine ernsthafte berufliche Krise durchleben oder erlebt haben: Die Krise holt immer unsere verdrängten Ängste, Verletzungen und beengenden Prägungen – kurz alles, was unserem Wachstum und echtem Selbstwertgefühl innerlich im Wege steht – hervor, damit wir es endlich erkennen und heilen können.

Das geht zu weit? Nein. Das in seiner Wahrheit zu erkennen und zu akzeptieren geht nur nicht mit Anlauf und logischer Kraft, sondern mit einer Art Quantensprung in die Tiefen Ihres Bewusstseins. Dazu kurz zwei Zahlen, die wir beide in unserer Arbeit mit Menschen sehr oft bemühen: Die Wissenschaft geht davon aus, dass uns weit weniger als zehn Prozent unseres Selbst bewusst sind. Dagegen mehr als neunzig Prozent jenseits unseres bewussten Zugriffs liegen. Sie können sich denken, wie wenig Ihre bewussten Glaubens- und Vorsätze in Ihrem Leben ausrichten können, wenn Sie es mit einer unbewussten Kraft von über neunzig Prozent zu tun haben. Wer sich mit Willenskraft das Rauchen oder sonst eine Sucht abgewöhnen will, weiß, wie wenig die paar bewussten Ich-hör-auf-damit-Prozent gegen unsere begierige und süchtige Unterwelt bewirken können, wenn die sich weiterhin an der Krücke festhalten will.

Wenn Sie also Zugang zu den tatsächlich wirksamen Kräften in Ihrem Leben haben wollen, dann müssen Sie einen bewussten Sprung in die vergessenen, verdrängten und verleugneten, aber höchst lebendigen neunzig Prozent Ihrer selbst wagen. Es gibt einfach so viel mehr in Ihnen, das Ihr Leben bestimmt. Wovon Sie aber im Zweifel nicht die geringste Ahnung und worauf Sie damit auch nicht den geringsten Zugriff haben. Für ziel- und handlungsorientierte Männeregos kann

Dankbar für die Kündigung ...? ∞ 45

diese Selbsterkenntnis gerade im Berufsleben eine ziemliche Herausforderung bedeuten: Wenn nur weniger als zehn Prozent Ihrer selbst Ihrem bewussten Wollen folgen, dann können Sie auf bewusster Ebene in Ihrem Leben nicht viel ausrichten. Machen, Tun, Aktionismus im Außen – es nützt alles nichts.

Wenn Sie Vorstandsvorsitzender des Universums werden wollen, aber unter der Schwelle Ihres Bewusstseins jede Menge alte Verletzungen, Ängste, Widerstände, beengende, familiäre Prägungen, destruktive Gewohnheiten und verdrängte Wertlosigkeitsgefühle lauern – dann können Sie sich anstrengen, so viel Sie wollen: Irgendwann landen Sie immer wieder in (meist ähnlich beschaffenen) Sackgassen und werden (von scheinbar äußeren) Widerständen gebremst. Das trifft auf Sie nicht zu? Sie haben keine verdrängten Ängste? Das ist nur dann so, wenn Sie in Ihrem Leben im Moment genau dort stehen, wo Sie stehen wollen. Wenn Sie gerade genau das machen und erreichen, was Sie machen und erreichen wollen. Wenn sich Blockaden vor bestimmten Zielen nicht wiederholen. Wenn sich Ihre Wünsche alle erfüllen – ohne Widerstand. Aller Wahrscheinlichkeit nach ist dem aber nicht so.

Wenn Sie den Kampf gegen Ihren vermeintlichen Feind gewinnen wollen, besteht Ihre Hauptaufgabe erst einmal eine ganze Zeit lang schlicht darin, sich Ihre Widerstände und destruktiven Glaubensmuster überhaupt bewusst zu machen und kennenzulernen. Nicht eben eine Beschäftigung, die unserem Ego wirklich gefällt und gegen die es für gewöhnlich heftige Geschütze und alle möglichen Ablenkungsmanöver auffährt. Da braucht es Disziplin und Mut, sich täglich neu für eine radikale Wendung zu entscheiden: weg von der Beschäftigung mit gewohnten Feindbildern im Außen, hin zu einer geduldigen Beobachtung unserer eigenen Gedanken und Gewohnheiten. Da braucht es eine bewusste Entscheidung, aus dem Kampf auszusteigen, demütig und still zu werden und den Blick nach innen zu wenden. Geduld, Selbstreflexion und Demut sind nicht gerade die am häufigsten propagierten Managertugenden. Aber trotzdem in Krisensituationen die entscheidenden Starthilfen für eine Wende.

Strecken Sie die Waffen! Lassen Sie all die vermeintlichen Feinde dort draußen, wo sie gerade sind. Bedanken Sie sich bei ihnen, weil sie Ihnen in der Krise etwas über Sie selbst zeigen, was Sie nicht sehen konnten. Und dann lassen Sie los und wenden Sie sich wieder und wieder sich selbst zu.

Hätte ich dies damals nach meiner Kündigung getan – ich hätte einiges in mir entdecken können. Zum Beispiel, dass ich eigentlich schon länger nicht mehr wollte. Ich hatte den Spaß, die Hoffnung und die Identifikation mit meiner Arbeit schon Monate zuvor verloren. Das war mir allerdings nie so richtig bewusst geworden. Alles, was ich merkte, war, dass ich morgens immer häufiger auf dem Weg zur Arbeit Magenschmerzen bekam. Heute weiß ich, dass unser Körper für uns immer dann einen inneren Zustand ausdrücken muss, wenn wir ihn nicht bewusst wahrhaben wollen.

Was ich mir nicht eingestehen wollte, war das, was sich eigentlich niemand von meinen Kollegen eingestehen wollte: Die Dinge drehten sich schon länger im Kreis. Wir waren zwar durchaus kompetent und hoch motiviert angetreten, ein in seinen Strukturen und Produkten nicht mehr zeitgemäßes Unternehmen mit Elan auf neuen Kurs zu bringen. Aber dabei ging es uns viel mehr darum, den Beweis für unsere unternehmerischen Fähigkeiten anzutreten, als um das Unternehmen selbst. Niemand von uns hatte dieses Unternehmen wirklich

Dankbar für die Kündigung ...? ∞ 47

geliebt. Wir alle hatten unsere eigenen Karrierepläne. Mit der Sanierung wollten wir uns und anderen etwas beweisen. Aber eigentlich nur, um dann schon wieder gedanklich in der nächsten Position oder auch im nächsten Unternehmen zu landen. Es gab keine echte Bindung.

So hat dann auch kein echter Umbruch stattfinden können. Wir waren zwar mit voller Kraft und noch volleren Terminkalendern dabei gewesen – aber nicht wirklich mit Herz und Seele. Heute weiß ich, wir haben es mit alten Mitteln und auf alten Wegen versucht; wollten mit Kraft, Druck und Konkurrenz einen Wandel erzwingen. Das alles war mir so wenig wie den anderen damals wirklich bewusst. Wir kannten es einfach nicht anders. So haben wir bei zunehmendem, äußerem Aktivismus weiter innerlich verdrängt. Ich wollte mir einfach nicht eingestehen, dass ich zwar immer mehr tat, immer neue zusätzliche Geschäftsfelder aufbaute, aber all meine Bemühungen im Kern nicht fruchteten. So mied ich die Zentrale immer häufiger, statt die dringend notwendigen Gespräche zu suchen. Ich hätte um Hilfe bitten müssen, aber dazu hatte ich nicht den Mut. Denn das wäre ein Eingeständnis von Schwäche und Unprofessionalität gewesen, und ich hätte mich angreifbar gemacht. So dachte ich damals. Und machte weiter und weiter und weiter.

Bis mein mir naher Vorstand als Erster am Weitermachen gehindert wurde, indem die neue Konzernführung seinen Aktivitäten mit einem sofortigen Aufhebungsvertrag ein Ende machte. Als er einfach so »gegangen« wurde, war ich geschockt. Mir war damit mein Mentor genommen. Er hatte mich geholt, wir hatten gemeinsame Ziele und Pläne. Er war immer mit Vollgas und jenseits aller Bürozeiten für den Aufbau des Unternehmens unterwegs. Und nun wurde er in einem Moment von hundert auf null gefahren. Schlagartig fühlte ich mich in der Zentrale noch mehr auf einsamem Posten. Und die Magenschmerzen nahmen zu, wenn ich morgens ins Auto stieg. Tagsüber standen dann im Büro Aktivismus, Schweigen, Festhalten und bloß keine Schwäche zeigen auf der Tagesordnung.

Hätte ich damals auch nur einen Moment meinem Inneren zugehört und hätte meiner Frau, die mich öfter fragte, ob es mir wirklich gut gehe, die Wahrheit erzählt, dann hätte ich mir wahrscheinlich eingestehen müssen, auf welch verlorenem Posten ich mich fühlte. Wie leer und unbefriedigend mir meine Arbeit mittlerweile vorkam. Wie orientierungslos ich war. Dass ich in Wahrheit eigentlich nicht mehr wollte.

So kam zum perfekten Zeitpunkt die perfekte Kündigung von außen in mein Leben. Wie Strandgut auf einer stürmischen Welle brachte sie alle Gefühle mit sich, die ich in der Vergangenheit nicht fühlen wollte: Scham, Bindungslosigkeit, Unsicherheit und Orientierungslosigkeit. Sie förderte genau das zutage, was ich partout hatte vermeiden wollen. Nämlich dass die Menschen in meiner Umgebung merken könnten, dass ich in meiner Funktion keinen Halt mehr hatte und mit meinem Unternehmen keine echte Verbindung – genau das wurde jetzt offenkundig. Ich saß auf der Straße. Kündigung, Verlust von Ansehen und Macht. Von mir blieb nur noch die quälende Frage übrig: Wer war ich jetzt überhaupt noch ohne äußere Definition und Funktion?

Dankbar für die Kündigung ...? ∞ 49

Anne Koark

Beraterin und insolvente Unternehmerin (* 1963)

Im April 2003 war es vorbei: Anne Koark war pleite – geschäftlich und privat. Die Mutter zweier Kinder stand mit leeren Händen da. Ihre Altersversorgung war weg, ihre Eigentumswohnung, ihr Auto, ihr Handy, ihre Sparkonten. Alles. Ihre Firma, die sinnigerweise Trust in Business (Vertrauen ins Geschäft) hieß, war am Ende – eine Spätwirkung des 11. September 2001. Insolvenz.

Dabei hatte alles so gut begonnen. Mit Anfang zwanzig war Anne Koark nach Deutschland gekommen. Sie hatte Germanistik studiert und trat einen Job in einer Anwaltskanzlei an. 1989 wechselte sie zu einer IT-Firma und machte rasch Karriere. Nach zehn Jahren entschied sie sich für eine eigene Firmengründung: Trust in Business, ein Unternehmen, das die Ansiedlung von ausländischen Firmen in Deutschland unterstützen sollte. Gründungshilfe, Umzugsorganisation, Buchhaltung, Networking, Marketing, PR, Eventbetreuung – es war eine Art Rundumsorglos-Paket, das die Damen von Trust in Business ausländischen Existenzgründern anboten.

Mit beachtlichem Erfolg. 2001 erhielt Anne Koark für ihr Unternehmen den Existenzgründerpreis eines internationalen Internetmagazins und wurde eingeladen, an dem Buch *Creativity and Leadership in the 21st Century Firm* des US-amerikanischen Ökonomen R.D. Norton mitzuarbeiten. Die deutschen Medien entdeckten die agile Engländerin, als 2002 der kanadische Ministerpräsident Deutschland bereiste. Anne Koark mit ihrem Trust in Business war es, die einige Begleitdelegationen des hohen Gastes betreute. Danach aber ging es rasant bergab.

50 ∞ *Das Geschenk der Wirtschaftskrise*

Infolge der Terroranschläge auf das World Trade Center gingen die Auslandsinvestitionen in Deutschland auf ein Achtel des Vorjahrs zurück. Kunden gingen pleite, Aufträge wurden storniert. Und das, wo Trust in Business gerade in neue Büroräume am Münchener Flughafen gezogen war. Die Britin kämpfte wie eine Löwin ums Überleben. Vergeblich. Die Pleite war nicht mehr aufzuhalten. Anne Koark aber auch nicht.

»Mit einer Insolvenz hat man die Möglichkeit, zu sich zurückzukommen. Ein Mensch ist ein Mosaik aus Stärken und Schwächen. Das macht ihn einzigartig. Manchmal kann man in einer Insolvenz aus seinen Schwächen Stärken machen. Grenzerfahrungen sind dazu da, seine Grenzen zu spüren und sie zu bewegen, sodass man positiv in die Zukunft blicken kann. Ich habe in meiner Insolvenz gelernt, wie viele Menschen an mich glauben. Sie wussten viel mehr über mich als ich selber. Alleine deshalb hat die Insolvenz mich menschlich gesehen reich gemacht.«

Anne Koark

Die damals Vierzigjährige ließ sich nicht unterkriegen. Statt ihr Schicksal zu bejammern, griff sie zur Feder und schrieb ein Buch: *Insolvent und trotzdem erfolgreich*. Sieben Monate lang hielt es sich auf der Bestsellerliste für Wirtschaftsbücher und wurde damit zum Anwendungsfall dessen, was es im Titel verhieß. Einladungen zu Talkshows folgten. Vorträge, Zeitungsartikel. Anne Koark, die sich auf ihrer Visitenkarte als »Pleitier« darstellt, wurde bekannter als je zuvor. 2004 erhielt sie den Lady Business Award für Gesamtdeutschland – obwohl sie gar kein Business mehr hatte.

Weitere Auszeichnungen folgten. Im Oktober 2005 bekam sie für die von ihr propagierte Entstigmatisierung der Insolvenz und Begünstigung der zweiten Chance den Sonderpreis vom Großen Preis des Mittelstandes – eine Anerkennung für den Verein »B.I.G. – Bleib im Geschäft e.V.«, den Anne Koark zur Unterstützung insolventer Unternehmen gegründet hatte. Die Kunde ihres Erfolgs erreichte zuletzt gar das Bundesjustizministerium, wo sie gemeinsam mit Frau Zypries auftrat.

Gefragt nach ihrem Kernanliegen, sagt Anne Koark heute: »Ich will das Thema Insolvenz aus der Grauzone herausholen.« Und sie will die Angst vor der Pleite nehmen: »Mit einer Insolvenz lernt man sehr viel über seine eigenen Stärken. Man lernt, was man nicht verliert. Bei mir zum Beispiel waren das die Arbeitskraft, der Ideenreichtum, die Kampfkraft, der Humor und der Glaube an mich und an die Gesellschaft.« Und über ihren Erfolg sagt sie: »Es ist schon erstaunlich, dass man dafür ausgezeichnet werden kann, wenn man wieder aufsteht.«

Was für präzise Helfer unserer Seele doch Kündigungen und andere berufliche und wirtschaftliche Krisen sind! Glauben Sie mir: Wenn Sie Ihre berufliche Krise wirklich ehrlich und schonungslos untersuchen – Sie werden nicht mehr länger überrascht sein. Sie werden entdecken, dass sie präzise das ist, was Sie auf einer tieferen Ebene glaubten und wollten. Aber auch das, was Ihnen hilft, Ihren wahren Wert jenseits aller Äußerlichkeiten zu entdecken.

Ich weiß, dass diese Sicht der Dinge am Anfang wirklich herausfordernd und vielleicht auch völlig unverständlich ist. Als meine Frau mich vor Jahren mit solchen Theorien zu behelligen versuchte, hab ich sie sofort abgeblockt. Erst recht, wenn sie mir solche Sätze vor die Füße warf wie: *Dein Feind ist dein Schatten*. Was sie damit sagen wollte, war in etwa: Das, was ich in anderen ablehne, gibt es auch in mir. Bis ich die tieferen Zusammenhänge dieser These akzeptiert habe und bereit war, sie für mich selbst anzuwenden, vergingen viele Jahre und viele aufreibende Diskussionen mit meiner Frau. Selbst heute muss ich erst mal schlucken, wenn ich Ihnen jetzt schreibe: Alles, was ich damals den beiden für meine Kündigung verantwortlichen Vorständen vorzuwerfen hatte – nämlich dass der eine angepasst, emotionslos, vor allem auf die eigene Sicherheit und den eigenen Vorteil bedacht und der andere gleichgültig und nicht greifbar war –, das gab es auch in mir.

In der Tat sind solche Perspektivwechsel wie ein Dolchstoß fürs Ego. Aber mittlerweile weiß ich, wie heilsam es ist, wenn ich wirklich mutig und mit offenem Herzen hinschaue.

Wir brauchen Mut, um alles, was wir jahrelang nach außen projiziert haben, zu uns zurückzunehmen, und ein offenes Herz, um noch tiefer zu schauen. Dann können wir se-

Dankbar für die Kündigung ...? ∞ 53

hen, wie hinter all dem die Angst regiert bei uns ebenso wie bei anderen.

Dass auch ich damals angepasst, oft emotionslos und auf die eigene Sicherheit bedacht war und immer gleichgültiger und nicht mehr greifbar wurde.

Diesen Wechsel von außen nach innen und vom Kopf ins Herz möchte ich Ihnen zum besseren Verständnis hier noch einmal am eigenen Beispiel deutlich machen: Meinem Vorstand warf ich Angepasstheit vor ... Aus Angst passen wir uns an und werden emotionslos – das heißt, wir hören auf, unsere echten Gefühle zu leben. Wir versuchen, uns selbst zu retten und mit unserem Tun vor allem für unsere eigene Sicherheit zu sorgen, weil wir glauben, dass es kein anderer tut. Wir werden gleichgültig – das heißt, wir verlieren den Kontakt zu den Gefühlen und Bedürfnissen anderer, so wie wir ihn zu unseren eigenen verloren haben. Und wir sind nicht mehr greifbar, das heißt, wir entziehen uns selbst jedem echten Kontakt.

Genau in diesen abgetrennten Zustand hatte sich mein Leben damals entwickelt. Und die Kündigung zwang mich abrupt aus diesem Vermeidungskreislauf und half mir, aus diesem erstarrten und leblosen Zustand langsam wieder aufzutauen. Die gleiche Chance böte sich auch unserem von der Bankenkrise so sehr bedrohten Mann mit der Pistole. Er könnte entdecken, dass es das waghalsige, spekulative Vorgehen, das er den Bankern vorwirft, auch irgendwo in seinem Tun gibt. Wenn er den Mut hätte, aus dem Kampf gegen den Feind hinter dem Schreibtisch auszusteigen und ehrlich nach innen zu schauen, würde er entdecken können, dass er auf irgendeiner Ebene in finanziellen und beruflichen Dingen selber überzieht, maximiert oder spekuliert. Und mit offenem

Herzen würde er sehen, dass er das alles aus Angst tut. Aus Angst, dass er mit geradlinigem, mutigem und vertrauensvollem Handeln nicht bestehen kann. Aus Angst, dass es nicht genug für ihn gibt. Dass ihm jemand alles wegnehmen könnte. Dass kein anderer für ihn sorgt. All diese Ängste sind ihm wahrscheinlich nicht bewusst. Wahrscheinlich würde er auch vehement abstreiten, dass er solche Ängste hat. Aber genau dieses Abstreiten und Verdrängen hält ihn darin gefangen und sorgt dafür, dass sie unbewusst sein Leben immer weiter bestimmen. Dass sie ihn unentwegt unerkannt von hinten antreiben. Dass sie zu seinem dunklen Schatten werden, vor dem es, egal wie sehr er sich auch anstrengt, kein Entfliehen gibt.

Solche verdrängten Ängste mutieren dann zu den inneren Stimmen, die uns permanent eintrichtern: Sorge vor, streng dich an. Du hast zu wenig. Du brauchst mehr. Es gibt zu wenig. Also sieh zu, dass du noch etwas bekommst. Aber statt auf die Angst selbst ist unser Blick zwanghaft auf alles im Außen gerichtet, was dieser Angst zwar entspricht, ihr Auftauchen aber scheinbar verhindert. Mit unablässiger Geschäftigkeit fragen wir uns: Wie bekommen wir mehr Geld? Wo gibt es das meiste für das wenigste Geld? Wer bietet die höchsten Zinssätze und die schnellsten Renditen? Ah, hier bei dieser Bank! Und schon sind wir im großen Karussell gelandet, in dem alle immer mehr wollen und jeder immer weniger bereit ist, dafür auch etwas zu geben. Unsere individuelle Angst spielt jetzt in dem großen Verein mit, der genau nach ihren Spielregeln spielt.

Aber wir haben genau die Bank, die zu uns passt. Und eine Gesellschaft hat genau die Wirtschaftskrise, die ihr entspricht. Wir erleben den Zusammenbruch, vor dem wir uns so fürch-

Dankbar für die Kündigung ...? ∞ 55

ten. Wir erleben im Außen, was wir im Inneren glauben. Denn wirklich alles auf dieser Welt funktioniert nach Gesetzen der Resonanz. Was wir innerlich verdrängen, kommt durch die Hintertür – durch unsere Schatten – im Außen immer wieder auf uns zu. Und umgekehrt: Wenn etwas von außen in unser Leben eingreift, dann nur, weil es in unserem Inneren auf ein Resonanzfeld stößt.

Wenn Sie das universelle Gesetz der Resonanz verinnerlicht haben, dann wissen Sie: Nur in Ihrem Inneren können Sie das Leben verändern.

Nur in Ihrem Inneren können Sie entdecken, dass es im Außen keine Feinde gibt; dass es um die Ängste in Ihrem Inneren geht. Darum, dass Sie sich ihnen wieder stellen, sie sich bewusst machen und sie endlich mit offenem Herzen annehmen. So verlieren Ihre Ängste und mit ihnen Ihre Feinde im Außen ihre Bedrohlichkeit.

In diesem Prozess der Selbstentdeckung befreien Sie gleichzeitig auch Ihre echten Gaben und wahren Bedürfnisse und setzen natürliche Kräfte und Fähigkeiten frei. In diesem Prozess könnte der Mann mit der Waffe sich wieder auf sich selbst konzentrieren. Seinen Glauben an Wohlstand, seinen Mut und seine tatsächlichen Talente entwickeln und einen neuen Weg finden, auf dem er den ersehnten Wohlstand aus eigener Macht und immer unabhängiger von äußeren Krisen erschaffen kann. Ich selbst konnte in diesem Prozess in all meine verdrängten, ohnmächtigen und erstarrten Gefühle eintauchen und konnte dort meine Lebendigkeit und Authentizität wiederfinden. Und später auch meine wahre Berufung und Erfolg.

Auch wenn es für unseren Geist so herausfordernd ist: Die Krise war auf einer tieferen Ebene von diesem Mann, von mir und allen anderen Geschüttelten gewünscht. Ein uns noch unbewusster Teil sehnte sich nach dem Zusammenbruch eines ungesunden Lebens- und Arbeitssystems und einem seinem Wesen und seinem Herzen entsprechenden Neuanfang. Ein altes, krankes System kollabiert, damit ein neues, echteres sich entfalten kann.

3. Kapitel

NUR MEINE GESCHICHTE...
oder auch Teil Ihrer Geschichte?

Meine Kündigung war also ein Weckruf meiner Seele. Damals in der akuten Phase war mein Bewusstsein allerdings nicht im Geringsten offen für derartige Einsichten in die heilsamen Kräfte einer beruflichen Krise. Mein Rauswurf entzog mir einfach von einem Tag auf den anderen jede Möglichkeit, mich weiter in Aktivitäten zu stürzen, und so saß ich zu Hause völlig auf mich zurückgeworfen. Die ersten Wochen waren noch aufregend, weil ich mit allen möglichen Freunden und ehemaligen Kollegen telefonieren, mit ihnen über die Ungerechtigkeiten dieser Welt schimpfen und mögliche anwaltliche Schritte strategisch planen konnte. Aber irgendwann ebbte auch dieser Nachgesang auf mein Leben als Modemanager ab, und mir blieb nichts anderes übrig, als mich selbst ohne jede Ablenkung auszuhalten.

Das fühlte sich an wie ein Albtraum, denn ich konnte immer noch nicht wirklich fassen, was da eigentlich mit mir passiert war. Mir war, als sei mir meine Identität abhandengekommen. Ich wusste nicht mehr, wer und wofür ich da war. Nicht mehr, wo mein Platz im Leben sein könnte. Ich zweifelte an mir selbst und suchte nach irgendeiner Richtung, die ich einschlagen könnte. Ja, es kam mir manchmal so vor, als ob nun alles zu Ende wäre. Ich fühlte mich gescheitert und weit davon entfernt, in dieser Kündigung etwas Gutes zu sehen.

Das Schicksal schien davon sichtlich ungerührt. Es blieb weiter bedrohlich still um mich. Da war kein Termin, keine Funktion, kein Ziel. Ich taumelte, grübelte und versuchte, natürlich so schnell wie möglich, meinen alten geschäftigen Zustand wiederherzustellen. Dieses Nichts war einfach zu unerträglich. Aber sosehr ich es auch loswerden wollte, es blieb beständig an meiner Seite.

Genau an diesem zähen Nullpunkt, dem ich nicht entfliehen konnte, begann etwas in mir aufzubrechen, das ich vorher nicht wahrnehmen konnte. Ich fand einen neuen Zugang zu mir. Das passierte nicht von heute auf morgen. Und es gab auch kein bewusstes Aha-Erlebnis. Eher war es ein schleichender Prozess, bis ich endlich akzeptieren konnte, dass mir jemand anders den Stecker rausgezogen hatte und ich nichts dagegen machen konnte, außer das Stoppschild an diesem Punkt meines Weges endlich zu akzeptieren. Das war nicht leicht, denn ich hatte es mir angewöhnt, mich vor allem danach zu beurteilen, was für einen Eindruck ich im Außen machte und ob ich Erfolg im Beruf hatte.

So litt ich in dieser Zeit immer wieder unter dem Gedanken, äußerlich der Verlierer – gescheitert – zu sein. Ich hatte daran zu knabbern, dass ich den Dienstwagen abgeben musste. Das war wie eine Degradierung. Ich weiß noch, dass es mir unangenehm war, morgens beim Einkaufen den Frauen aus der Nachbarschaft zu begegnen. Ich schämte mich und lief im Supermarkt mit der Vorstellung herum: »Die wissen alle, was mit dir passiert ist!«

Meine andere Lieblingsfantasie war, dass es jetzt in meiner alten Firma eine große Lücke geben würde, dort wo ich einst

Nur meine Geschichte … ∞ 59

meine Arbeit getan hatte. Aber bereits eine Woche später war meine Position hausintern neu besetzt. Das war ein weiterer bitterer Schlag für mein Ego. Ich war austauschbar. Einfach weg und vergessen.

Verunsichernd war auch, dass meine Freunde und Bekannten sich merkwürdig zurückhaltend verhielten. Als sei ich ein Kranker, den man besser nicht auf seine Leiden anspricht. Es gab viele Beileidsbekundungen, aber die meisten scheuten sich, direkt zu werden. Ich spürte, wie ihnen die Fragen und auch manche ihrer eigenen Ängste unter den Nägeln brannten, aber kaum jemand redete offen mit mir darüber. So war ich auch hier in meinem Neufindungsprozess ganz auf mich zurückgeworfen. Saß nach meistens oberflächlichen Gesprächen mit anderen wieder alleine zu Hause mit meinem Zorn und meiner Scham.

Mir dämmerte, dass mir an diesem Punkt in meinem Leben keiner von meinen Freunden helfen konnte. Und auch auf meinen alten beruflichen Trampelpfaden ging nichts mehr richtig voran. Es gab Gespräche mit Leuten aus der Branche, die ich kannte. Aber auf die eine oder andere Art verliefen sie alle im Sande. Gemeinsam mit ehemaligen Kollegen hatte ich Ideen für neue Geschäftsprojekte. Bei genauem Hinsehen waren die meisten Pläne zwar enthusiastisch, aber ohne echte Kraft. Headhunter klopften immer noch an. Es gab auch Vorstellungsgespräche. Aber entweder wollten die Firmen mich nicht, oder die angebotene Bezahlung oder Position war weit unter dem, was ich vorher gewohnt war. Oder die Offerten entsprachen inhaltlich überhaupt nicht meinen Fähigkeiten.

Nach Jahren, in denen immer alles so leicht gegangen war, schien jetzt alles wie verhext. Egal, was ich anging, nichts wollte wirklich fruchten. Aber auch innerlich veränderte ich

60 ∞ *Das Geschenk der Wirtschaftskrise*

mich. Je mehr Zeit verging, desto mehr schien sich etwas in mir gegen den bisherigen Weg zu sträuben. Wenn wieder ein Personalberater anrief und mir einen Job aus meinem alten Umfeld anbot, tat das zwar meinem Ego gut. Aber nach dem ersten Gefühl von »Siehst du, du bist doch noch wer!« wusste ich auf einmal gar nicht mehr klar, was ich zu den Angeboten sagen sollte. Einmal sagte ich bei so einem Gespräch sogar: »Wissen Sie was, im Augenblick tun Sie am besten gar nichts für mich. Ich muss erst mal mit dieser Situation klarkommen. Rufen Sie mich doch in zwei Monaten noch mal an.«

Vor dem Hintergrund, dass ich eine Familie zu ernähren und keine großen Reichtümer auf dem Konto hatte, schien diese Antwort verrückt. Natürlich stieg der Druck in mir, wieder Geld verdienen zu müssen. Und ich weiß noch, dass mich diese Antwort selbst überraschte. Aber sie war aus dem Herzen gesprochen. Irgendetwas in mir rebellierte auf einmal vehement und für mich deutlich vernehmbar, wenn ich in die alten Gleise zurückwollte.

Nachdem einige Monate ins Land gegangen waren und ich noch keine neue Perspektive hatte, zog ich mich immer öfter bewusst zurück und fand das überraschenderweise angenehm. Freiwilliges Alleinsein und Rückzug – das hatte es in meinem Leben noch nie gegeben. Ich hatte immer schon den nächsten Job gehabt, bevor ich den alten aufgab. War immer aktiv, hatte immer etwas vor, immer ein Ziel, eine Verabredung, eine Einladung, ein neues Projekt.

Natürlich hatte mein Rückzug anfänglich auch damit zu tun, bei Gesprächen im Privaten nicht weiter behelligt und in peinliche Erklärungsnöte gebracht zu werden. Freunden und Bekannten womöglich sagen zu müssen, dass es seit unserer letzten Zusammenkunft noch keinen Fortschritt gegeben hatte; dass sich wieder eine Perspektive zerschlagen und ich gerade nicht die geringste Ahnung hatte, was ich wollte. Der Mann, der ich bisher gewesen war, fühlte sich unsicher und im alten Umfeld fehl am Platze. Aber ein anderer Teil, sozusagen der neue Mann in mir, begann zu wachsen und gab mir ein immer deutlicheres Gespür dafür, was ich nicht mehr sein wollte. Dieser Teil wusste, dass es nicht gut wäre, sich weiter in Aktionismus zu ergehen und wie ein Wilder nach neuen Jobs zu suchen. Zum ersten Mal in meinem Leben spürte ich: Ich brauche Zeit! Und zwar keine Zeit für geschäftige Ablenkung oder Berieselung von außen. Ich brauche Zeit für mich! Dieser neue Teil von mir war froh, dass es sich durch die Kündigung so ergeben hatte, dass ich diese Zeit jetzt für mich finden konnte.

Einige Jahre zuvor hatte meine Frau an einem ähnlichen Punkt in ihrem Leben mir einmal gesagt: »Von außen sieht es so aus, als ob alles kaputtgeht. Aber innerlich lerne ich jeden Tag was Neues über mich. Ich komme mir vor, als ob ich im Studium bin mit ständig neuen Lektionen.« Jetzt in meinem eigenen Prozess konnte ich spüren, wovon sie gesprochen hatte. Während mein äußeres Leben komplett stagnierte, machte ich innerlich immer neue Entdeckungen: Kaum dass ich zum ersten Mal wirklich begriffen hatte, dass Zeit für mich zu haben kein Übel, sondern ein echtes Geschenk ist, präsentierte mir das Schicksal auch schnell die nächste Möglichkeit zur Korrektur meines Selbstbildes.

Bei den offiziellen Verabschiedungen von meinen Mitarbeitern erlebte ich eine Offenheit in den Gesprächen wie nie zuvor. Ich stellte mich all ihren Fragen und erzählte ihnen ehrlich, was vorgefallen war. Mein stiller innerer Verarbeitungsprozess zu Hause im Vorfeld hatte dafür gesorgt, dass ich das jetzt ohne Anklagen, ohne Zorn und ohne Schuldzuweisungen tun konnte. Ich konnte dem Abschiedsschmerz, der in mir steckte, unverstellt Ausdruck verleihen. Den Mitarbeitern schien es nicht anders zu gehen. Das Feedback meiner Mitarbeiterinnen und Mitarbeiter machte mir deutlich, dass viele von ihnen meine Begleitung als motivierend und unterstützend erlebt hatten und dass sie in den Projekten mit mir gewachsen waren. In diesen Gesprächen wurde mir rückblickend klar, dass vor allem dieser gemeinsame Wachstumsprozess auch für mich so entscheidend war. Ja, ich musste mir eingestehen, dass das menschliche Miteinander mir wichtiger gewesen war als all die beruflichen »Hard Facts«, auf die ich vorher meinen Fokus gerichtet hatte. Dass ich meine wirklichen Stärken vielleicht ganz woanders hatte, als ich es mir bislang zugestanden hatte.

Bisher hatte ich mich für einen guten Kaufmann gehalten, einen Experten auf meinem Gebiet – einen Mann, der Karriere macht. Aber nicht für jemanden, der seine Stärken in der Kommunikation und im Kontakt mit Menschen hat.

Doch damals begriff ich, dass es mir eigentlich immer mehr um die Menschen als um die Mode gegangen war. Diese Erkenntnis machte es mir nicht gerade leichter, nach vorne zu gehen. Sie sorgte eher für weitere Risse in meiner bisherigen Identität. Immer neue Fragen schossen mir im Kopf herum: »Wenn ich gar nicht der bin, für den ich mich immer gehalten habe – wer bin ich denn dann? Was will ich denn eigentlich tun? Was kann ich wirklich? Wo will ich hin?«

Bislang hatten diese Fragen immer die Firmen und Personalberater für mich geklärt. Seit meiner allerersten Bewerbung in jungen Jahren hatte ich mich nie wieder selbst um eine neue Position gekümmert. Immer war ich geholt worden;

hatte Ziehväter oder Mentoren, die mich positionierten und förderten. Jetzt musste ich lernen, selbst die Verantwortung für meinen weiteren Weg zu übernehmen. Aber alles, was ich gerade über mich lernte, war, dass ich offenbar keine Ahnung von mir hatte.

Heute weiß ich, auch das war Teil des Prozesses. Diese Verunsicherung war gut und wichtig. Verunsicherung ist der beste Zustand, damit man etwas Neues jenseits der gewohnten Trampelpfade entdecken kann. Wenn der alte Weg versperrt ist, kann einen das auf eine neue, günstigere Spur bringen. Das ist es, was ich Ihnen ans Herz legen möchte, wenn Sie selbst in die Situation kommen sollten, Ihr berufliches Fundament zu verlieren: Starren Sie nicht auf die Situation selbst! Verzetteln Sie sich nicht im Äußeren! Vertrauen Sie dem Prozess und versuchen Sie, seine Zeichen zu verstehen!

Es ist für Sie und Ihre weitere Entwicklung nicht wichtig, wer recht oder unrecht hat. Es ist auch nicht wichtig, ob Ihr Chef ein Arsch ist, ob der Konzern, die Gläubiger, der Konkursverwalter, das Finanzamt oder die Kollegen Sie fair behandeln oder nicht. Es bringt auch nichts, sich in Selbstmitleid zu ergehen. Wichtig sind die Fragen: Wozu ist das alles gut? Aus welchem tieferen Grund passiert es? Wohin zwingt mich der Druck? Was hat das Leben mit mir vor, dass es mir das jetzt zumutet? Was ist der Vorteil am Nachteil?

Es geht darum, nicht über das Geschehene zu urteilen und in Groll zu erstarren. Sondern sich ehrlich zu fragen, wozu es Sie einlädt; was Sie jetzt ändern sollten; wo ein Kurswechsel in Ihrem Leben dringend ansteht und was sich Neues aus all dem entwickeln könnte. Es geht darum, die heilenden Kräfte in dieser Situation zu entdecken, sie gleichsam auszugraben – selbst wenn es am Anfang unmöglich scheinen sollte, überhaupt etwas Gutes zu sehen. Da braucht es große Präsenz und Bereitschaft zur Selbstkonfrontation, um sich aus den Schuldzuweisungen im Außen zu lösen und sich stattdessen konsequent zu fragen: Was entsteht hier neues Gutes für mich?

Im ersten Schritt in diesem Prozess gilt es, das, was ist, anzunehmen. Damit sind nicht Resignation und Fatalismus gemeint. Es ist nur gemeint, dass Sie sich nicht weiter gegen die Situation stellen sollten. Nicht weiter gegen die Umstände und ihre vermeintlichen Verursacher kämpfen sollten. Das kostet Sie nur Kraft und lässt die Fronten weiter verhärten. Egal, was es noch zu klären und zu verhandeln gibt, wenn Sie keine Klarheit über sich selbst haben, sich im Kern so wenig kennen wie ich damals, können Sie die Situation auch nicht wirklich zu Ihrem Wohle klären. Dann kämpfen Sie womöglich für ein Ziel, das bei genauerem Hinsehen gar nicht mehr Ihr Ziel ist – suchen einen Weg zurück und verstricken sich immer tiefer im Kampf um eine vermeintliche Sicherheit, die Sie in Wahrheit nur beengt und von Ihrer eigentlichen Entfaltung und den wichtigen nächsten Schritten abhält.

Wenn Sie sich in Groll und Schuldzuweisungen festfressen, dann ist das ungefähr so, als ob Sie mit durchdrehenden Reifen im Schnee stecken geblieben sind und immer weiter Vollgas geben. Sie verbrauchen Energie, kommen aber nicht vom Fleck. Mit Gefühl kämen Sie eher heraus: Das Gas ein bisschen antippen, einschlagen, wieder vom Gas gehen, noch einmal antippen – das könnte helfen. Manchmal geht es vielleicht nur rückwärts.

Auch wenn es seltsam klingen mag, aber es geht in der Krise darum, dass wir aus einer beschränkenden, zu engen und erstarrten Haltung auftauen und wieder fühlen lernen. Dazu muss man nichts tun!

Nur meine Geschichte ... ∞ 65

Auch wenn wir so trainiert sind, dass anscheinend nur Anstrengung und unser Kopf uns zum Ziel führen können – wir sind deshalb in der Sackgasse gelandet, weil wir vor lauter Tun uns selbst nicht mehr wahrgenommen haben. Tatsächlich können nur unsere Gefühle uns auf Dauer authentisch den Weg zu dem weisen, was uns wirklich erfüllt und guttut. Es braucht also Öffnung statt Vollgas.

Bei mir gehörte damals dazu, mir endlich einzugestehen, wie lange schon die Luft raus war, echte Bindung fehlte und ich nur vom Ehrgeiz angetrieben funktioniert hatte. Und wie sehr ich jetzt trotz all meiner Rationalisierungsversuche unter meiner Scham, meiner Ohnmacht und dem Gefühl des Scheiterns zu leiden hatte. Als ich dazu endlich bereit war, kamen mit all diesen unangenehmen Gefühlen langsam auch meine Sehnsucht und meine Leidenschaft wieder hervor. Auf einmal konnte ich identifizieren, was mir in all den Jahren wirklich Freude gemacht und was mir gefehlt hatte.

Wenn wir lange Zeit vor allem funktioniert und schließlich unseren Job oder unsere Firma verloren haben, dann heißt Kontakt zu den eigenen Gefühlen erst einmal vor allem Kontakt zu lange aufgestautem Frust, zu innerer Leere, Ohnmacht oder Versagensangst. Aus eigener Erfahrung weiß ich, dass es nicht leicht ist, diese Ehrlichkeit sich selbst gegenüber aufzubringen. Sich der eigenen Wahrheit und dem Scheitern des alten Weges zu stellen, ohne Schuldige dafür zu suchen.

Es ist unbequem, erfordert Mut, Risikobereitschaft, Engagement und Glauben an den eigenen Weg. Den Willen, nicht mehr länger auf einem ausgetretenen Pfad weiterzuwandern und stattdessen den eigenen Gefühlen und einem vielleicht noch leisen Ruf der eigenen Seele zu vertrauen. Ohne die Kündigung würde ich mir vielleicht immer noch etwas vormachen

66 ∞ *Das Geschenk der Wirtschaftskrise*

und mich für den leidenschaftlichen Modemanager halten, der ich in Wahrheit gar nicht bin. Deshalb kann ich heute diese Kündigung rückblickend als Chance begreifen. Sie hat mich zu mir zurückgebracht.

Deswegen weiß ich, wovon ich rede, wenn ich Ihnen hier so sehr ans Herz lege, sich nicht länger vorzumachen, Sie seien Opfer anderer Menschen oder widriger Umstände. Sie sind einfach nur reif für den nächsten Schritt in Ihrem Leben. Und die Krise signalisiert Ihnen, dass es höchste Zeit ist, die ersten Schritte in die eigene Richtung zu tun. Zeit, sich endlich einzugestehen, dass Sie so wie bisher nicht mehr hätten weitermachen können. Dass Ihr beruflicher Weg vielleicht schon lange nicht mehr zu Ihnen passte, Sie aber nicht den Mut aufbrachten, ernsthaft Konsequenzen zu ziehen. Dass das Leben Ihnen schon länger Signale gibt, die Sie zum Richtungswechsel oder zum Innehalten auffordern. Sie diesen Signalen aber kaum oder nur vorübergehend Beachtung schenken.

Ich weiß, dass es in meinem Leben damals jede Menge Signale gab. Dass es in meinem Inneren schon länger so etwas wie eine innere Stimme gab, die mir sagte, dass ich so nicht mehr weitermachen könnte. Ich weiß, dass ich ihr kein Gehör schenkte. Deswegen brauchte ich wohl diesen Schuss vor den Bug. Wäre er nicht gekommen, hätte ich die inneren Signale sicher noch weiter ignoriert; wäre vielleicht krank geworden oder hätte erneut meine Ehe aufs Spiel gesetzt und vielleicht weiter von den wirklich wichtigen Dingen weggeschaut. Dank dieses Knalls aber konnte ich mich sammeln, in mich gehen und neu beginnen; konnte ich das Ende meines alten beruflichen Weges als Sprungbrett in meine Berufung nutzen; kann ich heute behaupten, dass ich dankbar dafür bin, damals rausgeflogen zu sein.

Nur meine Geschichte ... ∞ 67

4. Kapitel

DAS SCHICKSAL FÜHRT JENE, DIE ES ANNEHMEN.
Die es ablehnen, zwingt es

Vielleicht werden Sie schon ungeduldig und denken: Genug der Reflexion, Innenschau und Selbstanalyse! Sie fragen sich: Wie geht es denn jetzt weiter? Was kann ich tun? Wie verwandelt sich diese Sackgasse in meinem Leben denn nun in ein Sprungbrett? Diese Fragen habe ich mir damals natürlich auch unzählige Male gestellt. Aber genau dieses innere Drängeln und ungeduldige Weiterwollen steht dem ersten Schritt des heilsamen Wandels im Wege. Gerade jetzt geht es um Luftholen, Ankommen und darum, zu verstehen, was schiefgelaufen ist. Wenn Sie weitergehen, bevor Sie den Fehler im System gefunden und verstanden haben, werden Sie ihn wieder machen.

Die meisten Menschen sind nach einer Kündigung, einem Burn-out oder einem unternehmerischen Aus völlig erschöpft, entkräftet, verunsichert und desorientiert. Aber diesem Zustand geben sie keinerlei Raum. Und nur die allerwenigsten vertrauen sich irgendjemandem mit dieser Ohnmacht und einer Bitte um Hilfe an. Ganz im Gegenteil: Bei den meisten steigert sich die hektische Betriebsamkeit nur noch mehr, um der Orientierungslosigkeit und der Angst ja nicht ins Auge sehen zu müssen.

Sie wollen da weg, wo sie gerade sind, und versuchen mit ihren alten Strategien etwas in Bewegung zu setzen oder in vertraute Fahrwasser zurückzukehren, statt wahrzunehmen, dass gerade etwas Altes stirbt, damit sich etwas Neues zeigen kann. Um noch einmal zu dem Bild mit dem Samenkorn zurückzukommen: Wenn nicht gleich ein Sprössling zu sehen ist, buddeln sie ungeduldig in der Erde herum und stecken das Samenkorn mal hierhin und mal dorthin, damit es endlich aufgeht.

Wenn Sie aus der Kurve geflogen sind und an einen Ort katapultiert wurden, an dem Sie freiwillig nicht gelandet wären, dann ist es zwar mehr als menschlich, wenn Sie dort gleich wieder wegwollen. Aber auf dem Weg zu Ihrer Berufung ist es kontraproduktiv. Damals saß auch ich gezwungenermaßen zu Hause und wollte wie jeder angetriebene Erfolgsmensch nur eins: so schnell wie möglich von dort wieder weg. Aber heute weiß ich: Zu Hause war genau der Platz, wo ich hingehörte. Und zwar schon seit ziemlich langer Zeit.

Das Schicksal führt jene, die es annehmen. Die es ablehnen, zwingt es. Und gerade in Krisensituationen funktioniert es stets absolut präzise. Es katapultiert Sie immer genau dorthin, wovor Sie weglaufen. Und von zu Hause weglaufen war eine uralte – mir allerdings völlig unbewusste – Angewohnheit. Eine, die vielen beruflich erfolgreichen Menschen ziemlich vertraut ist.

Es gibt einen alten Managerwitz: Wird ein Top-Manager in einem Interview gefragt »Haben Sie eigentlich Familie?« Der Manager überlegt lange. »… Familie …? Familie …? Das würde die fremden Menschen bei mir zu Hause erklären.« Vielleicht nur ein Witz, der sich eines Stereotyps bedient. Aber was einst nur die Männer, und vor allem die in Führungspositionen,

Das Schicksal führt jene, die es annehmen ∞ 69

betraf, betrifft heute übergreifend arbeitende Männer und Frauen – egal in welcher Position – gleichermaßen. Wir verlieren unsere innere Bindung zu unserer Familie und zu unserem Privatleben, weil unsere Arbeit schleichend das Regiment in unserem Leben übernommen hat und alles andere dominiert.

So werden wir von einem Crash in beruflichen Krisensituationen, nach Kündigung, Burn-out oder Konkurs, meist nach Hause in die vermeintliche Bedeutungslosigkeit unseres Privatlebens katapultiert. Wir werden unserer Funktionen enthoben, unsere Rollen lösen sich auf, und wir sind gezwungen, uns ungeschminkt als Mensch zu erleben. Wir werden mit allen Gefühlen, allen Charakterschwächen, aller Einsamkeit, Unverbundenheit und Leere konfrontiert, die wir die ganze Zeit mit unserem Erfolg und dem stetigen Wettlauf um neue berufliche Anerkennung kompensiert haben.

Plötzlich sind wir gezwungen, auszuhalten, dass wir als der Mensch gesehen werden, der wir jenseits der liebgewonnenen Rolle sind. Und wir haben die große Chance, endlich als genau der angenommen zu werden, der wir wirklich sind. Dazu müssen wir allerdings zuerst all dem ins Auge schauen, wovor wir uns vielleicht schon lange, vielleicht ein Leben lang, verdrücken wollten.

So musste ich im Supermarkt meinen Nachbarinnen begegnen, um meine Scham ihnen gegenüber zu fühlen, jetzt da ich keine Rolle mehr hatte, hinter der ich mich verstecken konnte. Ich war jetzt kein Versorger, Kämpfer und Krieger mehr, und dafür schämte ich mich vor den Frauen. Ich weiß noch, wie mir nach meiner Kündigung auf dem Heimweg aus dem Büro dauernd diese eine Frage im Kopf herumkreiste: »Wie gehen meine Frau und meine Tochter damit um?«

Die Kleine war damals sechs, und ich hatte große Sorge, sie würde das alles nicht verstehen. Ich dachte, dass es ihr vielleicht peinlich wäre, einen arbeitslosen Papa zu haben. Dass sie Angst hätte, sie würde ihr Zuhause verlieren, weil wir aus der Wohnung rausmüssten und kein Geld mehr hätten. Als ich sie an diesem Abend ins Bett brachte, wollte ich mit ihr reden und ihr irgendetwas Tröstliches sagen. Aber es kam ganz anders. Sie ergriff meine Hand und sagte: »Papa, ich werd morgen die Frau Gerhard« – das war ihre Klassenlehrerin – »fragen, ob sie mir auch kündigt. Dann kann ich endlich den ganzen Tag mit dir zusammen sein!«

Meine Tochter war es, mit ihrer unverbauten und unschuldigen Sicht auf die Dinge, die mir an diesem Abend meine erste Begegnung mit einem neuen Bewusstsein in einer Krise vermittelte: Kündigung, damit sie den ganzen Tag mit mir zusammen sein kann! Als ich das hörte, taute mein Herz zum ersten Mal seit Langem wieder auf. Ich hatte Tränen in den Augen. Tränen der Erleichterung und Rührung. Für einen Moment gab es einen winzigen Riss in meinem Abwehrpanzer: Mein Gott, wie weit war ich vom echten Leben abgedriftet, schoss es mir durch den Kopf.

Aber kaum hatte ich die Kinderzimmertür hinter mir geschlossen, war der Riss auch schon wieder zu. Ich redete mir ein, meiner Frau gegenüber die Fassung bewahren zu müssen. Ich versuchte krampfhaft, sachlich und nüchtern zu wirken. Ich bildete mir ein, ich müsse meinen Mann stehen. Aber im Laufe der nächsten Monate sollte ich noch viele Erfahrungen damit machen, dass meine Frau und meine Tochter etwas ganz anderes von mir wollten, als dass ich, eingezwängt in eine Rüstung aus Pflicht und Tradition, meinen Mann stehe.

Natürlich war es damals ein Teil meiner Rolle in meiner

Familie, dass ich Geld verdiente und einen Beruf hatte, in dem ich mich austoben konnte. Und natürlich ging es in der Zeit nach der Kündigung auch darum, dass ich wieder Geld verdiene. Aber jetzt konnte ich entdecken, wie wichtig es für meine Frau und meine Tochter war, dass ich endlich wirklich da war. Nicht wie vorher, als ich meistens erschöpft zu Hause ankam oder eigentlich in Gedanken beim Job oder am Handy war.

Meine Frau und meine Tochter brauchten mich mit Herz, Geist und Seele. Wir kannten uns eigentlich gar nicht richtig. Anfangs fühlte ich mich regelrecht hilflos in der andauernden Nähe meiner Frau. Ich wusste auch nicht wirklich, was das Herz meiner Tochter beschäftigt; was sie fühlt und wonach sie sich sehnt. Für sie brachen nach meiner Kündigung paradiesische Zustände an, nachdem sie mich bis dahin im Alltagsleben eigentlich nur als den Mann mit Anzug und Krawatte kannte, der abends zu Besuch kommt, aber die meiste Zeit seines Lebens irgendwo auf einem anderen Planeten lebt.

Heute, nachdem ich zahllose Gespräche mit anderen Männern in ähnlichen Situationen geführt habe, kann ich eins sagen: Die einzige Erfahrung, die viele Kinder mit ihrem Vater machen, ist die, dass er innerlich oder äußerlich nicht da ist. Es hat Jahre gedauert, bis ich wirklich verstanden habe, wie fatal es tatsächlich für die Familie ist, dass die meisten Männer nie da sind. Privatleben, Gefühlsleben, Zuhause – das sind in unserer Gesellschaft zu oft männerlose Wüsten. Aus der Ferne unserer Büros blicken wir auf die wachsenden Heerscharen alleinerziehender Mütter, die jenseits unseres Einflusses unsere Kinder prägen, die in dem Glauben aufwachsen, die Welt bestünde aus Omas, Kindergärtnerinnen, Tagesmüttern und Mama-Robotern, die alles alleine können. Das Tragische daran ist, dass die meisten Männer diese Entwicklung nicht einmal bedenklich finden.

Aber trauen Sie sich doch mal was: Schauen Sie doch einmal die Folgen dieser männerlosen Privatwelt in unserer Gesellschaft an. Die Welt unserer Kinder ist virtuell und entwurzelt. Wenn männliche Kraft erkennbar ist, dann meist auf verkümmerte und reduzierte Art und Weise als Härte und Kampf. Es herrscht Gewalt auf den Schulhöfen und Erstarrung in den Herzen. Aber gesunde männliche Kraft ist etwas ganz anderes.

Wenn die Männer wieder ihren Weg zurück in die Familie finden, dann kommt dahin Kraft, wo ohne sie Anstrengung, Überforderung und Kontrolle waren. Wenn ein Mann wirklich präsent und bereit ist für eine – auch emotionale – Auseinandersetzung mit seiner Familie, sorgt das sehr rasch für Entspannung und Befreiung im ganzen System.

Meiner Frau fehlten unmittelbare Unterstützung, Austausch und echte Nähe. Ihr fehlte eine echte Teilnahme an ihrem Leben, ihrer Gefühlswelt und an dem, was sie beschäftigt. Als ich mein Zuhause besser kennenlernte, musste ich entdecken: Meinen beiden Frauen fehlte die Leichtigkeit. Genau das, was eine meiner größten Stärken ist. Die brachte ich nun mit nach Hause. Und damit eine ganz neue Kraft – eine, an der sie sich reiben, aber auch anlehnen konnten. Im Hause Zurhorst wurde es wieder lebendiger. Es wurde gestritten und gelacht. Denn wir waren wieder in einer echten – wenn auch oft schwierigen und alte Grenzen überschreitenden – Begegnung.

Es war eine turbulente Zeit, in der auch ich, oft unfreiwillig, jede Menge lernen musste. Ich kenne so viele Männer, die alleine unter oft trostlosen Umständen leben. Sie vegetieren mit Flachbildschirmen, Laptops und Fertigsuppen in irgendwel-

Das Schicksal führt jene, die es annehmen ∞ 73

chen Wohnungen vor sich hin, die weit entfernt sind von einem Zuhause und jedem Hauch von Wohnlichkeit. Ein Junggesellenleben so einladend wie ein Durchgangsbahnhof – immer auf dem Sprung, zweckdienlich und unbelebt. Aber auch die Familien sind voll mit Undercover-Junggesellen, die oft kaum mehr als auf dem Papier Ehemänner und Väter sind, obwohl es eigentlich um echte Präsenz und emotionale Nähe gehen sollte.

Auch für mich war mein Zuhause eher ein Hotel, in dem meine Frau für alles sorgte, was mit Wärme, Gemütlichkeit, Schönheit und echtem Versorgtwerden zu tun hatte. Bis zur Kündigung war auch ich zwar verheiratet gewesen, aber große Teile von mir hatte ich meiner Familie vorenthalten. Unbewusst war ich innerlich Junggeselle geblieben. Als ich nun tagein, tagaus zu Hause war, erschloss sich mir darum lange Zeit auch nicht, warum ich mich mit dem schnöden Haushalt, mit Kochen und der Einrichtung unserer Wohnung beschäftigen sollte. Ich tat jeden Handschlag nur widerwillig und fand das, was ich im Haushalt tat, völlig bedeutungslos für meinen weiteren Weg.

Wenn ich heute bei meiner Arbeit mit den vielen echten oder den verheirateten Undercover-Junggesellen zu tun habe, dann weiß ich, was sie sich vorenthalten an natürlicher Lebensqualität und Nähe. Wenn auch Sie ein Mann sind, der sein Zuhause nur als unpersönliche Schlafstätte und Anschlussstelle für Fernseher, Laptop und Handyaufladegerät betrachtet, kann ich Ihnen sagen: Sie hoffen vergeblich, wenn Sie irgendwo bei einer Frau nach Geborgenheit suchen.

Es ist wichtig, dass Sie selbst Ihre wahren Bedürfnisse kennenlernen. Lernen Sie, sich selbst ein Zuhause zu schaffen, sich gut zu versorgen und ehrlich mit sich zu sein. Sonst werden Sie weiter hektisch und wurzellos durch die Welt irren und nie ankommen.

Solange Sie innerlich heimatlos und emotional auf Tauchstation sind, werden Sie mit niemandem zur Ruhe kommen und nirgendwo dauerhaft Nähe leben können. Dann sitzen Sie am Wochenende zu Hause im Kreise Ihrer Familie und leben trotzdem innerlich auf einem anderen Stern. Und als Junggeselle laufen Sie immer weiter der Hoffnung hinterher, dass Sie irgendwo eine Frau finden, die Ihnen endlich Geborgenheit gibt. Aber das ist eine Hoffnung, die sich nie erfüllt. Egal, was eine Frau auch zu geben bereit ist: Sie kann bei Ihnen so lange nicht wirklich ankommen, solange Sie selbst so entfernt von sich sind.

Und die Frauen an der Seite solcher entfernten Männer sind auf Dauer meist völlig überfordert, weil sie versuchen, das Männliche und das Weibliche gleichzeitig in die Familie zu bringen. Aber dieser Doppeljob funktioniert selten. Die meisten Frauen verlieren dabei ihre einstige weibliche Kraft und erstarren zunehmend in Kontrolle.

Die Kinder in diesen Familienkonstellationen können in ihrer inneren Entwicklung dann oft nicht weitergehen als ihre Eltern. Männlichkeit haben sie nur aus der Ferne kennengelernt und Weiblichkeit als kontrollierend und verspannt. Äußerlich wachsen sie, haben sich in der Schule vielleicht jede Menge Wissen angeeignet; und an Hobbys und Aktivitäten mangelt es auch nicht. Aber im Herzen sind sie unterernährt. Sie haben unsere echten Gefühle, unser Wesen nicht kennengelernt, konnten uns emotional nicht wirklich erreichen.

Die emotionale Mangelernährung wird von Generation zu Generation weitergegeben. Deshalb ist es so wichtig, dass die Männer wieder in die Familie zurückkehren.

Das Schicksal führt jene, die es annehmen ∞ 75

Wenn ich sage, die Männer sollten in Ihre Familien zurück-kehren, meine ich nicht, dass unsere Kinder Dauerbespaßung und ein Rundum-sorglos-Programm von uns brauchen. Son-dern dass wir – Männer wie auch Frauen – wieder berührbar werden von allem, was zu Hause geschieht.

Wenn die Frau zickt und die Kinder nerven oder sogar aggressiv sind, dann geht es für uns Männer nicht darum, die Flucht zu ergreifen, sondern uns zu fragen, was ihnen fehlt. Wenn Sie den alltäglichen Wahnsinn zu Hause wieder mit-erleben, geht es zwar auch darum, wieder klare Grenzen zu setzen; aber vor allem geht es um echte Aufmerksamkeit. Wenn Sie bereit sind, wirklich wieder zuzuhören und mitzu-fühlen, dann beruhigt und sortiert sich zu Hause vieles auf fast magische Weise. Sie müssen nicht der liebe, verständnisvolle Onkel sein, Sie müssen sich endlich nur wieder ehrlich ein-bringen.

Aber all das, was ich hier in Sachen Rückkehr nach Hause und in die Familie sage, bleibt so lange blanke Theorie und wird nicht greifen, solange Sie es nur mit dem Kopf verste-hen. Sie können sich auf Ihre Partnerin und Ihre Kinder nur so weit einlassen, mit Ihnen nur so weit mitfühlen, wie Sie sich auf sich selbst eingelassen und für sich selbst Ihr Herz geöffnet haben.

Das tiefste Einlassen auf mich als Mann bedeutete es da-mals, mich mit meinem Vater zu konfrontieren. Er war der Mann, von dem ich die Männlichkeit und den Zugang zum Berufsleben gelernt hatte. So fragte ich mich irgendwann in den Monaten nach der Kündigung: Was war das eigentlich, was ich von ihm gelernt hatte? Er war bereits seit zwanzig Jah-ren tot. Und doch ahnte ich, dass es zwischen uns noch Klä-rungsbedarf gab.

Die erste Entdeckung, die ich machen musste: Auch mein Vater war bereits zu Lebzeiten in unserer Familie emotional abwesend gewesen. Als kleiner Junge war seine Liebe zwar für mich noch spürbar gewesen, auch wenn er sie im Alltag selten ausdrücken konnte. Aber als ich älter wurde, habe ich mich zu Hause mit all meiner Unbeschwertheit, Verrücktheit, meiner Freude und meinem Humor immer öfter alleine oder gar fremd gefühlt. Mein Vater zeigte sich mir vor allem vernünftig und wissend, aber selten persönlich oder berührbar. Wenn es in unserer Familie oder zwischen meinen Eltern schwierig oder laut wurde, dann gab es nur in seltenen Fällen einen unverhältnismäßigen Ausbruch meines Vaters. Meist erstarrte er und strafte uns unausgesprochen mit manchmal tagelangem Rückzug in sein Arbeitszimmer, aus dem er erst dann wieder herauskam, wenn die Familie wieder »ordentlich« funktionierte.

Unmittelbare Gefühle und Erfahrungen hatten in unserem Familienleben keinen Platz. Es ging immer um etwas Faktisches. Gespräche fühlten sich selten lebendig an. Ich lernte früh, dass das, was mich berührte, aufregte oder erfreute, nur in mir verschlossen bleiben konnte. Das passierte irgendwann ganz automatisch, so wie bei allen in unserer Familie. Neben meiner Mutter waren wir immerhin fünf Männer. So spaltete sich mein Leben schon früh in zwei Teile auf. Zu Hause blieb ich verschlossen wie alle anderen Männer, und draußen traf ich mich mit einer Gruppe Jungs, mit denen ich mich auslebte. Unbewusst entstand in mir die tiefe Überzeugung: Nur wenn ich von zu Hause weggehe, kann ich wirklich ich sein, wild sein und mich fühlen.

Ohne dass ich es merkte, bestimmte diese Überzeugung meinen weiteren Lebensweg. Im Job war ich immer kontrol-

Das Schicksal führt jene, die es annehmen ∞ 77

liert auf ein Ziel konzentriert. Und am Abend im Privaten gehörte ich beim Feiern stets zu den Letzten, die nach Hause gingen. Und auch später in meiner Ehe habe ich automatisch getrennt. Ganz früh schon und ganz von selbst schlich sich das Gefühl ein: Zu Hause bei Frau und Kind habe ich zu funktionieren, und nur außerhalb der Familie kann ich spontan und lebendig sein. Ein verheerender Glaubenssatz für das Gelingen einer lebendigen Beziehung.

Über das Berufsleben wurde in meiner Herkunftsfamilie nicht viel gesprochen. Die beruflichen Siege und Sorgen meines Vaters gehörten nicht in unseren familiären Alltag. Ich weiß noch, wie verwirrt, aber auch enttäuscht ich war, als ich erst viele Jahre später fast zufällig erfuhr, dass es eine lange, extrem belastende Phase in seinem Job gegeben hatte. Er hatte sich damit niemandem von uns anvertraut und uns das alles vorenthalten, um die Familie nicht unnötig zu belasten. Es herrschte das Verständnis, dass Beruf und Familie nichts miteinander zu tun haben.

Aber auch wenn der unmittelbare berufliche Alltag meines Vaters weitgehend ausgeschwiegen wurde, so hieß das nicht, dass es keine Ansprüche gab. In meiner männergeprägten Herkunftsfamilie spielte das Streben nach höheren Weihen und ansehnlichen Positionen eine nicht unerhebliche Rolle. Wie oft hörte ich: Der macht dieses Studium, jener ist gerade befördert worden oder plant seinen beruflichen Einstieg in der Firma XY.

Von meinem Vater hatte ich gelernt: Das Wichtigste im Leben eines Mannes sind Leistung und Wissen. Das war mein familiärer Zugang zum Thema Beruf, der nichts mit dem Ausdruck des eigenen Wesens oder gar mit Leichtigkeit und Spaß zu tun hatte. So habe ich es dann lange Jahre auch ganz selbstverständlich praktiziert, wie ich es gelernt hatte. Bis zu meiner Kündigung habe ich am Rande meiner eigenen Familie extrem viel gearbeitet und alle Zeit und Kraft aufgewendet mit dem Ziel, permanent mehr Leistung zu bringen.

Es geht mir hier nicht darum, meinen Vater anzuklagen. Er wollte immer das Beste für uns. Seine Tendenz zum Schweigen und zum Rückzug resultierte sicher in den meisten Fällen daher, dass er uns nicht behelligen, das Bild einer intakten Familie nicht stören wollte. Etwas anderes ist der entscheidende Punkt, den ich hier deutlich machen möchte: Als ich nach der Kündigung zum ersten Mal wirklich bewusst auf meine Prägungen schaute, musste ich ziemlich schockiert erkennen, wie sehr sich alles automatisch wiederholte und ich, nun selber ein erwachsener Mann, genau das tat, worunter ich selbst einst gelitten hatte. Mein Berufsleben betrieb ich genauso abgeschnitten und angestrengt wie mein Vater. Auch ich lebte meine Gefühle nicht und zog mich mit wichtigen Dingen einfach zurück.

Das Fatale an all dem erkannte ich erst Stück für Stück während der letzten Jahre.

Die eigenen Gefühle sind das einzige natürliche Regulativ und die einzige wirkliche Kraftquelle, die wir haben. Wenn wir sie nicht mehr zulassen und ihnen nicht mehr vertrauen, dann schneiden wir uns selbst von unserer Kraftquelle ab und rutschen in ein automatisches Funktionieren entsprechend unserer unbewussten Prägungen und Gewohnheiten.

So habe ich nicht mitbekommen, wie überfordert ich jahrelang war. Ich habe nicht gespürt, was ich wirklich brauche; welche meine wahren Talente sind; wo meine Grenzen liegen und was mir eigentlich wirklich guttut. Und am schlimmsten:

Das Schicksal führt jene, die es annehmen ∞ 79

Mir konnte niemand helfen, weil niemand wirklich an mich herankam.

Ich habe auf dem Weg meiner Herkunftsfamilie und auf den Spuren meines Vaters beruflich viel erreicht, aber erst meine Kündigung hat mir geholfen, darüber hinaus dem Weg meines Herzens wieder zu folgen.

5. Kapitel

MIT VOLLGAS IN DIE NÄCHSTE SACKGASSE

Eigentlich wollten Sie wissen, wie Sie aus der beruflichen Krise zu echtem Erfolg und Ihrer Berufung kommen. Und nun waren die letzten Seiten bis hierher gefüllt mit dem Thema Familie. Sie können sich vorstellen: Waschen, Putzen, Kochen; regelmäßige, vormittägliche Ausflüge in den Supermarkt; eine Entdeckungsreise durch die vielfältigen, ständig wechselnden Gefühlslagen von Frauen und Kindern; intensive Beschäftigung mit der Herkunftsfamilie und der eigenen Kindheit – all das sind Themen und Beschäftigungsfelder, um die sich die meisten Männern nicht gerade reißen.

Auch ich habe mich damals natürlich nicht freiwillig damit beschäftigt. Ich war schlicht dazu gezwungen. Erstens: Weil meine Frau mit all ihren Fragen nicht lockergelassen und instinktiv gespürt hat, dass es die Chance ihres Lebens ist, wenn ihr Mann zu Hause sitzt und sich dem Ganzen nicht mehr entziehen kann. Und zweitens: weil wirklich auch das kleinste Karriereschlupfloch für mich versperrt war.

Beides war rückblickend gut so. Denn ich lebe jetzt in dem großen Genuss und Luxus, mein Privatleben und mein Berufsleben so eng miteinander verbinden zu können, dass ich gar nicht mehr sagen könnte, wo das eine anfängt und das an-

Mit Vollgas in die nächste Sackgasse ∞ 81

dere aufhört. Meine Gefühle, meine Freude und meine Leidenschaft haben im Berufsleben genauso viel Raum wie in meiner Familie. Die Gespräche, die ich während meiner Arbeit führe, sind heute so unendlich viel näher, ehrlicher und persönlicher, als ich es mir damals auf all den Partys in meiner Freizeit je hätte vorstellen können. Für mich ist das alles ein solches Geschenk.

Sie könnten heute meine Tochter fragen. Sie wüsste sofort ziemlich genau, was mit ihrem Vater los ist, was er gerade tut, was ihm nicht gelingt und wovon er träumt. Ich muss nicht mehr länger das ermüdende, auslaugende und einsame Leben eines Einzelkämpfers leben. Meine Frau und ich sind ein Team. Wir glauben an die gleichen Ziele und ergänzen uns mit unseren so unterschiedlichen Fähigkeiten. Wir sind zu zweit heute um ein Vielfaches kraftvoller, als es je einer von uns alleine war. Wenn das alles kein Grund ist, sich intensiv mit dem Thema Familie zu beschäftigen und das berufliche Leben einem – wenn nötig – radikalen Wandel zu unterziehen, was denn dann?

Von damals, als ich ein Leben als Manager lebte, bis heute war es ein ziemlich weiter Weg. Nie hätte ich mir noch vor fünf Jahren vorstellen können, dass ich einmal so arbeiten würde, wie ich das heute tue. Es gab unterwegs radikale Einschnitte und es brauchte Mut, etwas Neues auszuprobieren. Neues hieß im Laufe der Entwicklung: sich immer öfter komplett jenseits der gewohnten Erfahrungswelt und der bisherigen, begrenzten Kompetenzen und Schaffensfelder zu bewegen.

Nach allem, was wir beide erlebt haben und heute genießen, glauben wir, dass ein gesellschaftlicher Wandel nötig ist. Dass Menschen gebraucht werden mit Mut, ihre beruflichen Prägungen so sehr infrage zu stellen, dass sie ihr Berufsleben ihren Visionen und ihrem Privatleben anpassen und nicht umgekehrt. Dass wir als Partner wieder lernen, uns gegenseitig anzuvertrauen, wo wir tatsächlich stehen und was wir brauchen. Dass wir wirklich wissen wollen, was unser Partner tut. Und dass wir gegebenenfalls bereit sein müssen, gemeinsam nach ganz neuen Betätigungsfeldern und Lebensformen zu suchen, die uns wieder Raum für Lebendigkeit und Nähe geben.

Deshalb ist es so wichtig, dass Sie nach einem beruflichen Crash eine intensive und ernst zu nehmende Bestandsaufnahme in Ihrem Inneren und Ihrer Familie machen. Wenn Sie ohne echten Klärungsprozess gleich mit Vollgas nach dem nächsten Job suchen, wird das nur begrenzten Erfolg entsprechend Ihrer eingefahrenen Muster bringen und eine schleichende Rückkehr in die alten Sackgassen bedeuten.

Natürlich habe auch ich damals nach der Kündigung alles Mögliche versucht, um nahtlos anzuschließen und bloß keine Lücke im Lebenslauf aufkommen zu lassen. Ich hatte eine Abfindung bekommen. Aber der Tag rückte näher, an dem ich kein regelmäßiges Einkommen mehr haben würde, von dem ich mich und meine Familie würde ernähren können. Ich musste also aufs Arbeitsamt. Wenn ich ehrlich bin, fühlte ich mich erniedrigt, als ich zum ersten Mal dort auf dem Gang saß und wartete, dass ich ins Amtszimmer treten durfte.

Ich erinnere mich noch genau an das Szenario. Ich betrat das Amt durch eine Glastür und fand mich in einer dicken Nikotinwolke wieder – ausgeatmet von zig Männern und Frauen, die von ihr umnebelt im Foyer warteten. Die meisten von ihnen starrten mit leeren Blicken durch alles hindurch und aneinander vorbei. In diesem Augenblick begriff ich: »Verflixt, jetzt gehöre ich auch dazu.« Mir wurde klar, wie dünn das Eis ist, auf dem wir uns beruflich bewegen, und wie leicht man

Mit Vollgas in die nächste Sackgasse ∞ 83

darin einbrechen kann. Es gibt keine Sicherheit. Das war die Lektion des Tages.

Die Beraterin, mit der ich es zu tun hatte, war sehr nett und entgegenkommend. Sie war aufrichtig bemüht und nahm sich auf eine angenehme Weise Zeit für mich. Trotzdem verließ ich ihr Büro ohne die geringste Hoffnung, dass man dort etwas für mich würde tun können. Der einzige Trost bestand in der Aussicht auf das Geld, das es von nun an für den Unterhalt meiner Familie geben würde.

Langsam wurden nun auch die über Personalberater vermittelten Vorstellungsgespräche immer seltener. Die Headhunter schienen das Interesse an mir verloren zu haben. Immer weniger Angebote und Anfragen gingen bei mir ein.

Ob ich wollte oder nicht. Ich war nicht mehr länger der Mann der Stunde. Der alte Weg war versperrt. Manchmal schien es mir fast verrückt. Wenn ich mit ehemaligen Kollegen sprach, kam mir meine alte Modewelt immer fremder vor. Sie redeten über all das, was ich selbst in- und auswendig kannte. Wofür ich jahrelang alles gegeben hatte, Zukunftspläne geschmiedet hatte. Aber wenn ich ihnen zuhörte, saß ich immer häufiger da und dachte still: Irgendwie ist das alles gar nicht so wichtig. Von Treffen zu Treffen mit den ehemaligen Kollegen wurde immer klarer, dass mein Herz für diese Art der Arbeit nicht mehr schlug; und dass es für mich aus echter Überzeugung keinen Weg zurück in die Welt des Modehandels geben würde. Etwas in mir war längst woanders. Aber ich hätte nicht sagen können, wo.

Ich hätte all diese leisen Stimmen überhören können. Ich hätte ignorieren können, dass aus so vielen altvertrauten Dingen die Luft raus war. Und dann hätte ich natürlich mit aller Gewalt und Druck irgendwo, vielleicht auf niedrigerem Niveau, beruflich doch wieder in alten Häfen andocken können. Aber heute weiß ich, damit hätte ich die wahre Chance verpasst, die in dieser Krise lag. Etwas in mir war nämlich all dem entwachsen. Etwas Neues in mir wollte sich entfalten. Die entscheidende Frage an diesem Punkt meines Lebens war nicht: Wie komme ich wieder zurück? Sondern: Wo will ich eigentlich wirklich hin? Was entspricht mir innerlich?

Das sind natürlich Fragen, die so diffus und so voller Unbekannter sind, dass man sie lieber schnell wieder wegpackt. Das sind Fragen, die Angst machen und für Unsicherheit sorgen. Fragen, auf die man nur selten Antworten in klassischen Berufsbildern findet. Die einen herausfordern, Ängste zu- und Sicherheit loszulassen. Deren Antworten man nicht einfach vorgefertigt abrufen kann. Und vor allem: Die einem niemals jemand anderes beantworten kann. Für die Beantwortung dieser Fragen braucht man Zeit und Geduld mit sich selbst und die Bereitschaft, wirklich hinzuhören, was sich innerlich zeigt. Wenn man sie ernst nimmt, fordern sie einen meist zu unbequemen Schritten auf.

Ein erster Schritt ist es, nicht mehr länger gegen den natürlichen Strom anzurudern, der gerade durch das eigene Leben fließt, sondern sich ihm hinzugeben. Also die unbequemen und scheinbar negativen, gegebenen Umstände erst einmal wirklich zu akzeptieren als das, was man jetzt gerade braucht – auch wenn auf den ersten Blick absolut das Gegenteil der Fall zu sein scheint.

Eins der wichtigen Gesetze des Lebens lautet: Im Außen finde ich immer den Spiegel meines Inneren. In meinem Fall hieß das: Die alten Türen waren deshalb zugefallen, weil ich diesen Job nicht mehr aus innerer Kraft und mit Herz und Seele tat. Die alten Wege waren äußerlich so versperrt, wie ich

ihrer innerlich müde war. Aus Gewohnheit und Sicherheitsdenken wollte ich mir das alles nur nicht eingestehen.

Es erfordert eine Zeit der Übung und ist unserem geschul-
ten Denken zunächst fremd, die Dinge so zu analysieren, dass
wir unser Leben dort draußen aufmerksam anschauen, um
daraus Rückschlüsse zu gewinnen, was in unserem Inneren los
ist; anhand der tatsächlichen Umstände erkennen zu wollen,
welche Vorstellungen, Muster und Prägungen jenseits unserer
Bewusstseinsschwelle in uns aktiv sind.

Wenn etwas in unserem Leben nicht klappt, dann müssen
wir nicht alle Kräfte darauf verwenden, es zu verändern. Wir
müssen bereit sein, viel ehrlicher mit unseren wirklichen Be-
weggründen zu sein, die hinter all unseren Aktivitäten stehen.

Wir müssen akzeptieren, dass etwas, was wir dauerhaft
ohne echte Überzeugung und entgegen unserer natürlichen
Kräfte und unseres Wesens tun, entweder in seiner Wirkung
immer kraftloser wird oder uns beim Vorantreiben immer
mehr Kraft kostet. Ehrlichkeit und Mut zur Selbstreflexion
sind also wieder und wieder gefragt. Wir brauchen die Bereitschaft herausfinden, was der äußere Widerstand uns über unseren inneren zeigt. Was in uns unbewusst in die entgegengesetzte Richtung unserer bewussten Ziele strebt. Wo unser Inneres gar nicht mehr zu unserem Äußeren passt. Wo alte
Muster unsere aktuellen Ziele blockieren ... Wenn wir das unbewusste Muster entdecken (so wie ich zum Beispiel im Falle
meiner familiären, väterlichen Prägung), dann können wir
dementsprechend unser Leben neu ausrichten.

Je mehr mir diese Zusammenhänge damals bewusst wurden, desto mehr begann ich, zu entdecken und zu spüren, dass
mein Leben überhaupt nicht mehr zu mir passte. Dass ich vor

allem aus einer Rolle heraus agierte, aber nicht aus meinem
Kern. Hier sehnte ich mich nach viel mehr Nähe und Echtheit.
Und so bekam dieser radikale berufliche Einschnitt auf einmal
einen Sinn.

Seien Sie ehrlich mit sich selbst! Schauen Sie von außen
nach innen! Betrachten Sie Ihr Leben jenseits jeder Schuld-
zuweisung und nutzen Sie die Hürden, um Ihrem Inneren
auf die Spur zu kommen.

Im Beruf geht es nicht mehr weiter? Fragen Sie sich: Was
von mir will tatsächlich nicht mehr weiter? Was in mir glaubt
nicht wirklich, diesen Erfolg verdient zu haben? Wo agiere ich
nur aus einer Rolle, die ich im Laufe der Jahre von mir kulti-
viert habe? Wo fehlt die echte Kraft von innen?

Kürzlich las ich über einen jungen Unternehmer, der von
Beginn an immer wieder extrem erfolgreich Unternehmen
aufgebaut hatte. Der aber jedes dieser Unternehmen nach einigen Jahren in den Ruin geführt hatte und jetzt gerade dabei
war, nach seiner letzten Pleite zum erneuten Male wieder
durchzustarten. Seien Sie sich sicher, wenn Sie bei diesem
Mann in seinen inneren, unbewussten Strukturen forschen,
werden Sie passende Glaubensmuster und frühe entspre-
chende Erfahrungen dazu finden. Er hat offensichtlich große
Kräfte. Er traut sich auch mehr als viele andere, sie für seine
Ziele einzusetzen. Aber etwas in ihm glaubt, den Erfolg nicht
zu verdienen. Auf tieferer Ebene würden wir sicher unter all
seiner Kraft viele sabotierende Wertlosigkeits- und Schuldgefühle bei ihm vergraben finden.

Der Dreh von außen nach innen ist zunächst nicht leicht.
Uns geht es hier in diesem Buch vor allem darum, Sie zu motivieren, sich selbst zu erforschen, scheinbar in Stein gemei-
ßelte Gewohnheiten und gesellschaftliche Übereinkünfte zu

Mit Vollgas in die nächste Sackgasse

hinterfragen und Sie mit diesem Perspektivwechsel von außen nach innen immer wieder neu in Berührung zu bringen. Man kann ihn nicht mit dem Kopf verstehen. Man kann sich nur langsam Schritt um Schritt für ihn öffnen, indem man ihn ausprobiert. Nehmen Sie selbst die Themen, die Sie in Ihrem Leben gerade sehr beschäftigen, und betrachten Sie sie aus dieser ungewohnten neuen Perspektive. Etwas läuft nicht so, wie Sie es wollen? Fragen Sie sich, was Sie unbewusst Passendes dazu denken könnten. Warum Sie unbewusst wollen könnten, dass es so nicht läuft. Anfangs werden sicher ziemlich schnell jede Menge Stimmen laut, die sagen: »Was soll der Quatsch? Natürlich will ich den Erfolg! Ich will diesen Job! Ich wollte keine Kündigung! Ich habe diese Pleite nicht verdient! Das war schließlich mein Lebenswerk.« Sie können das alles weiter vor sich selbst und vor anderen behaupten. Sie können weiter gegen das Leben kämpfen.

Eins müssen Sie wissen: Auf die Welt dort draußen haben Sie wenig bis keinen Zugriff. Was Ihr Inneres dagegen betrifft, haben Sie es in der Hand. Hier können Sie – und nur Sie – alle wichtigen Antworten finden und alle echten Veränderungen einläuten.

Selbstverständlich können Sie diesen inneren Weg und Ihre innere Weisheit auch einfach als Psychokram abtun. Aber dann werden Sie wahrscheinlich nur noch ein bisschen weiterschmoren, ohne dass es vorangeht. Natürlich können Sie einfach auf gewohnte Art und Weise wieder Vollgas geben und geschäftig Ihre Runden drehen. Wir könnten Ihnen viele Beispiele schildern, in denen Menschen ihre berufliche Krise nicht wirklich genutzt haben, sondern einfach mit aller Macht einen schnellen Wiedereinstieg forciert und mit Geschäftigkeit der Misere den Rücken zugewandt haben.

Vielleicht überprüfen Sie sich einmal selbst, wie Ihre Strategien an einem möglichen beruflichen Wendepunkt aussehen würden oder schon einmal ausgesehen haben. Machen Sie dann Druck? Tun Sie alles, um wieder irgendwo unterzukommen, einfach weil Sie Angst haben? Angst, dass eine Lücke im Lebenslauf entstehen könnte? Dass die finanzielle Sicherheit oder der gewohnte Lebensstandard bedroht sind? Können Sie überhaupt einmal Ruhe geben? Oder sind Sie wie angetrieben, um nicht in die Nähe Ihrer tatsächlichen Verunsicherung zu kommen?

Anfangs beneidete ich die Kollegen, die mit Kraft doch wieder untergekommen sind. Auch wenn das für sie einige Schritte zurück auf der Karriereleiter oder weniger Einkommen bedeutet hatte. Fast immer war dieser Wiedereinstieg für den Betreffenden mit ziemlich vielen Kompromissen verbunden. Nicht selten musste er Arbeitsbedingungen akzeptieren und sich zu Dingen bereit erklären, die für ihn in der Vergangenheit indiskutabel gewesen waren. Manch einer wirkte danach wie gebrochen; so als ob er sein Selbstbewusstsein und seine Leichtigkeit am Tage des kompromissbeladenen Neubeginns beerdigt hätte.

Manchmal ist natürlich aus solch einem belasteten Anfang mit der Zeit etwas Gutes entstanden. Dann aber, weil derjenige dem äußeren Schritt einen inneren hat folgen lassen. Weil er seine Hausaufgaben gemacht und sich im neuen Umfeld nachhaltig persönlich entwickelt und erweitert hat. Wenn dies nicht der Fall war, dann haben die alten Kräfte einfach im neuen Job weitergewirkt. Dann steckt die einstige Verunsicherung durch die Kündigung, den Burn-out oder die Pleite noch immer in den Knochen. Wurde einfach nur bestmöglich kaschiert, aber unterschwellig doch mitgeschleppt. Unbewusst

Mit Vollgas in die nächste Sackgasse ∞ 89

bietet so jemand offene Türen für neue Krisen, weil er unter Umständen noch extremer als vorher aus einer Rolle, aber nicht aus echter Kraft agiert. Wer innerlich so belastet und verunsichert versucht, dauerhaft Leistung zu bringen, wird nur noch weiter ausgelaugt und kann keinen wirklichen, sättigenden Erfolg erleben.

Wenn man solchen Menschen dann Jahre später begegnet, hat man das Gefühl, dass bei ihnen die Zeit einfach stehen geblieben ist. Wenn man mit ihnen spricht, sind Groll und Schuldzuweisungen gegen die ehemaligen, vermeintlichen Verursacher ihrer Krise immer noch präsent. Manch einer ist zwar immer noch extrem aktiv, aber es ist eher eine Form von Aktionismus, so als würde er sich immer schneller im Kreis drehen. Alles scheint von latentem Pessimismus durchtränkt zu sein. Der Job, die Branche, der Chef, die Kollegen – durch seine Brille scheint alles düster, anstrengend und schwierig zu sein.

Andere, die aus Angst schnell zugegriffen haben, scheinen mit den Jahren ihre Lebendigkeit und Spontanität verloren zu haben. Es ist, als ob sie damals all ihren Mut und ihre Visionen eingefroren hätten. Sie arbeiten viel, aber ohne große Hoffnung auf Entwicklungsmöglichkeiten und ohne echte Perspektiven. Sie haben sich im Leben eingerichtet wie in einem Stützkorsett.

Aber manchmal machen einen die Auswüchse solcher Entwicklungen traurig. Dann nämlich, wenn jemand eigentlich das ganze Dilemma erkennt. Wenn er weiß, dass der Weg zurück nicht mehr möglich ist. Wenn er genau spürt, dass es um einen großen Entwicklungsschritt geht. Darum, loszulassen und wirklich mit aller Disziplin, Konzentration, Risikobereitschaft und offenem Herzen gegen jede Angst, jede Prägung und jeden Widerstand etwas Neues aufzubauen. Wenn sich der Betreffende dieser Herausforderung aber nicht stellt und stattdessen seine Energie auf Nebenkriegsschauplätzen vergeudet und sich und der Welt etwas vormacht.

Diese Angst vor dem nächsten Schritt kann tragische Formen annehmen. Selbstständige gehen in Büros, in denen schon lange keine Arbeit mehr auf sie wartet. Ihre Geschäfte bewegen sich immer knapp am Abgrund entlang, aber sie halten die äußere Fassade trotzdem aufrecht. Sie verlassen in aller Frühe das Haus. Erzählen ihren Partnern und Kindern, wie beschäftigt sie sind. In dem fatalen Glauben, nur so von ihnen anerkannt zu werden. Bei Einladungen und öffentlichen Anlässen vollführen sie oft einen Spagat zwischen Schein und Wirklichkeit. Auf Partys und bei beruflichen Zusammenkünften tun sie alles, um das perfekte Bild eines erfolgreichen Menschen abzugeben.

Manchmal geben Menschen aber nach der Krise einfach nur auf. Sie stecken den Kopf in den Sand, widmen sich ganz einem zeit- und kräftezehrenden Hobby. Oder stellen alle möglichen anderen Formen von Ablenkung immer weiter in den Lebensmittelpunkt. In solchen Konstellationen zerren Ehefrauen an ihren Männern und drängen sie, endlich aus dem Schock der einstigen Krise aufzuwachen und sich den Möglichkeiten und Herausforderungen des Lebens wieder zu stellen. Aber manch einer überlässt das Feld weitgehend der eigenen Bequemlichkeit und steht damit – der Gesellschaft, seiner Familie und den Menschen in seiner Nähe nicht mehr wirklich zur Verfügung. Auch wenn es äußerlich vielleicht nicht erkennbar ist, so sind auch sie seit dem Einbruch der offensichtlichen oder schleichenden beruflichen Krise in ihrem Leben verunsichert, voller Wertlosigkeitsgefühle und

Mit Vollgas in die nächste Sackgasse ∞ 91

orientierungslos. Auch sie wagen es nicht mehr, sich aus ganzem Herzen die Frage zu stellen: Wofür bin ich auf dieser Welt? Was habe ich beizutragen, was dieser Welt so dringend fehlt?

Eine Antwort auf diese beiden Fragen zu finden ist nicht leicht. Und kein Mensch auf diesem Planeten wird darauf die gleichen Antworten wie ein anderer finden. Man muss Mut haben, um sich die Fragen überhaupt zu stellen. Man braucht Geduld, um die Antworten zu finden. Und man braucht Disziplin und Aufrichtigkeit sich selbst gegenüber, um diese Antworten dann auch wirklich in die Welt zu bringen. Aber wenn man sich auf diese Fragen wirklich einlässt, dann wird man in der Zeit der Krise und des Wandels fast automatisch zu einem aktiven, bestimmenden Teil des Wandels.

6. Kapitel

VON EHEFRAUEN, EXKOLLEGEN
und anderen gut meinenden Ratgebern

Hör auf zu träumen und geh zurück in den Handel. Du kannst nichts anderes!« Das war damals die knappe Antwort eines ehemaligen Kollegen, als ich ihm erzählte, dass es für mich keinen Weg zurück mehr gebe und ich etwas Neues tun wolle. Diese wenig ermutigenden Worte ereilten mich in einer Zeit, in der meine Frau mich in immer kürzeren Intervallen zum Aufbruch in genau die entgegengesetzte Richtung ermutigte und ich mich nach Gesprächen mit ihr immer öfter fragte: »Vielleicht hat sie ja recht, wenn sie glaubt, dass das Leben für mich mehr bereithält, als das tausendste Polo-Shirt zu verkaufen.«

Das war die Zeit, in der meine Desorientierung den vorläufigen Höhepunkt erreichte und der Bogen bis zum Anschlag gespannt war. Es musste jetzt was passieren. Unsere letzten finanziellen Reserven gingen langsam zur Neige. Aber alles, was ich mit Gewissheit über einen neuen Weg hätte sagen können, war, dass ich gerne etwas mit und für Menschen tun wollte. Aber das war keine berufliche Perspektive, der ich mich mit klaren Entscheidungen und konkreten Schritten hätte zuwenden können.

Der Wahnsinn wurde zunehmend unerträglich. Jeder schien es besser zu wissen als ich selbst. Jeder hatte einen Ratschlag parat. Nur ich wurde immer unsicherer. Sollte ich meiner Sehnsucht vertrauen, ohne zu wissen, wohin sie mich führt?

Von Ehefrauen, Exkollegen ... ∞ 93

Oder ging es jetzt darum, dass ich endlich aufwachte und das tat, was die meisten Ex-Kollegen taten, die mit mir gekündigt worden waren. Nämlich Schluss zu machen mit dem Grübeln und alles zu geben für den Weg zurück, ohne nach links und rechts zu schauen?

Es war die Zeit, in der sich immer öfter auch mein Körper meldete. Scheinbar aus heiterem Himmel ereilten mich Hexenschüsse. Eine extrem schmerzhafte Beeinträchtigung, die ich vorher nicht gekannt hatte. Es war ein Albtraum. Und nichts schien dagegen zu helfen. Besonders unerträglich wurde es, wenn meine Frau mir dann auch noch zu bedenken geben wollte, dass diese Attacken mir vielleicht etwas über mich und meine Seele sagen wollten. Solche Psychoweisheiten brauchte ich nun wirklich nicht und wollte ich auch nicht hören. Wenn ich bewegungslos am Boden lag, sollte sie mir nur endlich – am besten mit starken Schmerzmitteln und umgehendem Einbestellen des Notarztes – helfen, diesen schrecklichen Schmerz loszuwerden. Alles andere hätte man von mir aus hinterher besprechen können.

Heute weiß ich, dass diese Hexenschüsse tatsächlich Botschaften in sich trugen und mir zur unfreiwilligen, inneren Einkehr verhalfen. Und ich weiß, dass ich die volle Dosis brauchte: Hexenschüsse, die sich zwanghaft wiederholten und mich ohnmächtig zu Boden warfen; meine Frau, die mit ihren Aufforderungen zur Reflexion und Innenschau nicht lockerließ; und wohlmeinende Freunde und Kollegen, die mich mit nüchternen Prognosen wieder auf Spur bringen wollten. Weniger hätte nicht gereicht, dass ich endlich meinem Inneren zuhörte, um von dort die nötigen Einsichten zu empfangen. Unter anderem, dass meine Seele mir sagen wollte: »Hör auf zu rennen! Knick ein! Werde demütig und gib auf!«

Hape Kerkeling

Schauspieler, Musiker, Comedian (* 1964)

Besser hätte es eigentlich nicht laufen können. Sieht man einmal ab von einem Misserfolg bei dem Versuch des Zwölfjährigen, bei Loriot in einem Sketch mitspielen zu dürfen, verläuft Hans-Peter Kerkelings Start in die große Welt von Film und Funk plangemäß. Gerade zwanzig Jahre ist er alt, als er 1984/85 in der Ulk-Show »Känguru« seinen Durchbruch feiert. Und als er ein paar Jahre später mit dem Pianisten Achim Hagemann die medienkritische Sendung »Total Normal« entwickelt, wird er mit allen Preisen überschüttet, die das deutsche Fernsehen zu bieten hat. Hapes Stern ist aufgegangen. Sogar als Sänger feiert er Erfolge.

Makellos erscheint sein Aufstieg – bis zum 10. Dezember 1991: dem Abend seiner öffentlichen Enthüllung als Schwuler durch den Filmemacher Rosa von Praunheim in der RTL-Talkshow »Explosiv – Der heiße Stuhl«. Doch Hape lässt sich nicht aus der Bahn werfen. Den nun anhebenden Medienrummel kommentiert er mit den Worten: »Sensiblere Naturen als ich hätten sich jetzt wahrscheinlich mit dem Föhn in die Badewanne gelegt. Was soll's. Morgen werden sie eine andere Sau durchs Dorf treiben.«

Zehn Jahre später wird es nicht mehr so leicht gehen. Nach dem unfreiwilligen Outing hatte Hape seine Karriere zunächst ungebremst fortgesetzt. Er kann sich sogar den Luxus erlauben, die ihm angetragene Nachfolge von Thomas Gottschalks »Wetten, dass...« abzulehnen. Stattdessen dreht er Kinofilme, macht Comedy, moderiert – und kollabiert schließlich. Es ist das Jahr 2001. Der Körper macht nicht mehr mit. Die Gallenblase muss entfernt werden, ein Hörsturz zwingt ihn zu einer Auszeit. Er nutzt sie für eine Pilgerreise nach Santiago de Compostela: 630 Kilometer zu Fuß auf dem nordspanischen Jakobsweg. Er selbst sagt, dabei sei es ihm um eine »spirituelle Herausforderung« gegangen. Schon lange sei er auf der Suche nach dem Göttlichen gewesen, und nun habe er die Lebenskrise, in die er sich plötzlich gestürzt sah, nutzen wollen, um »meine Zweifel ins Reine zu bringen, um ganz banal zu mir und zu Gott zu finden«. Die Ruhe tut ihm gut. Er kommt gestärkt und kraftvoll aus Santiago zurück. Und schon bald sieht man ihn wieder vor der Kamera – erfolgreich wie eh und je.

»Ich glaube, im Grunde ist das jedem Menschen bewusst, aber die Pilgerfahrt hat es mir noch mal vor Augen geführt: dass man in lauter Zwängen steckt und deshalb Unwichtiges viel zu wichtig nimmt.« Hape Kerkeling

Die »Lebenskrise« und die anschließende Pilgerfahrt wären womöglich Episoden in Hape Kerkelings Laufbahn geblieben, wenn er nicht – ja, wenn er sich nicht Jahre später entschieden hätte, ein Buch über seinen langen Marsch zu schreiben: *Ich bin dann mal weg*. Kaum ist das Buch auf dem Markt, ereignet sich das Wunder: Die Pilgergeschichte wird zu einem der erfolgreichsten deutschen Bücher seit Menschengedenken. Allein im Jahr 2006 geht es über zwei Millionen Mal über den Ladentisch. Bis Mai 2008 schwillt die Verkaufszahl an auf über drei Millionen. Kerkeling hat den großen Wurf getan – in einem ganz anderen Genre als dem, wo er schon so viele Erfolge verbucht hatte: als spiritueller Autor.

So hat er seinen Weg gemacht. Getreu seiner Erfahrung vom Jakobsweg: »Kondition ist nicht entscheidend, auf das Zielbewusstsein kommt es an. Ich habe jedenfalls tatsächlich keine Blase an den Füßen bekommen.«

96 ∞ *Das Geschenk der Wirtschaftskrise*

Wenn es bei Ihnen gerade unerträglich scheinen sollte und sich die Dinge immer weiter zuspitzen: Glauben Sie mir, weniger, als der Druck, unter dem Sie gerade stehen, würde nicht reichen, um Sie wirklich dazu zu bewegen, endlich loszulassen, stattdessen Ihr Herz und Ihre Seele ans Ruder zu lassen und eine innere Neuausrichtung zuzulassen. An solch einem grundsätzlichen Wendepunkt im Leben, an dem Ihnen das Vorangehen und Entscheidungentreffen so schwerfällt, weiß niemand da draußen, was Sie wirklich brauchen. Mögen die Ratschläge anderer auch noch so gut gemeint sein – der Rat anderer entspricht den Erfahrungswelten anderer. Er entstammt ihrem inneren System aus Ängsten, Mustern und Bewältigungsstrategien.

Aber auch Sie selbst sind sich nur ein unzulänglicher Ratgeber, wenn Sie sich jetzt auf Ihre Verstandesebene beschränken. An dieser Weggabelung helfen keine Hochrechnungen aus der Vergangenheit, keine analytischen Abwägungen von Für und Wider. Die ganzen Faktensammlungen bringen Sie nicht wirklich weiter, sie stehen Ihnen eher im Weg. All die scheinbar so logischen und überzeugenden Argumente, die in Wahrheit nur einem ängstlichen Bedürfnis nach Kontrolle entspringen – »Damit bin ich abgesichert«, »Das habe ich gelernt«, »Damit kann man gerade gutes Geld verdienen«, »Das ist ein sicherer Posten, eine sichere Branche«, »Dabei kann man nichts falsch machen« –, all diese Gedanken haben im Kern nur ein Ziel: Sie versuchen etwas zu kontrollieren, was gerade nicht zu kontrollieren ist. Und sie halten Sie davon ab, wirklich nachzuspüren, was Ihnen guttut, was Ihre Leidenschaft ist und wonach Sie sich wirklich sehnen.

Aber selbst wenn Sie noch nicht erkennen können, wie Sie aus Ihrer Sehnsucht und Ihrer Leidenschaft einen Beruf machen können, gilt es nur noch mehr, zu vertrauen und gewohnte Denkmuster und die Kontrolle loszulassen. Der tiefste Punkt der Krise ist gleichzeitig auch immer der Moment kurz vor der Wende.

Wenn Sie etwas Neues in Ihrem Leben wollen, dann können Sie diese Wende nicht nach altvertrauten Mustern auf sicheren Wegen herbeiführen. Sie betreten das Land jenseits der Airbags und sicheren Komfortzonen. Sie sind an einem Punkt, an dem Sie nichts machen oder rational vorherplanen können.

Auch wenn die Einschaltquoten für die Fernsehabenteuer im Dschungelcamp in astronomische Höhen geschnellt sind – aber wer von uns ist heutzutage schon im richtigen Leben freiwillig bereit, eine Kröte zu schlucken und sich jenseits der eigenen Kontrolle ins Abenteuer zu stürzen? Unsere Arbeit zeigt uns, dass die meisten Menschen, genau wie ich damals, nur unter existenziellem Druck bereit sind, sich selbst zuzuhören und den inneren Signalen zu vertrauen.

Nach einer Weile konnte ich nicht mehr länger verdrängen, dass der Hexenschuss mich in immer kürzeren Abständen jedes Mal genau dann ereilte, wenn ich wieder vor dem nächsten Schritt ausbüxen wollte. Ich habe davor und danach nie wieder in meinem Leben eine Zeit von solch absoluter Ohnmacht auf jeder Ebene erlebt. Und ich musste das tun, was ich mein ganzes Leben sorgfältig gemieden hatte: Ich musste um Hilfe bitten!

Für mich (Eva) waren die Hexenschüsse – auch wenn das vielleicht verrückt klingt – ehrlich gesagt ein Geschenk. So viele Jahre hatte ich das Gefühl, nie wirklich an meinen Mann heranzukommen. Auch wenn wir als Paar schon einen großen Annäherungsprozess erlebt hatten, so hatte der Job ihn doch immer wieder in einem Korsett festgehalten. Ich musste mit ansehen, wie er oft über sich und seine Gefühle hinwegging und seinem Inneren wenig Raum gab. Mein Mann redete von sich meist in irgendeiner Funktion, aber selten ganz unmittelbar über das, was ihn wirklich bewegte.

Sein Anspruch an sich und der rasante Karriereweg, dem er sich aussetzte, sorgten dafür, dass er immer automatischer wie ein Einzelkämpfer funktionierte, der eine Art Rüstung trug, die ihn unberührbar machte. Alles an ihm schien zu sagen: Ich brauche niemanden! Ich kann alles allein! Wenn ich jenseits der Rüstung Kontakt aufnehmen wollte; wenn ich spürte, wie erschöpft er oft war, blockte er ab. All meinen Beobachtungen und Instinkten schien er selten wirklich Beachtung zu schenken. Ganz zu schweigen, dass er meinen Einschätzungen gar gefolgt wäre.

Als dann seine Kündigung über unser Leben hereinbrach, hatte ich natürlich Angst. Angst um unsere Zukunft und um unsere finanzielle Absicherung. Viel öfter sogar, als er das hatte. Aber ich konnte vom ersten Tag an die unglaubliche Chance für uns alle in dieser Kündigung sehen. Ich weiß noch, dass ich am Abend der Kündigung beim Einschlafen in all dem Durcheinander fast berauscht dachte: Jetzt schweißt uns der Himmel endlich wirklich zusammen! Heimlich hatte ich sogar die – damals völlig abwegige – Fantasie, dass wir eines Tages einmal etwas zusammen machen könnten.

Auch wenn es nur eine Äußerlichkeit war: Ich fand es erleichternd, dass Anzug und Krawatte endlich im Schrank blieben. Das war wie Licht am Horizont. In diesen ersten Tagen ohne Anzug lagen seine Gefühle offen wie noch nie. Unsere kleine Tochter meinte: »Ach Papa, es ist schön, dass du auch mal weinst.« Und ich war wie erlöst, als meinem Mann seit Ewigkeiten zum ersten Mal die Tränen herunterliefen und er den ganzen Druck mit uns teilte. Bevor ihn die Kündigung ereilte, hatte er meist nicht die leiseste Ahnung davon, welche Gefühle in ihm rumorten. Unter dem wachsenden beruflichen Druck wechselten seine Zustände zwischen völlig abgeschnitten und starr oder Dampfkochtopf auf großer Flamme. Aber meist war er kontrolliert, wenn es um tiefere Ebenen seiner selbst ging, und wenn ich wieder einmal einen Versuch unternahm, ihn darauf anzusprechen, blockte er ab.

In den letzten Monaten vor der Kündigung war der Zustand schweigender Dampfkochtopf auf großer Flamme sein bevorzugter. Er arbeitete noch mehr als sonst, rauchte wie ein Schlot und hatte meist keinen Hunger. Aber wann immer ich ihn fragte, ob dieses Leben Sinn ergebe, wiegelte er sofort ab. Es war offensichtlich, dass er nicht in der Lage war, sich auch nur im Ansatz einzugestehen, wie ausgelaugt er war. Als er in den Tagen nach dem Schock der Kündigung dann erstmals Tränen fließen lassen konnte, war ich dankbar und hoffnungsfroh, dass die Lebendigkeit seiner Gefühle in unserer Familie ab jetzt mehr Raum haben würde.

Aber die Öffnung hielt nicht lange vor. Kaum war der erste Schock verdaut, wurde er wieder unberührbarer und fing an, sich ans Telefon zu setzen und wieder durchzustarten. Ehemalige Kollegen, Headhunter und Freunde waren ständig parat, sodass er sich nicht weiter spüren musste. Nach all den Jahren war ihm diese geschäftige Betriebsamkeit längst in Fleisch und Blut übergegangen.

Mein (Wolfram) Beruf war bis zum Tag der Kündigung einfach mein Hauptlebensinhalt. Mein Fokus war ganz und gar darauf gerichtet, Karriere zu machen und dem Bild zu entsprechen, das ich von einem erfolgreichen Manager hatte. Bis dahin hatte ich es für selbstverständlich gehalten und nie hinterfragt, dass meine Frau und meine Freunde die gleichen Ansprüche an mich hatten. Natürlich merkte ich langsam, dass dem nicht so war. Dass meine Frau und meine Tochter überhaupt kein Problem mit meinen Tränen hatten. Aber ich hatte es.

Während sie erleichtert und froh über meine Verletzlichkeit waren, hatte ich mit meinem angekratzten Selbstwertgefühl als Mann zu kämpfen. Wenn die Tränen liefen, hab ich mich geschämt. Gemessen an meinem Männerbild, war ich einfach kein richtiger Mann mehr. Immer wieder tauchten in mir besorgte Fragen auf: »Will sie mich jetzt überhaupt noch? Kann sie so einen Versager wie mich überhaupt noch lieben?« Aber darüber verlor ich kein einziges Wort. Ich bemühte mich stattdessen, mit voller Kraft endlich eine neue Lebensperspektive für uns alle zu schaffen.

Ich (Eva) musste diesem Mühen schweren Herzens zusehen, ohne dass ich meinen Mann hätte wirklich erreichen können. Bis der erste Hexenschuss kam und auch sein Körper ihn in aller Deutlichkeit zum Anhalten zwang. Er litt unsäglich unter den Schmerzen. Aber anstatt sich Ruhe zu gönnen und sich mit der Krankheit auseinanderzusetzen, griff er immer nur nach Medikamenten. Es galt nur eins: »Der Schmerz muss weg. Und zwar schnell!«

Also beschränkte sich der Umgang mit dem Hexenschuss jedes Mal auf eine Akutbehandlung mit Tabletten oder Spritzen, bis mein Mann wieder aufstehen und so gut es ging weitermachen konnte wie bisher. Irgendwann hat mich das wütend gemacht. Ich erinnere mich an eine Szene, bei der mich jeder Außenstehende wahrscheinlich als herzloses Monster

Von Ehefrauen, Exkollegen ...

beschimpft hätte: Wieder landete er von einem Moment auf den anderen auf dem Boden, krümmte sich und flehte mich an, ich müsse unbedingt zum x-ten Mal den Arzt holen. Aber diesmal sagte ich wie ferngesteuert: »Nein. Ich lass dich jetzt hier liegen und gehe. Ich tue mir das nicht mehr an. Krieg endlich mit, was hier läuft. Fühle endlich diese Angst, die du nicht fühlen willst!«

Der Moment hat mir das Herz zerrissen. Aber ich wusste, dass es so nicht mehr weitergehen konnte. Also bin ich aus dem Zimmer marschiert und habe meinen wimmernden Mann liegen gelassen. Es konnte einfach nicht mehr länger dabei bleiben, dass er alles ausblendete, was in seinem Inneren war, und vor jedem Schritt, vor jeder Selbstkonfrontation, die er hätte eingehen müssen, vom Hexenschuss niedergestreckt wurde und so tat, als ob das alles rein zufällig geschähe und nichts mit ihm und der ganzen, angespannten Situation zu tun hätte.

Dieser Abend – meine Frau kam nach einer halben Stunde natürlich doch wieder zurück – war für mich (Wolfram) eine Art Horrortrip und heilsame Schocktherapie zugleich. Ich war unglaublich wütend. Aber ich war in der Ohnmacht und dem Schmerz auch so weit auf mich zurückgeworfen, dass ich endlich ein Stück Verantwortung für mich selbst übernahm. Zum ersten Mal habe ich den Schmerz – und all meine Ängste, die damit verbunden waren – wirklich durchfühlt. Zum ersten Mal konnte ich sehen, dass es tatsächlich einen Zusammenhang zwischen diesem Schmerz und meiner Angst gab.

Ich weinte wie seit Kindertagen nicht mehr. Und das in den Armen meiner Frau. Es war, als ob sich endlich ein Pfropfen von meinem Herzen gelöst hätte. Als ob ich mich endlich einem Menschen anvertraut hätte. Nach diesem Abend war etwas anders. Ich war klarer und ruhiger mit der Situation, aber auch sensibler und meiner Frau näher. Und: Die Hexenschüsse verschwanden tatsächlich. Einfach so – so wie sie gekommen waren. Mehr und mehr fiel von mir ab. Ich gab endlich Ruhe und genoss es auch, einmal alleine zu sein. Ich konnte nun immer ehrlicher mit mir umgehen.

Ihre Kündigung, Ihre Pleite, Ihr körperlicher Zusammenbruch sind zu einem gut: Sie erschüttern Ihr Selbstbild. Das in Wahrheit nur eine Fassade ist, hinter der Ihr wahres Wesen samt Ihrer natürlichen Kraft zu lange eingesperrt war. Der Zusammenbruch ist also nützlich und äußerst heilsam, wenn Sie etwas Neues in Ihrem Leben wollen.

Auch mein Selbstbild wurde damals immer wieder neu erschüttert: und auch mein Selbstverständnis als Vater, als Partner, als erfolgreicher Manager. Heute glaube ich, dass ich die Selbstzweifel und die Erschütterung in meiner Männlichkeit gebraucht habe, um wirklich Mann zu werden.

Dadurch dass ich meine alten Vorstellungen vom Mannsein ablegen musste, ist es mir dann auch immer leichter gefallen, dieses Bedürfnis in mir zuzulassen, mit Menschen zu arbeiten. Menschen etwas Gutes zu tun und ihnen nahe zu sein.

Ganz leise, fast unmerklich, liefen zwei Dinge gegeneinander: In dem Maße, wie ich mich von meinem alten Selbstbild als Mann lösen musste, wagte ich, mir einzugestehen, dass es mein größter Wunsch ist, in einem Team zu arbeiten und Menschen um mich zu haben – nicht, um sie zu führen, sondern um meine Visionen mit ihnen zu teilen und mit ihnen im Austausch zu sein.

So lange hatte ich auf diesen Moment gewartet: Endlich zu wissen, was ich will. Aber ich hatte mir diesen Moment gänz-

Von Ehefrauen, Exkollegen …

lich anders vorgestellt. Wie einen Sieg, wie einen großen Geistesblitz, wie einen triumphalen Durchbruch. Stattdessen saß ich hier inmitten einer Kapitulation. Und erst sie machte mir diesen tiefen Einblick in mich selbst und in meine Berufung möglich.

7. Kapitel

WENIGER KARRIERE, MEHR LEBEN

Als mein Mann endlich kapituliert und sich seine wahren Bedürfnisse eingestanden hatte, war ich selig. Aber auch ziemlich in Angst um unsere finanzielle Zukunft. Viele Frauen träumen davon, dass ihr Mann endlich die Notbremse zieht, aus dem beruflichen Turbowahnsinn aussteigt und wieder als Mann vorhanden und erreichbar ist. Und heutzutage, in Zeiten der Postemanzipation, träumen natürlich längst auch viele Frauen davon, sich aus dem eigenen, hart erkämpften Chefsessel wieder davonmachen zu können, um die verstaubten Hüften mal wieder zu wiegen; die Seele baumeln und den Geist von der Leine zu lassen.

Beide Wünsche kollidierten damals allerdings bei mir. Wenige Monate bevor mein Mann seinen Job verloren hatte, hatte ich wiederum endlich meinen Traum wahr gemacht: Parallel zu meiner Arbeit in meiner psychotherapeutischen Praxis hatte ich begonnen, das Buch *Liebe dich selbst und es ist egal, wen du heiratest* zu schreiben.

Als dann mein Mann seine Arbeit verlor, die zweifelsohne für über siebzig Prozent unseres Einkommens gesorgt hatte, rieten mir viele Bekannte und Freunde: »Hör auf mit dieser Spinnerei. Ihr habt jetzt wirklich andere Sorgen … Fahr deine Praxis hoch, lass ihn den Rest machen und sieh zu, dass du

Weniger Karriere, mehr Leben ∞ 105

jetzt mehr Geld verdienst…« Das war der Tenor der meisten gut gemeinten Ratschläge.

Aber ich war so beseelt von meiner Idee, dass mich niemand wirklich davon abbringen konnte. Ich schrieb und schrieb… Das wiederum überraschte mich selbst. Denn ich hatte größere Zukunftsängste als mein Mann. Je deutlicher sich abzeichnete, dass es für ihn keinen Weg mehr zurück in seinen alten Beruf und in die einstigen, gehaltlichen Höhen geben würde, desto mehr steigerte sich der unterschwellige Druck in mir. Wir hatten keine großen Ersparnisse, und so fragte ich mich immer öfter, wie es weitergehen und wovon wir unseren Lebensstandard finanzieren sollten.

Alte Ängste stiegen auf. Ich hatte nicht nur schon einmal meinen beruflichen Traum begraben, sondern auch schon einmal mein komplettes Wohlstandsleben aufgeben müssen.

Seitdem ich denken konnte, wollte ich immer nur eins: Journalistin werden und für andere Menschen schreiben. Schon während der Schulzeit habe ich meine ersten Artikel für die Lokalzeitung in meinem Heimatort geschrieben und von da an nie etwas anderes als diesen Beruf gewollt. Ich lernte den Journalismus von der Pike auf und wollte bewegen, Denkanstöße geben und Menschen mit meinem Schreiben Zugang zu anderen Welten verschaffen.

Das wollte ich erst recht, als ich in Zeiten tiefster Apartheid in Südafrika arbeitete. Dieses Land forderte meine Leidenschaft als Journalistin wie nichts vorher. Allerdings so sehr, dass ich immer öfter Magenschmerzen bekam, bei der Berichterstattung, die meine Heimatredaktionen sich von mir wünschten. Sie wollten ihr klares mediales Schwarz-Weiß-Bild von mir nicht verwässert haben. Aber je länger ich am Kap lebte, desto komplexer wurden meine Erfahrungen. Mir

106 ∞ *Das Geschenk der Wirtschaftskrise*

wurden die Grautöne wichtig. Ich wollte Geschichten erzählen, die vereinten, statt weiter zu trennen. Um einen langen schmerzlichen Prozess kurz zu machen und viele leidige Diskussionen mit Redaktionskollegen zu Hause zusammenzufassen – der Tag kam, an dem mir klar wurde: Wenn ich mir treu bleiben will, kann ich nicht mehr länger Journalistin sein. Das, was ich mit meinem Schreiben immer wollte, kann ich so nicht mehr verwirklichen. Ich ging zurück nach Deutschland, schrieb alle unveröffentlichten Geschichten, die mir am Herzen lagen, in einem Buch auf, und beendete damit mein Dasein als Schreiberin.

Dass ich jetzt, rund fünfzehn Jahre später, wieder schrieb, war also weit mehr als eine Spinnerei. Ich war – allerdings auf einer ganz neuen Ebene der Freiheit – zurückgekehrt zu dem, was ich immer wollte. Diesmal schrieb ich wirklich nur das auf, woran ich glaubte. Ich war näher denn je an der Verwirklichung meiner beruflichen Träume. Ich arbeitete mit Menschen und ich schrieb für Menschen. Ob in der Praxis oder an meinem Computer – es ging mir um neue Wege der Verbindung und Heilung. Ich war ganz aufgeregt und beseelt zugleich, dass ich die einzelnen Puzzlesteine meiner bisherigen beruflichen Laufbahn endlich zu einem größeren Ganzen zusammensetzen, dass ich doch noch meine Berufung leben durfte.

Und ausgerechnet jetzt verlor mein Mann seine Arbeit und wir unser sicheres Einkommen. Sollte ich deshalb meinen Traum wieder aufgeben? Nein. Bei aller Ungewissheit über unsere Zukunft – aber ich würde weiterschreiben. Das war für einen Teil von mir ganz klar.

Ein anderer Teil in mir wurde allerdings immer stärker an ein weiteres Kapitel meiner beruflichen Vergangenheit erin-

Weniger Karriere, mehr Leben

nert: Es gab Jahre in meinem Berufsleben, da gehörten die Kündigungen anderer nicht nur zu meinem Tagesgeschäft, da musste ich am Ende auch meine eigene Kündigung und den Verlust jeglicher finanziellen Sicherheit als unausweichlich hinnehmen.

Nachdem ich nicht mehr Journalistin war, wurde ich über einige Umwege gleich nach der Wende PR-Managerin bei einem Kraftwerksbauer. In dem ehemaligen Ostunternehmen gehörte zu meinen Aufgaben neben der klassischen PR auch die sogenannte interne Kommunikation. Damit hatte es in der Zeit der Wiedervereinigung allerdings eine besondere Bewandtnis. Wie in den meisten ehemaligen Ostunternehmen wurde unmittelbar nach der Übernahme durch ein Westmanagement in unserer Firma radikal Personal »abgebaut«, wie es damals in den internen Rundschreiben immer so unpersönlich hieß.

Diesen Abbau kommunikativ zu begleiten, das war der Kern meiner Aufgaben im Rahmen der internen Kommunikation. Konkret bedeutete das, dass ich im Laufe von zwei Jahren für weit über tausend Mitarbeiter beschwichtigende und theoretisierende Worte finden musste, die sie nach Jahrzehnten der Unternehmenszugehörigkeit in die Arbeitslosigkeit und oft auch in die völlige berufliche Perspektivlosigkeit begleiten sollten. Vielen Mitarbeitern musste ich persönlich die Hiobsbotschaft übermitteln. Bei anderen den Versuch unternehmen, ihnen irgendwie erträglich zu erläutern, warum sogar Ehepartnern mit kleinen Kindern gemeinsam gekündigt wurde. Damals gab es nicht viel, was ich in Sachen Kündigung an persönlichem Schmerz, Verzweiflung, Existenzangst, Ohnmachtsgefühlen und Hass nicht erlebt habe.

Ich glaube, damals wäre ich auf die Barrikaden gegangen,

wenn mir jemand gesagt hätte, *Liebe dich selbst und freu dich, dass der alte Job weg ist.* Sollte ich zu den verängstigten und verzweifelten Menschen sagen: Prima, Leute! Das war gut so! War halt genau die Kündigung, die ihr brauchtet. Wohl kaum. Das wäre genauso abgespalten gewesen wie all diese »Freisetzungs«- und »Personalabbau«-Worthülsen, die mir damals jedes Mal wie Kröten im Hals stecken geblieben sind, wenn ich sie verkünden sollte. Wie eng innere und äußere Kündigung allerdings oft doch beieinanderliegen, musste ich im Laufe der Zeit erfahren.

Am Anfang konnte ich oft nicht schlafen, wenn eine weinende Frau Anfang fünfzig mir ihre ausweglosen Lebensumstände nach der Kündigung geschildert hatte oder ich jemanden wie tot seine Sachen packen und sein Büro räumen sah. Manchmal habe ich wilde Diskussionen über Einzelschicksale mit unserem Vorstand vom Zaun gebrochen und bin tagelang kämpfend als Robin Hood in irgendwelche Sitzungen marschiert.

Aber irgendwann war der Spagat für mich nicht mehr auszuhalten. Ich wusste, dass das Unternehmen ohne die harten Sanierungsmaßnahmen keine Chance hatte; dass das angeschlagene Schiff mit allen an Bord untergegangen wäre. Aber ich fühlte auch mit den Menschen und wusste mit der Zeit zu viel aus ihrem persönlichen Leben, um sie einfach unter P wie Personalabbau abzulegen. Irgendwann machte ich dicht und funktionierte nur noch. Ich verlor an Kraft und vor allem an Leidenschaft; hatte immer öfter eine andere Einschätzung der Dinge als unser Vorstand und war damit auch nicht mehr die richtige Unterstützung für ihn.

Aber auch zu den Mitarbeitern wuchs der Abstand. Ich merkte, dass die verbliebenen Leute immer öfter aus Angst um

Weniger Karriere, mehr Leben ∞ 109

ihren Job taktierten und versuchten, sich möglichst unauffällig durchzulavieren. Auf allen Ebenen konnte man bei genauem Hinsehen erleben, dass die Leute sich nicht wirklich darum kümmerten, was das Beste in ihrer Situation, für die Sache, den Ablauf, den Vorgang, die Abteilung, das Unternehmen war, sondern wie sie am besten dastünden und am schnellsten Zahlen vorweisen konnten, die sie aus der Schusslinie brachten. Es wurde gemauschelt, getuschelt und gemauert.

So ging ich weiterhin in aller Herrgottsfrühe ins Büro und arbeitete immer noch viel zu viel. Aber alles wurde kontinuierlich verkrampfter und leerer. Parallel wurden die Abstände immer kürzer, dass ich abends ins Bett ging und dachte: »Ich schaff das nicht mehr. Ich kann da morgen nicht mehr hingehen.« Mein Köper streikte zuerst. Ich hatte immer häufiger extreme Rückenschmerzen, konnte nicht mehr schlafen und wurde von irgendwelchen kursierenden Grippeviren, die mir früher nichts anhaben konnten, in kurzen Abständen regelrecht niedergestreckt. Als mich dann plötzlich beängstigende Herzrhythmusstörungen befielen und kein Arzt eine körperliche Ursache finden konnte, wusste ich, dass es so nicht mehr lange weitergehen konnte.

Aber kaum dachte ich an Kündigung, wurde sofort eine ganz andere Stimme laut: Stell dich nicht so an! Du hast doch einen tollen Job, um den dich andere beneiden würden. Du verdienst eine Menge Geld. Hast Einfluss und kannst was bewegen. Was willst du mehr? Also ging ich am nächsten Morgen wieder hin und funktionierte. Ich fing an, meine Hosenanzüge und Kostüme zu hassen. Riss mir abends diese Berufsrüstung vom Leib, sobald ich die Tür meiner Wohnung hinter mir zugemacht hatte. Ich dachte immer öfter über einen neuen

110 ∞ *Das Geschenk der Wirtschaftskrise*

Job nach, ruderte dann aber resigniert wieder zurück, weil ich nur wusste, was ich nicht mehr wollte.

Als mich dann wieder eine Grippe erwischte, merkte ich, dass ich innerlich zum ersten Mal dankbar war, dass der Virus mich da herausholte. Bis dahin hatte ich mich in jedem Zustand ins Büro geschleppt. Jetzt war ich froh, als der Arzt sagte: Mindestens eine Woche sollten Sie im Bett bleiben. Darüber froh zu sein – das war neu. Und auf einmal gehörte ich zu denen, die ich früher immer verurteilt hatte: Leute, die krank»feierten«. Unter Tränen schrieb ich endlich eine Kündigung und einen ausführlichen, persönlichen Brief an meinen Vorstand. Aber nach meiner Genesung gab ich ihn nicht ab. Ich hatte einfach Angst vor den Konsequenzen: Ich war alleine. Körperlich und seelisch am Ende. Ich wusste nicht, was ich tun wollte. Hatte keine konkreten Jobangebote. Machte aber auch einen Bogen um alle Personalberater und Stellenanzeigen, weil ich Angst hatte, in diesem Zustand in einer neuen Firma zu versagen.

So trug ich die Kündigung monatelang mit mir herum und fing an, mich im Büro aus den heißen Kriegsgebieten zu verdrücken. Ich war so dünnhäutig geworden, dass ich keine Auseinandersetzung mehr ertragen konnte. Ich war in der Firma wie auf der Flucht: Bloß gut funktionieren und keine Fehler machen. Aber hinter dieser Fassade fühlte ich mich wie eine Blenderin, die jeden Moment auffliegen könnte. Ich fing an, mich selbst zu hassen. Jetzt war ich wirklich genauso geworden wie die, die ich nie gemocht hatte: Leute, die ihren Job nur noch aus Sicherheitsdenken und ohne echte Leidenschaft tun. Die sich sagen: Bloß nicht rühren. Hier gibt's schließlich Renten- und Krankenversicherung und das Geld für den nächsten Urlaub.

Weniger Karriere, mehr Leben

Mein Prozess lief damals genau andersherum ab wie der meines Mannes einige Jahre später. Ich spürte immer genauer, wo ich stand und wie unerträglich es mittlerweile in meinem Inneren aussah. Ich wusste ziemlich genau, dass mein Körper nicht zufällig immer anfälliger wurde. Ich wartete eigentlich täglich darauf, dass der Vorstand endlich käme und mich vor die Türe setzen würde. Aber mir selbst fehlte der Mumm, endlich einen Schlussstrich zu ziehen.

Ich war zwar längst ein Sklave meiner Arbeit. Aber ich hatte mich auch viel zu sehr ans luxuriöse Managerleben in schicken Hotels, teuren Restaurants und großzügiger Dachgeschosswohnung gewöhnt. Was sollte ich meinen Freunden sagen? Dass ich nicht mehr könnte? Dass ich am Ende sei? Dass ich nicht mal wüsste, was ich überhaupt noch beruflich tun könnte? Ich war doch schon einmal ausgestiegen. Noch einmal könnte ich niemandem erklären, dass ich wieder nicht weitermachen könnte, wenn ich mir auch nur ansatzweise treu bleiben und wieder zu Kräften kommen wollte. Ich war am Ende, aber ich traute mich nicht, ein Ende zu setzen.

Mein Ende setzte dann nicht mein Chef, sondern mein Körper. Eines Morgens sollte ich einen Vortrag vor einem größeren Publikum über die glorreichen Errungenschaften der vorbildlichen PR in unserem Unternehmen halten. Schon Tage davor drehte es mir den Magen um bei dem Gedanken. Nicht nur, dass ich immer von Redeängsten geplagt war. Ich hatte das Gefühl, an Heuchelei zu ersticken. Ein Wrack wie ich sollte nach zwei Jahren ununterbrochener Kündigungswellen in einem Unternehmen, dessen Graben zwischen Ostmitarbeitern und Westmanagern kaum noch größer werden könnte, anderen Menschen Erfolgs- und Vorzeigegeschichten über uns erzählen. Das war absurd.

Am Morgen vor dem Vortrag brachte mir eine Mitarbeiterin die Charts mit all den perfekten Zahlen und optimistischen Kurven. Ich schaute darauf, fing an zu schwitzen und dachte nur: Das kann ich nicht! Dann fing ich an zu zittern, mir wurde schwarz vor Augen, und ich fiel um.

Als ich wieder zu mir kam, fühlte ich mich so ruhig, wie seit Ewigkeiten nicht mehr. Der Notarzt hatte mich per Spritze mit ausreichenden Beruhigungs- und Entspannungsmitteln versorgt. Ich war benebelt und in dieser Ruhe doch auch glasklar: Sie war es, wonach ich mich so lange gesehnt hatte. Bevor ich nach Hause gebracht wurde, holte ich meinen schon zerknickten Abschiedsbrief an meinen Chef aus der Tasche und legte ihn auf meinen Tisch. Endlich war auch ich im wahrsten Sinne des Wortes frei-gesetzt.

Während der Monate danach war ich allerdings einem ständigen Wechselbad ausgesetzt. Ich war jetzt arbeitslos. Hatte keine Funktion mehr und auch kein Ziel. Ich fühlte mich wie befreit. Als ob mir das Leben wieder geschenkt worden wäre. Aber gleichzeitig kämpfte ich mit extremsten Zukunftsängsten. Ich hatte nicht die leiseste Idee, wie alles weitergehen und wovon ich mich ernähren sollte. Ich verkaufte mein Auto, fuhr Fahrrad und rechnete beim Einkauf im Supermarkt, ob ich mir Schinken leisten könnte oder nicht. Ich kündigte meine schicke Wohnung und renovierte einen ziemlich heruntergekommenen Altbau mit einigen Freunden. Aber vor allem zog ich mich komplett aus meinem alten Leben zurück.

Weniger Karriere, mehr Leben ∞ 113

Neale Donald Walsch

Spiritueller Autor (* 1943)

Schlimmer, als es Neale Donald Walsch zu Beginn der Neunzigerjahre erwischte, kann es einen eigentlich nicht treffen: Ein Feuer zerstörte ihm Haus und Habe, seine Frau ließ ihn sitzen – und als ob das nicht schon ausgereicht hätte, brach ihm ein schwerer Autounfall buchstäblich das Genick. Aber damit nicht genug. Wie ein moderner Hiob musste der schon arg Gebeutelte hinnehmen, dass er seinen leidlich erfolgreichen Job in der Werbebranche verlor. Mit leeren Händen stand er da. Mitten im Albtraum eines jeden gut situierten Mittelstands-Amerikaners, wie Neale Donald Walsch damals einer war: in der Obdachlosigkeit. Es begann ein erbärmliches Leben in einem provisorischen Zelt oder unter Brücken. Seinen kärglichen Unterhalt bestritt er damit, alte Dosen zu sammeln und gegen Geld einzutauschen.

Doch klein beigeben wollte der Mann aus Milwaukee nicht. Er rappelte sich auf und siehe da: Er bekam einen Job in einer Radio-Talkshow. Doch das Pech blieb ihm treu. Der Sender ging pleite. Damit war das Maß voll. Walsch, der in einer katholischen Familie aufgewachsen war, hatte das Leben satt. Er schrieb einen wütenden Brief an Gott und beschwerte sich über das, was ihm widerfahren war. Und Gott – antwortete ihm.

Walsch erzählt: »Es war da eine Stimme im Raum, genau oberhalb meiner rechten Schulter. Ich war so überzeugt davon, dass diese Stimme da war und dass sie echt war, dass ich mich umdrehte, um zu schauen, wer dort sei. Aber natürlich war dort niemand. Und doch wusste ich, dass dort eine Stimme war, die ich deutlich vernahm. Das erschütterte mich. Ich konnte mir nicht vorstellen, wer da morgens um 4 Uhr 25 in meinem Haus sein mochte.« Dann begriff er, dass es Gott war, der zu ihm gesprochen hatte.

Eine fromme Erweckungsgeschichte? Nein. Denn was Walsch von Gott gesagt bekam, war nicht gerade das, was in den Kirchen über ihn gelehrt wird. Die Hauptbotschaft seines himmlischen Souffleurs lautet: «Du und ich, wir sind eins. Und deshalb musst du keine Angst vor mir haben. Du musst überhaupt keine Angst haben. Alles ist eins. Du bist geliebt.« Und so, erzählt Walsch, habe er begriffen, »dass der Gott, dessen Teile wir sind, uns niemals für irgendetwas verdammen oder verurteilen wird« – dass er ganz im Gegenteil die Menschen liebt und ihnen vollständige Vergebung schenkt. Kein Wunder, dass ihm das von der Kirche vermittelte Bild eines alten Patriarchen im Himmel als Verzerrung derjenigen Liebesflamme erscheint, deren Stimme er nachts in seinem Zimmer hörte.

»Ich denke, das Leben, das ich geführt habe, die Erfolge, die Krisen, die schwierigen und die schönen Zeiten, all das hat zu meinem Erfahrungsschatz beigetragen, und danach lebe ich. Ich habe, einfach ausgedrückt, außergewöhnliche Lektionen bekommen. Die wichtigste Lektion lautet: Wenn wir alle füreinander da sind, als wären wir Brüder und Schwestern, als wären wir wirklich alle eins, können sich auch hoffnungslose Situationen zum Guten wenden und Wunder geschehen in diesem unserem Leben.« Neale Donald Walsch

Nach diesem Erlebnis begann Neale Donald Walsch zu schreiben. *Gespräche mit Gott* heißt sein Bestseller. Mehr als sieben Millionen Mal wurde er weltweit verkauft. Weitere Bücher folgten. Heute ist Walsch, dessen ganze Erscheinung mehr an einen Seebären erinnert als an einen spirituellen Guru, ein weltweit gefragter Autor und Lehrer. 2006 wurde er sogar von Hollywood entdeckt. Ein Film über sein Leben wurde gedreht, der auch in deutschen Kinos zu sehen war. Der Mann, der einst unter der Brücke hauste, war bei sich angekommen. Gott sei Dank.

Von Woche zu Woche verstand ich immer weniger, wie ich dieses Leben so lange ausgehalten hatte. Ich wusste auch nicht mehr, was ich mit meinen alten Kollegen oder Geschäftsfreunden anfangen sollte. Ich wurde fast zur Einsiedlerin und hatte das Gefühl, ich müsste Jahre des Schlafs und der Ruhe nachholen. Aber immer, wenn es wirklich ruhig wurde, dann lauerte im Hintergrund die Panik in mir: Vor allem abends alleine in der Wohnung wurde ich oft regelrecht von meiner Angst vor der Zukunft übermannt. Wovon sollte ich leben? Was sollte ich beruflich nur machen? Ich war völlig kraft- und orientierungslos.

Einen Hosenanzug anzuziehen, smarte Vorstellungsgespräche zu führen und dabei ein Gewinnerlächeln aufzusetzen wäre einfach nur schlechtes Theater gewesen. Aber nicht einmal das hätte ich aufführen können, so durchlässig und wackelig fühlte ich mich. Eine Freundin hatte eine Werbeagentur und gab mir ein paar Texterjobs, mit denen ich mich über Wasser halten konnte. Aber das beantwortete auch nicht meine Frage, wie ich wieder wirklich zu Kräften kommen, meinen Glauben an mich zurückgewinnen und vor allem eine berufliche Perspektive finden könnte. In mir war alles einfach zu diffus. Ich kannte, im Gegensatz zu vielen anderen Menschen, meine Talente: schreiben, zwischen den Fronten vermitteln und für fast jede Situation eine pragmatische und falls nötig auch völlig unorthodoxe Lösung finden.

Aber von diesen Fähigkeiten konnte ich einfach keine Brücke spannen zu dem, was mich innerlich wirklich bewegte. Seit Jahren interessierte mich immer stärker, wie Menschen auf seelischer Ebene funktionieren, was sie am Ticken hält, ihnen zu Erfolg und Erfüllung verhilft und vor allem, was ihnen die Beziehungen zu anderen erleichtert. Im Unternehmen

Weniger Karriere, mehr Leben ∞ 117

hatte ich eine ganze Reihe von Personalentwicklungsprojekten initiiert und selbst einen guten Querschnitt an Managementseminaren besucht, bei denen es eher um die Soft Skills und die Ebenen der emotionalen Intelligenz und Kommunikation ging. Meine Bibliothek zu solchen Themen war umfangreich. Aber wenn ich ehrlich in den Spiegel guckte, musste ich mich fragen: Was hatte es mir genutzt?

Hier saß ich und war dank eines Nervenzusammenbruchs am Ende meiner zweiten Karriere angekommen. Wo lag da meine Kompetenz? Was hatte mir meine Leidenschaft für diese Themen gebracht? Nichts, außer der Klarheit, dass es einen anderen Weg geben müsste als den, den ich die letzten Jahre verfolgt hatte. Im wahrsten Sinne des Wortes: arbeiten bis zum Umfallen.

8. Kapitel

EINE KRISE TRIFFT SELTEN NUR EINEN ALLEIN

oder Krise im Job – Krise zu Hause

Die ursprüngliche Motivation, dieses Buch überhaupt zu schreiben, war unsere Leidenschaft für das Wachstum in Beziehungen. Dabei wurde während unserer Arbeit allerdings eins immer deutlicher: Ein Paar kann noch so bemüht sein um den Erhalt und die Wiederbelebung seiner Beziehung – wenn der Beruf eines oder beider Partner wie ein Parasit von außen alle Kräfte abzieht, dann sind meist alle Bemühungen um die Beziehung zum Scheitern verurteilt. Nur wenn zwei den Mut haben, ihrer Partnerschaft Priorität zu geben und Grenzen ins Berufsleben zu bringen, kommen sie wieder zu Kräften und ihre Partnerschaft zu neuer Lebendigkeit.

Sie können die Gefühle unter die Lupe nehmen, ihre Kommunikation verändern, offener über ihre Sexualität reden und alte Verletzungen aufarbeiten. Wenn sie aber einfach wie bisher weitermachen, und ohne jede Grenze all ihre Kräfte im Job verbrauchen; ihm ihre Sensibilität opfern und dort mit immer härteren Bandagen kämpfen, sich verschließen und verhärten, dann überschattet das ihre Partnerschaft und laugt sie hinten herum aus, während sie sich vordergründig um ihre Genesung bemühen. Vor diesem Hintergrund kann eine berufliche Krise auch zu einer großen Chance für die Partnerschaft werden.

Dass ich nicht nur die berufliche Welt meines Mannes kannte, sondern auch selbst erfahren hatte, wie es sich vor einem Burn-out und nach einer erzwungenen Vollbremsung ohne Perspektive anfühlt, war in den Zeiten seiner Kündigung in gewisser Hinsicht ein Vorteil. Ich bin damals in keinem Augenblick der Versuchung erlegen, ihn zu irgendwelchen Kompromissen zu überreden oder gar zu einem Weg zurück zum Funktionieren in seinen alten Strukturen.

Ich wusste, dass es jetzt nur nach vorne weitergehen konnte. Dabei konnte ich allerdings mir und meinem Mann nichts vormachen. Ich wusste, dass wir uns gerade bei Sturm auf hoher See befanden, ohne wirklich Land in Sicht. Aber ich wusste auch, dass man, wenn man aus diesem Sturm heil herauskommt, Erfahrungen im Umgang mit Wind und Wellen und sich selbst hat, von denen man vorher nicht einmal eine Ahnung hatte. Und die man nie mehr missen möchte.

Viele Frauen zerren an ihren Männern, weil sie hautnah miterleben, wie sie sich selbst ausbeuten. Sie sehen klar, dass das, was er tagein, tagaus mit sich, seinem Herzen, seiner Seele und seinem Körper tut, ein Weg in die Sackgasse ist. Sie spüren, dass dieser Mann in der Beziehung und in der Familie kaum noch präsent ist. Dass er oft nur noch nach Hause kommt zum Auftanken oder, um irgendwo all die aufgestauten Spannungen loszuwerden.

Die Frauen sehen das Dilemma und leiden oft mit. Aber außer Meckern und Zerren haben sie der langsamen Erstarrung und Selbstzerstörung ihrer Männer nichts entgegenzusetzen. Sie können ihnen keine Alternativen aufzeigen. Haben selbst noch nichts gewagt. Haben keine Erfahrung, wie man auf ech-

tere und erfüllendere Art Erfolg haben und seine Talente verwirklichen kann. Wie man auf beziehungs- und familien-
freundlicheren Wegen ausreichend Geld verdienen kann.

Auch das war in unserem Fall in einem Punkt anders: Ich
hatte längst begonnen, neue berufliche Wege zu erkunden und
mich von meinen alten Prägungen zu verabschieden. Seit meinem Nervenzusammenbruch waren bis zur Kündigung meines Mannes rund zehn Jahre vergangen. Das war zwar reichlich Zeit für mich, um Abstand zu gewinnen und meine dama-
lige Krise zu analysieren. Aber ich war immer noch weit davon
entfernt, mit meinem neuen Beruf ausreichend Geld für unseren Familienunterhalt oder gar genauso viel Geld wie mein
Mann zu verdienen. Das war allerdings dann auch ein entscheidender Punkt: Denn ich kannte nur eins der Geheimnisse auf dem Weg vom Job in die Berufung.

Wenn man etwas Altes, Sicheres, aber Beengendes und
Auszehrendes wirklich loslässt und sich in die Ungewissheit
öffnet – dann schafft man damit endlich Raum dafür, dass
sich etwas Neues, Passenderes und Lebendigeres entwickeln
kann. Dann entdeckt man seinen natürlichen Platz im Leben. Den, der sich auf einmal einfach richtig anfühlt.

Aber ich kannte das zweite Geheimnis noch nicht: Wie man
dabei auch ohne Druck und Gier für Fülle und Wohlstand sorgen kann. Dementsprechend hinkte meine Unterstützung für
meinen Mann. Immer wieder ermutigte ich ihn, zu vertrauen,
mehr auf sein Herz zu hören und sich für ganz neue Perspektiven zu öffnen. Aber dann packte mich wieder die Existenzangst, und ich wurde verunsichert und ungeduldig.

An dieser Stelle kann ich alle Ehefrauen nur warnen: Sie
können nicht andauernd meckern und jammern oder einen
leidenschaftlichen Vortrag nach dem anderen halten, der Ih-

Eine Krise trifft selten nur einen allein ∞ 121

ren Mann endlich in die Veränderung oder gar zum Ausstieg aus dem Karrierekarussell bewegen soll, ohne ihm entweder eine Rückfallposition zu bieten oder selbst den Mut, einen langen Atem und die Bereitschaft zu haben, gegebenenfalls auch einen deutlich niedrigeren Lebensstandard und einen radikalen Wandel des gemeinsamen Lebens zu akzeptieren.

Das ist, als ob Sie mit ausladender Geste über ein Meer voller Haifischflossen zeigten, an dessen Horizont die Silhouette einer wunderschönen Palmeninsel zu erkennen ist. Und dann Ihrem Mann sagen: »Schatz, wenn du da durchschwimmst, wartet hinten das Paradies auf dich.« Ihr Mann müsste schön blöd sein, wenn er sich Ihnen anvertrauen würde.

Die beste Position, von der aus Sie als Ehefrau die Kraft haben, einen Wandel einzuläuten, ist die, wenn Sie Ihren Partner vom Palmenstrand der Insel auf der anderen Seite des Meeres aus herbeiwinken können. Und zwar nachdem Sie den Weg durch die Haifische dorthin bereits hinter sich haben. Wenn Sie wissen, was einem unterwegs blüht, und wissen, wie man heil zwischen den Tierchen hindurchkommt. Sie haben einfach eine andere Ausstrahlung und Überzeugungskraft, wenn Sie authentisch sagen können: »Schatz, ich weiß, dass es geht. Hol tief Luft und wag es.« Das hat Kraft, die einen anderen Menschen bewegen kann, sich auf ein Abenteuer und ein volles Risiko einzulassen.

Wenn Sie selbst noch nicht geschwommen sind, aber einen Partner haben, der gerade von einem Burn-out, einer Kündigung oder einem Konkurs erfasst und aufs offene Meer geschleudert wurde, dann ist die Gefahr groß, dass Sie ängstlich am Ufer stehen und hoffen, dass die Wellen ihn ja wieder zurückspülen. Aber das Leben will gerade offensichtlich etwas ganz anderes von Ihnen.

Wenn Ihr Partner in eine berufliche Krise gerät, die auch Ihr Leben ins Wanken bringt, dann sind auch Sie gefordert. Dann heißt es auch für Sie, sich den aufkommenden Ängsten zu stellen und Gewohnheiten, Sicherheiten und vertraute Muster loszulassen.

Wenn Sie ehrlich hingucken, war aller Wahrscheinlichkeit nach nicht nur sein Leben, sondern auch Ihr Leben nicht mehr wirklich tragfähig, lebendig und gesund. Und alles drückt und zwickt wie eine zu enge Hose, weil Ihr Inneres nach neuem Raum und einer neuen, passenderen natürlichen Ordnung sucht.

Sich mutig den Ängsten und dem altvertrauten Sicherheitsbedürfnis stellen können Sie nur selbst. Die Frage, wo auch Ihr Leben nicht mehr echt, nicht mehr kraftvoll und inmitten einer vordergründig bequemen, aber zu engen Routine eingerichtet war, können nur Sie ehrlich beantworten. Wenn Sie den Druck, der durch die Krise Ihres Partners in Ihr Leben gekommen ist, jetzt für eine persönliche Inventur nutzen, dann können auch Sie Ihren neuen Platz finden. Wenn Sie aber gegen die Entwicklungen anrudern, ängstlich klammern oder gar Schuldzuweisungen verteilen, dann schwächen Sie Ihren sowieso schon angeschlagenen Partner nur noch weiter und machen sich von jemandem abhängig, der selbst das Steuer nicht mehr in der Hand hat.

Es gibt ein spannendes Phänomen, das in solchen Konstellationen immer wieder erkennbar wird.

Der eine Partner hat oft genau die Fähigkeiten, die nötig sind, um den anderen zu unterstützen, zu ermutigen und ihm neue Perspektiven zu eröffnen.

Auch wenn Sie keine inhaltlichen Kompetenzen in dem Bereich besitzen sollten, in dem Ihr Partner arbeitet oder zukünftig arbeiten möchte, Sie können ihm trotzdem mit Ihren Beobachtungen ehrlichere und treffendere Impulse geben als manch anderer. Vielleicht sagen Sie sich: »Das kann ich nicht. Ich weiß gerade selbst nicht, wie es bei uns weitergehen soll.« Sie müssen es auch nicht wissen. Aber Sie können mit Ihrem Abstand vielleicht klarer sehen, was Ihr Partner jetzt braucht, als er es selbst unter dem Druck seiner Krise kann.

Oft braucht man einfach nur einen Menschen, der einem Fragen stellt oder einem für einen Moment einen urteilsfreien Raum für die Ängste und Nöte gibt. Danach sieht man die Dinge oft schon wieder mit mehr Ruhe und mit neuer Kraft.

Es gibt immer noch viele Ehen, in denen es klassische Rollenverteilungen gibt: Der Mann sorgt für das Haupteinkommen, die Frau kümmert sich um Kinder und Familie und hat gegebenenfalls eine Teilzeitbeschäftigung. Wenn Sie in einer solchen Konstellation leben und das Gefühl haben, dass der Beruf die Beziehung oder das Familienleben belastet, dann sieht es nur vordergründig so aus, als ob einzig Ihr Partner einen Gang zurückschalten müsste, und dann würde alles wieder in Ordnung kommen. So eindimensional funktioniert der Wandel nicht.

Wenn Sie wirklich eine Veränderung wollen, dann müssen Sie Ihre eigene Position überprüfen. Eine Beziehung funktioniert immer in Polaritäten. Wenn der eine sich sehr stark in die eine Richtung bewegt hat, dann weil der andere sich in der komplett entgegengesetzten Ecke eingerichtet hat. In einer Beziehung, in der sich einer immer weiter aus der Beziehung heraus nach draußen arbeitet, gibt es oft einen »passenden« Partner, der alle internen Positionen so besetzt, als ob er dort unabkömmlich wäre. Das ist nur eine der unbewussten Dynamiken von Partnerschaft, die es in Krisenzeiten zu verstehen gilt.

Eine weitere wichtige Regel ist die, dass der, der fürs Geld sorgt, sich mehr oder minder bewusst auch für die Familie verantwortlich fühlt. Viele Berufstätige mit Familie geraten nicht aus reinem Ehrgeiz in eine sich immer schneller drehende Karrierespirale. Oft stehen sie unter dem inneren Druck, immer mehr und mehr leisten zu müssen, weil sie das Gefühl haben, nur so die Verantwortung wirklich tragen und der Familie zu Hause Gutes tun zu können. Das fühlt sich dann mit der Zeit für den Betroffenen immer schizophrener an: Je mehr ich arbeite, je mehr ich leiste, desto unzufriedener werden alle zu Hause. Desto mehr zieht und zerrt die ganze Familie an mir. Egal, wie sehr ich mich anstrenge – es reicht nie aus.

Als Partner zu Hause ist es wichtig, dass Sie verstehen: Ihr arbeitender Partner ist nicht einfach deshalb andauernd weg, weil Sie ihm egal sind. Er lebt beruflich in einer Dynamik, in der es kein Ende, kein Genug, sondern immer neuen Druck gibt.

Wenn im Beruf das eine erreicht ist, dann wartet meist schon das nächste Projekt, die nächste Gehalts- oder Hierarchiestufe, die nächste Herausforderung, die es mit noch mehr Einsatz zu meistern gilt. Die Triebkräfte sind fast immer unbewusst, aber stark: Pflicht- und Verantwortungsgefühle können genauso gnadenlose Antreiber sein wie die Angst vor Mangel oder das Bedürfnis nach Anerkennung und Erfolg. Unsere Chefs und der Markt sind immer nur sekundäre Antreiber. Der wirkliche Druck kommt aus unserem eigenen Inneren.

Es ist wichtig, dass ich als Partner um diese Dynamiken weiß. Sonst erreiche ich mit all meiner, vielleicht sogar gerechtfertigten, Kritik oft genau das Gegenteil: Wenn ich wieder zerre, wünsche ich mir eigentlich mehr Nähe zu meinem

Eine Krise trifft selten nur einen allein ∞ 125

Partner. Aber bei ihm kommt an, dass er es immer noch nicht gut genug gemacht hat. Und er deswegen noch mehr unter Druck gerät, etwas leisten zu müssen.

Wenn Ihr Partner der Hauptverdiener ist, aber gerade in einer beruflichen Krise steckt, dann könnte das eine ganz neue Chance für Ihre Beziehung, für Ihr Privatleben und für die Familie sein. Vorausgesetzt, nicht nur er beginnt, jetzt mehr auf sein Herz, seine innere Stimme zu hören, sondern auch Sie setzen sich in Bewegung. Konkret: Wenn der eine endlich loslassen muss, dann geht es beim anderen aller Wahrscheinlichkeit nach darum, dass er sich traut, wieder mehr zuzupacken.

Wenn Sie davon träumen, dass Ihr Partner endlich wieder zur Ruhe kommt, endlich mehr Zeit für Sie und die Kinder hat, endlich wieder präsenter ist, dann fragen Sie sich, was Sie übernehmen können, damit er wagt loszulassen.

Wovon müssten Sie loslassen? Vielleicht von Ihrem Glauben, dass Sie ihn nicht wirklich auffangen und Teile von seiner Verantwortung übernehmen können? Dass die Kinder ohne Sie nicht klarkommen? Dass gerade jetzt auf keinen Fall Geld da ist für mehr Unterstützung im Haushalt? Dass Sie nicht wissen, womit Sie Erfolg haben könnten? Dass Sie sich nicht trauen, Ihrer eigenen Berufung nachzuspüren? Dass Sie nicht glauben, jemals ohne Überforderung und Selbstausbeutung für einen großen Teil des Unterhalts Ihrer Familie sorgen zu können? Dass Sie ohne die große Wohnung, dieses Haus, den Zweitwagen, die gesellschaftliche Anerkennung nicht leben können?

Sie glauben gar nicht, was Sie alles können, und vor allem, wie befreiend es sein kann, von den gewohnten Ansprüchen und Einschränkungen loszulassen. Und vielleicht können Sie jetzt noch gar nicht erahnen, wie sehr Sie zu zweit das perfekt ineinandergreifende Instrumentarium haben, um sich gegenseitig zu inspirieren, zu motivieren und durch schwierige Phasen zu bringen. Gerade wenn Sie und Ihr Partner von Ihren Fähigkeiten her und in Ihrer Art, mit dem Leben und seinen Herausforderungen umzugehen, sehr unterschiedlich sind; gerade wenn Sie sich ehrlich und kontrovers herausfordern und nicht aus falscher Rücksicht schonen, kann aus dem Zusammenwirken Ihrer unterschiedlichen Kräfte etwas Neues entstehen, was für alle Beteiligten einen Schritt voran bedeutet.

Wir haben die Erfahrung gemacht, dass es nicht nur die Berufung eines jeden Einzelnen gibt. Sondern dass jedes Paar etwas Einzigartiges in die Welt bringen kann. Vielleicht liegen Ihre Nerven blank. Vielleicht sind Sie beide komplett erschöpft und versuchen mit allen Kräften, etwas am Leben zu erhalten, was nicht mehr am Leben zu erhalten ist: die alte Sicherheit, die alten Kontakte, den gewohnten Lebensstandard, die Fassade der erfolgreichen Familie. Vielleicht streiten Sie nur noch und machen sich gegenseitig Vorwürfe, nicht endlich für eine Lösung zu sorgen. Vielleicht schleichen Sie nur noch resigniert umeinander herum ...

Sie glauben gar nicht, was möglich ist, wenn Sie an diesem Punkt gegenseitig kapitulieren und vor dem anderen die Hosen runterlassen. Trauen Sie sich! Sagen Sie, dass Sie gerade keine Ahnung haben, wie es weitergehen soll. Wagen Sie es, Ihrem Partner zu gestehen, dass Sie Ihre Bewerbungen halbherzig schreiben. Dass Sie am liebsten alles hinschmeißen und etwas ganz Neues machen würden. Dass Sie nicht mehr können und sich wünschen, dass der Partner das Ruder übernimmt ...

So eine Kapitulation ist nicht nur befreiend. Sie kann für

Eine Krise trifft selten nur einen allein ∞ 127

eine Nähe zwischen Ihnen beiden sorgen, an die Sie schon lange nicht mehr geglaubt haben.

Eine Beziehung ist dafür da, dass Menschen es wagen, füreinander ihr Herz aufzuhalten, wenn scheinbar nichts mehr geht. Aus solchen Phasen entwickelt sie ihre wahre Stärke.

Sie glauben gar nicht, wie aufregend es ist, wenn Sie mitten in diesem bedrohlichen Auflösungsprozess sitzen, einmal alles auf den Tisch gebracht haben und sich einen Moment den Raum geben, über geheime Träume zu reden und die Sehnsüchte nicht länger wegzuschieben. Wenn Sie sich erlauben, Existenzangst, Pflichtbewusstsein und Sicherheitsdenken für einen Moment in die Schranken zu weisen und sich gegenseitig darin ermutigen, auszudrücken, was jenseits der Erfüllung Ihrer Pflichten in Ihrem Inneren darauf wartet, endlich ins Leben zu kommen.

Dann kann noch einmal ein ganz neues Lebenskonzept entstehen und für beide ein neuer aufregender Lebensabschnitt beginnen. Schauen Sie sich die vielen Paare an, die sicher, aber immer lebloser in den einmal gesteckten Bahnen die Jahrzehnte hinter sich bringen. Vielleicht beneiden Sie die Nachbarn oder Freunde gerade, denen das Schicksal nicht den Boden unter den Füßen weggezogen hat wie Ihnen. Aber wir können Ihnen versichern: Sie werden sie garantiert nicht mehr beneiden, wenn Sie gemeinsam mit Ihrem Partner durch diese Krise gegangen und beide an ihr gewachsen sind.

Im Laufe dieses Abenteuers könnten Sie beide eins der Geheimnisse einer lebendigen Partnerschaft entdecken, in der die Krisen nicht nur überstanden, sondern zur persönlichen Erweiterung genutzt wurden.

Ein Paar kann zusammen nicht nur doppelt so viel ins Leben bringen wie einer von beiden alleine. Wenn die Kräfte beider auf ein gemeinsames Ziel einwirken, potenzieren sie sich um ein Vielfaches.

Beide fühlen sich unterstützt, nicht mehr so einsam, immer mehr an ihrem individuell richtigen Platz und doch tiefer in Verbindung als vorher. Vor allem werden beide wagemutiger und abenteuerlustiger als vorher. Unsere Erfahrung ist es: Sie wollen hinterher garantiert nicht mehr so leben wie die, die Sie jetzt gerade um ihre Sicherheit beneiden!

Rückblickend kann ich (Wolfram) nur sagen: Auch wenn es noch so schwierig scheint – aber genau an so einem kritischen Punkt kann und muss sich eine Partnerschaft bewähren. Dafür ist es ganz wichtig, dass in einer Konstellation wie der unseren damals, die Frau den Mut aufbringt, ihren Mann zu konfrontieren. Meine Frau kannte mich besser als die meisten anderen. Sie wusste auch, wo ich mir gerne etwas vormachte. Oder wovor ich weglief. Auch wenn es mich eine ziemliche Überwindung kostete, mich ihr wirklich anzuvertrauen – heute muss ich zugeben, dass eigentlich niemand mich damals so sehr weitergebracht hat wie meine Frau. Sie war die Unbequemste und Hartnäckigste von allen. Aber damit war sie es auch, die mich immer wieder dazu herausgefordert hat, bei der Wahrheit zu bleiben, genau hinzuschauen, vor nichts die Augen zu verschließen und mich sorgfältiger kennenzulernen, als ich selbst dazu bereit gewesen wäre.

Durch ihre Fragen half sie mir, aus meinem eingefahrenen Gedankenkarussell auszusteigen und langsam zu entdecken, wenn etwas für mich nicht mehr passte. So konnte ich durch unsere Gespräche besser mit mir in Kontakt kommen. Tatsächlich war meine Frau genau wegen ihrer unbequemen Fragen und ihrem Bohren rückblickend betrachtet ein guter Coach. Aber eben nur rückblickend betrachtet.

Eine Krise trifft selten nur einen allein ∞ 129

In den besonders akuten Zeiten nach der Kündigung waren diese Gespräche wirklich nervenaufreibend, weil wir beide sehr unterschiedlich sind. Manchmal war es, als ob zwei Wesen von unterschiedlichen Planeten über eine Sache redeten. Am schwierigsten war es für mich, dass ich zwar oft spürte, dass an ihren Einschätzungen von vielen Dingen grundsätzlich etwas dran sein könnte. Manchmal war es regelrecht erlösend, sich einen Moment dem hinzugeben, was sie als bessere Alternative zu meiner Vergangenheit ausmalte. Aber dann dachte ich sofort wieder: Sie hat doch keine Ahnung. Ist schon ewig raus aus allem. Hängt da gerade ein paar Idealen nach und kann vor allem mit dem, was sie tut, nicht das Geld verdienen, das wir brauchen.

Für mich (Eva) war es in dieser Phase oft wie der Gang durch ein vermintes Feld, wenn ich mit meinem Mann wirklich in Kontakt kommen wollte. Immer war da die Gefahr, dass ich die falsche Frage stellte. Und am Anfang wollte er einfach am liebsten gar nichts hören. Das machte mich wiederum wütend: »Wenn du nicht bald von deiner Tauchstation auftauchst und ehrlich zu dir bist, dann machst du uns noch unser ganzes Leben kaputt!« Solche Gedanken gingen mir damals durch den Kopf. Und da hat es ein ums andere Mal dann auch zwischen uns gekracht.

Trotzdem hatte ich nie die Sorge, unsere Beziehung könnte durch diese Kündigungsgeschichte Schaden nehmen. Da war ich mir ganz sicher. Ich zweifelte keinen Augenblick daran, dass diese Krise uns zusammenbringen würde. Ich wusste einfach, wie sehr meine eigene mich damals mit mir in Kontakt gebracht hatte. Die Frage war nur: wie? Wie könnte es diesmal gehen?

Das Wichtigste, was ich in dieser Phase tun konnte, war

130 ∞ *Das Geschenk der Wirtschaftskrise*

zuhören – zuhören bei dem, was er erzählte: von möglichen Stellen, Bewerbungsgesprächen und Plänen mit Freunden. Manchmal sträubte sich innerlich alles in mir. Dann bin ich meinem Instinkt gefolgt und hab ihn gefragt, ob das jetzt wirklich passt oder nur angstmotiviert ist.

Dabei hatte ich aber auch keine Idee, was für ihn der richtige Weg sein könnte. Wir wurschtelten uns in diesen Monaten einfach so durch. Immer wieder habe ich ihn gefragt, ob es für ihn vielleicht doch auch ganz andere Betätigungsfelder geben könnte. Ich weiß noch, dass ich ihn eines Tages fragte: »Sag mal, wovon hast du eigentlich als Kind geträumt? Was wolltest du werden?« – eine Frage, die mich einst sehr dabei unterstützt hatte, auf meinen neuen beruflichen Weg und den zu mir selbst zu kommen. Seine Antwort kam wie aus der Pistole geschossen: »Ich wollte Kinderarzt werden.« Das hatte ich noch nie von ihm gehört. Entsprechend perplex war ich: »Du bist in der Modebranche gelandet und wolltest eigentlich Kinderarzt werden?« – »Ja«, sagte er, »Kinderarzt, das war damals immer ganz klar für mich. Warum, kann ich dir auch nicht sagen.«

Dieser Kindertraum hat mich wochenlang nicht mehr losgelassen. Irgendetwas in diesem Wunsch musste dem Wesen und den Talenten meines Mannes entsprechen, sonst wäre dieser Wunsch nicht so klar und so dauerhaft in ihm gewesen. Also fragte ich ihn wieder und wieder: »Was reizt dich daran? Was bedeutet das für dich?« Langsam konnte auch mein Mann zulassen, dass dieser vermeintliche Kindheitstraum innerlich etwas in ihm in Bewegung setzte. Nach und nach enthüllte sich vor seinem Auge ein neues Bild. Es war, als ob er in dem Bild, das er bisher von sich hatte, plötzlich ein anderes Bild von sich entdeckte – wie bei einem Vexierbild.

Eine Krise trifft selten nur einen allein ∞ 131

Ab da geriet manches in Bewegung. Und es wurde langsam auch für uns beide bewusst erkennbar, dass unser Zusammenspiel, so unterschiedlich wir auch waren, uns weiterbrachte. Ich will damit nicht sagen, dass es in der Partnerschaft möglich ist, sich gegenseitig die Ängste zu nehmen. Aber als Partner können Sie sich wechselseitig immer wieder Möglichkeiten aufzeigen, auf die der andere von alleine nicht kommen würde. Durch seine Ängste muss am Ende jeder für sich allein hindurch. Ich musste meine Existenzangst durchleben, er musste seine Identitätsangst durchleben. Keiner konnte das dem anderen nehmen.

Wenn Sie einen Partner haben sollten, der scheinbar völlig anders tickt als Sie es tun. Wenn dieser Partner Ihren Umgang mit der Arbeit vielleicht sogar kritisiert. Behauptet, dass er Ihnen nicht guttue, Sie vereinnahme, der Beziehung schade oder Sie von der Familie fernhalte. Wenn er in Ihnen vielleicht Fähigkeiten und Talente sieht, die Sie so noch nicht gesehen oder nie wichtig genommen haben. Wenn Ihr Partner auf Sie wirkt, als ob er keinen Sinn für Ihre Realität und all die Anforderungen und Pflichten hat, denen Sie sich stellen müssen. Wenn er eigentlich auf Sie so wirkt, als ob er die Welt immer durch eine lilagestreifte Brille sehe. Dann können Sie sich sicher sein, dass auch Sie eine Brille aufhaben. Nur die ist grünkariert und lässt Sie die Welt, wie sie wirklich ist in all ihren Möglichkeiten und Facetten, genauso wenig sehen. Sie haben also nicht den falschen Partner, sondern einen Menschen an Ihrer Seite, der Sie über Ihre grünkarierten Grenzen hinausbringen und Ihre Sicht und damit Ihre Möglichkeiten im Leben und im Beruf erweitern kann.

Wenn Sie bereit sind, sich in beruflichen Krisenzeiten mit Ihrem Partner auseinanderzusetzen; wenn Sie bereit sind, da, wo er die Dinge anders sieht und macht als Sie, in Betracht zu ziehen, dass dies nicht falsch, sondern eine neue Möglichkeit im Umgang mit den Dingen sein könnte. Dann werden Sie miteinander rangeln, vielleicht auch streiten, aber Sie können genau den Reibungs- und Entwicklungsprozess durchmachen, den Sie für den nächsten Schritt benötigen. Und zwar nicht nur beruflich – sondern auch persönlich.

Die Dinge sind einfach nicht getrennt, auch wenn die meisten von uns nach eben der Devise erzogen wurden: Hier ist das Privatleben und dort die Arbeit. Und beides hat nichts miteinander zu tun.

Auch ich (Wolfram) versuchte, wie so viele Männer, mein Berufsleben jahrelang komplett von unserem Eheleben zu trennen. Mir war es regelrecht unangenehm, wenn meine Frau meinem Leben rund um meine Arbeit zu nahe kam. Ich hatte mir dort eine perfekte Fassade von einem Karrieremann zurechtgezimmert. Meine Kontrolle über mich und das, was ich von mir zeigte, wollte ich partout nicht durch Persönliches gefährden. Lange Zeit hätte ich mir auch nicht vorstellen können, dass meine Frau mir in irgendeiner Form einen Rat geben könnte, der für meine beruflichen Entscheidungen von Bedeutung wäre. Ich glaubte, es ginge vor allem um Fachwissen und inhaltliche Kompetenzen. Und da tauschte ich mich, wenn überhaupt, lieber mit Kollegen aus.

Heute kann ich nur sagen, dass diese Trennung zwischen Privatleben und Beruf einem in doppelter Hinsicht das Leben schwer macht. Mittlerweile weiß ich aus Erfahrung, wie verrückt und selbstzerstörerisch es ist, dauerhaft im Beruf hinter einer Fassade und mit Kontrolle zu funktionieren. Ich weiß, wie einsam und abgetrennt es sich anfühlt, ständig im Kern

Eine Krise trifft selten nur einen allein

seiner Kräfte an der Familie vorbeizuleben. Aber vor allem weiß ich, dass dieser Versuch der Trennung nie wirklich funktionieren kann. Denn wenn ich mich teile, lebe ich in beiden Welten nur halb, aber mit doppelter Anstrengung. Es gelingt kaum, irgendwo noch wirklich loszulassen. Überall scheinen Anforderungen zu lauern: die perfekte Karriere… der perfekte Familienvater, Ehemann, Versorger… Überall scheinen einen die eigenen Ansprüche zu verfolgen. Bis man endlich erkennt: Ob Privatleben oder Beruf – überall treffe ich immer nur auf mich. Und deswegen ist auch alles miteinander verwoben. Und zwar komplexer und mehrdimensionaler, als die meisten auch nur ahnen, geschweige denn akzeptieren wollen. Sobald Sie sich mit Ihrer inneren Entwicklung und der psychologischen Dimension der Dinge beschäftigen, können Sie sich absolut sicher sein: Wenn Sie einen Knoten in einem Kontext lösen, löst er sich auf allen weiteren entsprechenden Ebenen.

Wenn Sie sich jetzt mitten im beruflichen Engpass Ihrem Partner stellen und sich konfrontieren, dann lernen Sie damit automatisch, sich in Zukunft auch beruflich zu stellen und offener mit Herausforderungen und Widerständen umzugehen. Die meisten landen genau deswegen im beruflichen Aus, weil sie ziemlich lange hartnäckig vor etwas die Augen verschlossen haben.

Wenn Sie gemeinsam mit Ihrem Partner nach neuen Wegen und Lösungen suchen, kann Ihre Beziehung in Übergangszeiten somit auch ein Trainingslager und eine Art Mikroskop sein, unter dem Sie sich selbst näher betrachten können.

Wir erleben in unserer Praxis ständig, wie nah alles beieinander ist; dass berufliche Krisen mit Beziehungskrisen zusammenlaufen und vor allem, dass sich die Blockaden und behin-

134 ∞ *Das Geschenk der Wirtschaftskrise*

dernden Muster in allen Bereichen wiederholen und auf allen Ebenen widerspiegeln. Oft sind die Schwierigkeiten im Job nur die äußere Schale des Problems. Wenn wir den Dingen tiefer auf den Grund gehen, stellt sich oft heraus, dass der Betreffende einfach an einem Punkt in seinem Leben angekommen ist, an dem seine Strategien nirgendwo mehr richtig greifen. Dass es, trotz langjähriger, hartnäckiger Trennung zwischen beidem, eine oft schockierend enge Verbindung zwischen Beziehung und Beruf zu geben scheint.

Es gibt bei jedem Menschen einige innere Kernprägungen, die für seine Krise mitverantwortlich sind und deren Dynamiken sich bei genauerem Hinsehen in allen Lebensbereichen entdecken lassen. Es ist daher eine Illusion und lediglich das Ergebnis von Verdrängung, wenn Sie glauben, dass Sie einen Bereich Ihres Lebens von Ihrem inneren Entfaltungsprozess trennen könnten. Ihre unbewussten Erfolgsverhinderungsstrategien können Sie mit geschärftem Bewusstsein und etwas Übung nicht nur in jedem Bereich parallel, sondern auch über alle Lebensphasen hinweg entdecken.

Ihre Krisen heute finden ihren Ursprung immer in schmerzhaften, unbewältigten und noch nicht zurück ins Bewusstsein geholten zwischenmenschlichen Erfahrungen aus der Vergangenheit.

Wenn jemand oder eine Situation im Beruf bei Ihnen eine negative Reaktion auslöst, dann können Sie sicher sein, dass dort lediglich etwas aktiviert wird, was Ihr inneres System bereits kennt. In der Psychologie bezeichnet man das als Übertragung. Das heißt: Sie übertragen frühere verletzende Erfahrungen auf einen Menschen oder eine Situation in der Gegenwart. Die Erfahrung, die Sie jetzt gerade machen, haben Sie bereits im System.

Eine Krise trifft selten nur einen allein ∞ 135

So ist jedes Problem eigentlich ein vergangenes Problem. Wenn jetzt in Ihrem Leben etwas nicht funktioniert, dann spiegelt sich darin eine frühere Versagenserfahrung. Das heißt nicht, dass Sie exakt diese Situation oder Beziehungskonstellation schon einmal erlebt haben. Doch wenn Sie im Erwachsenenleben lange und hartnäckig genug wegucken, ist auch das immer häufiger der Fall. Sie wechseln dann von einem Job zum nächsten und haben das Gefühl, der unerträgliche Chef oder Geschäftspartner, der Ihnen beim letzten Mal schon das Leben schwer gemacht hat, sitzt diesmal nur mit einer anderen Krawatte wieder vor Ihnen.

Aber meist geht es nicht um solche bewusst nachvollziehbaren Eins-zu-eins-Wiederholungen. Auch wenn das vielleicht auf den ersten Blick weit hergeholt scheint – meist erleben Sie einstmals schmerzliche, kindliche Erfahrungswelten in aktuellen Krisen lediglich in einem erwachsenen Kontext wieder. Wenn Sie sich heute nach einer Kündigung oder einem Konkurs ungerecht behandelt, nicht anerkannt, ausgeschlossen, ohnmächtig, fremd oder unzureichend fühlen, dann sind das allesamt Erfahrungen, die sich bereits weit früher in Ihnen abgespielt und tief eingeprägt haben und nun unbewusst, automatisiert Ihre heutige Erfahrungswelt beeinflussen. Wenn Sie zwanghaft, fast abhängig dem Erfolg hinterherjagen, dann weil Sie von alten unverarbeiteten Ängsten und Defiziten angetrieben werden.

Und deshalb sind weder Ihr Chef noch Ihr Kollege, die Konkurrenz oder die Wirtschaftskrise schuld, wenn es gerade nicht weitergeht.

Der gegenwärtige Prozess zeigt Ihnen die Dynamiken eines vergangenen Prozesses, der jetzt bereit ist für die Heilung.

Das ist das Geschenk in der Krise. Sie zeigt Ihnen, was jetzt gerade an der Reihe ist. Und sie zeigt Ihnen immer nur das, wofür Sie jetzt die notwendigen Fähigkeiten haben, um es zu lösen, loszulassen und durch neue, bessere Strategien zu ersetzen.

Wenn Sie jetzt bereit sind, genau hinzugucken und vor allem zu fühlen, dann können Sie etwas heilen, das Sie seit Jahren oder vielleicht sogar schon Ihr ganzes Leben lang mit sich herumtragen. Und das Sie von Ihren Zielen und Ihrem Gefühl, über Ihr Leben frei bestimmen zu können, abgehalten hat.

Das ist kein Akt, den es einmal zu vollziehen gilt. Es ist eher ein langsamer Prozess der Selbstentdeckung, in dem Sie Schicht für Schicht Verdrängtes wieder ins Bewusstsein bringen. Dadurch lernen Sie sich immer besser kennen; entdecken, wer Sie tatsächlich sind und was Sie brauchen, damit Ihr System in der Balance ist. Das Spannende ist: Sobald Sie die alte Verletzung angenommen und die der heutigen Krise zugrunde liegenden Muster erkannt und bewusst verarbeitet haben, tauchen derartige Situationen auf einmal nicht mehr in Ihrem Leben auf. Oft verändern sich auch die beteiligten Menschen auf eigentümliche Art und Weise.

Aber das eigene Leben in Zeiten hoher Belastung und Angst so in einem größeren Zusammenhang zu betrachten und parallel auch noch mit der nötigen Distanz über sich selbst zu reflektieren ist schwer. Manch einem gelingt das nur mit professioneller Begleitung. Aber auch wenn nicht gleich der Proficoach zur Stelle ist – Ihr Partner kann Ihnen gute Dienste an dieser Weggabelung leisten. Er kennt viele Zusammenhänge aus Ihrem Leben, Ihrer Herkunftsfamilie und Ihrer Vergangenheit. Aber er war nicht wie Sie Teil des Ganzen und kann

Eine Krise trifft selten nur einen allein

das System, von dem Sie geprägt wurden und in dem Sie automatisch funktionieren, mit etwas mehr Abstand betrachten.

Wenn Sie sich also jetzt gerade in dieser noch unklaren und unsicheren Phase nach einer Kündigung, einem Konkurs, einem Burn-out befinden und noch nicht am anderen Ufer angekommen sind, dann nutzen Sie die Nähe zu Ihrem Partner aktiv für den Prozess der Selbsterkenntnis und der gemeinsamen Neuorientierung. Das geht allerdings nur, wenn Sie bereit sind, die Hosen runterzulassen, die gestreiften und karierten Brillen nicht zu ernst zu nehmen und alles Bisherige gemeinsam infrage zu stellen.

Am Ende geht es in Zeiten beruflicher Krisen und scheinbarer Sackgassen immer nur um Loslassen und Erweiterung. Beides ist Grundvoraussetzung, um neue Kräfte, neue Fähigkeiten, neue Lösungen und neue Ziele im eigenen Inneren zu entdecken und ihnen Raum zu geben. Das Neue muss nicht draußen erkämpft werden. Sie müssen nur bereit sein, von Altem in Ihnen loszulassen, damit überhaupt Raum entsteht.

Das, was uns erfüllt und erfolgreich macht, muss nicht antrainiert und hart erarbeitet werden, sondern nur unter den eigenen eingeprägten Begrenzungen, Urteilen und Ängsten freigelegt werden. Für diesen Prozess der ehrlichen Auseinandersetzung mit uns selbst sind die mit den grünkarierten Brillen an unserer Seite unsere besten Sparringspartner.

138 ∞ *Das Geschenk der Wirtschaftskrise*

9. Kapitel

BERUF ODER BERUFUNG?

Da standen wir beide irgendwann an einem Punkt in unserem Leben und hatten unseren Job verloren. Alles war weg. Aber, was war es eigentlich, was wir da verloren hatten? Alles, was uns Sicherheit gab. Alles, wofür wir Anerkennung bekamen. Alles, womit wir unser Geld verdienten und für unseren Lebensunterhalt sorgten. Auf den ersten Blick schien das wirklich alles zu sein. Aber wie sieht es bei näherer Betrachtung aus? Stimmt das mit dem »alles« wirklich? Oder ist da nicht ein Denkfehler im System?

In diesem Konzept von Beruf, das wir verloren hatten, liegt auch immer eine Art Geschäft: Ich tue etwas, weil ich dafür etwas bekomme. Oder mehr noch: Ich muss etwas tun, damit ich dafür etwas bekomme. Fragen Sie sich einmal selbst: Ihr Job, was ist das? Was ist es, was Sie mit Arbeit verbinden? Was Sie unter Beruf verstehen? Auf diese Fragen antworten die meisten: Das, womit ich mein Geld verdiene. Und auf die Frage: Was ist Ihre Motivation zu arbeiten?, antworten sie: Weil ich Geld verdienen muss.

Laut Bundesverfassungsgericht bedeutet Beruf: *Eine auf Dauer berechnete und nicht nur vorübergehende, der Schaffung und Erhaltung einer Lebensgrundlage dienende Betätigung. Das Zusammenwirken von Kenntnissen, Erfahrungen und Fertig-*

keiten ist Grundlage des Berufs. Im Unterschied zu anderen Tätigkeiten ist der Beruf durch Dauerhaftigkeit, Bezahlung und erforderliche Qualifikationen gekennzeichnet. Hört sich nach harter Arbeit und ziemlich unsexy an.

Aber ist das wirklich alles? Sie verbringen einen Großteil – wenn nicht den größten Teil – Ihres Lebens mit Ihrer Arbeit. Stellen Sie sich vor: Der größte Teil Ihres Lebens (!) geht zur Schaffung und Erhaltung einer Lebensgrundlage drauf. Braucht das Leben Sie wirklich dazu, dass Sie ihm die ganze Zeit eine Grundlage schaffen? Was ist das für eine Lebensperspektive? Sind Sie auf der Welt, um Geld zu verdienen?

Bis zur Krise, zur Kündigung, zur Pleite haben Sie vielleicht schon jahrelang hart gearbeitet, Ihr Bestes gegeben, Karriereplanung betrieben und Ihre Fachkompetenz erweitert. Aber das hat offensichtlich nichts genutzt, sondern Sie im Gegenteil genau an diesen toten Punkt geführt. Dahinter steckt kein geheimnisvoller Sabotageakt. Sie haben auch nichts falsch gemacht. Sie haben nur die meisten Dinge um-zu gemacht. Gearbeitet, um Geld zu verdienen. Leistungen vollbracht, um Anerkennung zu bekommen. Sich verbessert, um eine bessere Stelle zu bekommen. Um-zu-Handlungen sind immer Deals, deren Lohn illusionär ist. Sie tun etwas, weil Sie sich davon in einer imaginären, nie eintretenden Zukunft etwas erwarten.

Wenn Sie etwas tun, weil Sie es am liebsten tun, dann gibt es Ihnen unmittelbar genau das, wonach Sie mit den Um-zu-Deals streben – aber in Wahrheit niemals bekommen: Zufriedenheit und Erfüllung.

Um-zu-Deals verschaffen Ihnen selten unmittelbare Befriedigung. Sie locken immer mit einem zu erreichenden Ergebnis in der Zukunft und bieten unterwegs höchstens Möglichkeiten zur Perfektionierung Ihrer Strategien und ein oft illusorisches Gefühl von Macht und Sicherheit.

Eine Krise bringt Um-zu-Deals und deren illusorische Verheißungen blitzschnell ans Licht. Eine Krise lässt aus dem Titel, dem Rang und der Position einfach die Luft raus. Da waren Sie gestern noch Chef, und heute wird schon Ihr Schild von der Bürotür geschraubt. Da haben Sie jahrelang alles für Ihr Unternehmen gegeben, und jetzt sind Sie nicht mehr als Teil einer betriebsbedingten Kündigungswelle. Da haben Sie geschuftet, immer Überstunden gemacht und Ihre Freizeit geopfert, und jetzt sitzen Sie einsam und verloren da mit einem Burn-out. Sie schauen auf Ihre hart erarbeitete, berufliche Vergangenheit, und es scheint fast, als ob es Sie nie gegeben hätte. Als ob all Ihr Schaffen umsonst gewesen wäre. Und ob Sie wollen oder nicht, Sie schauen der nüchternen Wahrheit aller Um-zu-Deals ins Auge: Es gibt keine erfüllende Zukunft, keine wirkliche Sicherheit, keine dauerhafte Macht und kein unendliches Wachstum. Alles um-zu war umsonst.

Wenn wir mit Menschen reden, die ihre Berufung gefunden haben, funktioniert alles genau andersherum: Sie müssen meist auch unbedingt etwas tun. Aber vor allem deshalb, weil es ihnen Freude macht und ihrem Inneren entspringt. Sie können gar nicht anders, als ihrer Berufung nachgehen. Weil sie so sehr mit dieser Sache, diesem Thema, dieser Leidenschaft beschäftigt und so motiviert sind, kommt der Rest, für den die anderen sich so anstrengen, ganz automatisch. Erfolg ist bei ihnen unmittelbar im Moment erlebbar und selbstverständliches Ergebnis eines organischen Prozesses: Sie sind meist nicht mit dem Schaffen einer Lebensgrundlage beschäftigt, sondern voller natürlicher Lebendigkeit beim Erschaffen. Sie strahlen Begeisterung aus und bringen andere damit in Bewe-

Beruf oder Berufung? ∞ 141

gung. Ihr intensives Engagement für die Sache und ihre Neugierde sorgen dafür, dass sie ständig etwas Neues lernen, was wiederum automatisch ihre Kompetenz steigert.

Menschen, die ihrer Berufung nachgehen, beschreiben oft, dass ihnen alles immer leichter von der Hand geht, je mehr sie getragen sind von dem Gefühl, etwas Sinnvolles, Freudvolles, Helfendes oder Inspirierendes zum größeren Ganzen beigetragen zu haben. Das wiederum sorgt dafür, dass sie meist viel in die Welt geben und dementsprechend viel auch wieder dafür zurückbekommen. Der Wohlstand, der zu ihnen zurückfließt, ist auch finanzieller, aber oft auch ganz anderer Natur: Für ihre Leidenschaft und ihr Engagement bekommen sie Wertschätzung, Achtung und immer neue Gestaltungsräume.

Was ist das größte Geheimnis von Menschen, die erfolgreich ihrer Berufung nachgehen? Vielleicht ihr Talent. Sicher ihr Glaube und ihr Durchhaltevermögen. Aber vor allem ihre starke innere Verbindung zu dem, was sie tun. Im Wort Beruf-ung steckt das Wort *Ruf*. Menschen, die ihrer Berufung nachgehen, kennen dieses Gefühl des inneren Rufs. Es ist, als ob sie einen Auftrag zu erfüllen hätten. Aber eben keinen, den ihnen jemand anderes – ein Kunde, eine Firma – gegeben hätte. Etwas drückt von innen, lässt sie nicht in Ruhe, will auf die Welt, ins Leben, zum Funktionieren gebracht werden. Und das geben sie dann mit aller Leidenschaft an einen Kunden, eine Firma, an andere Menschen weiter.

Stellen Sie sich einfach nur kurz vor, wie ein Mensch auf einen Kunden wirkt, der ihm etwas nahebringt, an dem sein ganzes Herz hängt? Stellen Sie sich nun vor, wie einer auf den gleichen Kunden wirkt, der mit dem, was er tut, vor allem seine Lebensgrundlage erhält? Es braucht nicht viel Fantasie, um sich den elementaren Unterschied vorzustellen.

Der Schritt vom Job zur Berufung wirkt groß. Wenn Sie gerade in einer beruflichen Krise stecken, kommt Ihnen die Frage nach der eigenen Berufung womöglich realitätsfern und absurd vor. Aber Sie müssen jetzt weder Ihren unbefriedigenden Job kündigen noch die Augen vor Ihrem schrumpfenden Bankkonto und Ihrer angeschlagenen Karriere oder Ihrer schiffbrüchigen Firma verschließen. Sich auf seine Berufung zuzubewegen heißt nicht, seinen gesunden Menschenverstand zu verlieren. Ihre Berufung zu erfüllen heißt nicht, dass Sie ab morgen Missionar in Afrika oder Erfinder sein müssen. Auch nicht, dass Sie unbedingt gleich die ganze Welt verändern, von der Muse geküsst oder in Ihrem Inneren auf ein begnadetes Talent stoßen müssen. Sie müssen auch nicht ab sofort Ihr komplettes Leben umkrempeln.

Die eigene Berufung zu finden und zu erfüllen ist ein kontinuierlicher Prozess des stetigen Herantastens durch Versuch und Irrtum. Es geht darum, dass Sie Ihr Leben einer Inventur unterziehen, alle Lebensbereiche anschauen und sie in kleinen Schritten mit dem bereichern und erweitern, was Ihnen guttut.

Es geht zwar um nicht weniger, als die eigene Lebensaufgabe zu entdecken und zu entfalten. Aber manchmal ist es dafür nötig, dass Sie erst einmal aus Ihrer Berufung ein Hobby machen und zweigleisig fahren, bis Sie vielleicht die entsprechenden Ideen und den Mut haben, um Ihre Berufung auch zu Ihrem Beruf zu machen.

Bei vielen, die einen neuen Weg eingeschlagen haben, war die Berufung nicht automatisch auch gleich der Beruf. Bei den wenigsten hat die Berufung eines Tages eingeschlagen wie der Blitz. Bei manchen erblüht sie leise in verborgenen Winkeln. Bei anderen läuft sie wie ein äußerlich kaum merklicher, aber

Beruf oder Berufung? ∞ 143

stetiger Herzschlag am Rande des Berufslebens mit. Bei wieder anderen ist sie eine Art Parallelleben. Und manche empfinden sie ihr Leben lang fast wie einen Saboteur. Immer wieder, wenn sie sich einrichten wollen, klopft neu eine ferne Sehnsucht an und stört das willentliche Funktionieren in den festen Gleisen.

Aber wer bereit ist, sich seiner Berufung zuzuwenden, für den ist ihre beharrliche Beständigkeit eher einer ihrer entscheidenden Vorteile, auf die er bauen kann: Wir müssen uns unsere Berufung nicht erarbeiten. Wir müssen nur bereit sein, den Ruf zu hören und ihn ins Leben zu bringen. Bei genauem Hinhören können Sie entdecken, dass er sich sicher in Ihrem Leben schon öfter bemerkbar gemacht hat. Vielleicht oft nicht so konkret, wie unser Verstand es gerne hätte. Manch einer fühlt sich berufen, Schönheit in diese Welt zu bringen, anderen Menschen Glück, Heilung, Hoffnung oder Zufriedenheit zu geben. Jemand anderes fühlt sich angetrieben, etwas weiterzuentwickeln, zu experimentieren, etwas loszutreten oder einen Code zu knacken, den bis dato noch niemand geknackt hat. Ein anderer ist einfach nur glücklich, wenn er Menschen zum Lachen bringt. Und oft dreht sich unsere Berufung auch darum, zwei scheinbar entgegengesetzte Pole in uns in Verbindung zu bringen: Wir haben etwas Seriöses gelernt – aber da ist auch dieses eher unkonventionelle Talent, das in uns schlummert. Wie geht beides unter einen Hut? Wie geht es ohne Verzicht und Entweder-oder? Wie geht die gegenseitige Befruchtung?

Eckart von Hirschhausen

Arzt und Kabarettist (* 1967)

Ganz am Ende seiner Show »Glücksbringer«, wenn der letzte Applaus eigentlich schon verklungen ist, wird Eckart von Hirschhausen noch einmal ernst. Dann erzählt er die Geschichte vom Pinguin. Eine Geschichte, die ihm – wie er gerne betont – vor Jahren »tatsächlich genauso passiert« ist. Er war damals Spaßmacher auf einem Kreuzfahrtschiff, und dabei »kreuzunglücklich«. In Norwegen ging er an Land und in einen Zoo. Dort sah er den Pinguin: ein ungelenk watschelndes Wesen, das dem promovierten Mediziner bis dato eine evolutionäre Fehlkonstruktion zu sein schien, bei der der Schöpfer die Knie vergessen hat. Doch dann glitt der kleine Kerl ins Wasser und zeigte, was er kann. Im Wasser sind Pinguine unschlagbar. Der Schiffsspaßmacher begriff: »Sie sind besser als alles, was Menschen jemals gebaut haben.«

Aus der Moral von der Geschicht' macht Hirschhausen kein Geheimnis. Sie ist eine Metapher für Erfolg – auch für seinen Erfolg: »Viel sinnvoller, als sich mit Gewalt an die Umgebung anzupassen, ist, das Umfeld zu wechseln.« Sein Buch *Glück kommt selten allein* war vom ersten Tag des Erscheinens Nummer eins der Spiegel-Bestsellerliste, ganz so wie sein Vorgänger *Die Leber wächst mit ihren Aufgaben*, der mehr als anderthalb Millionen Mal verkauft wurde. Kein Zweifel: Hirschhausen hat das richtige Umfeld für sich gefunden. Sein Erfolg ist überwältigend.

Das war nicht immer so. »Deutschlands lustigster Arzt« (wie seine PR-Leute ihn nennen) musste einen langen Weg zurücklegen, bis er sein Element gefunden hat. Auch er watschelte erst unbeholfen durchs Leben: als Krankenhausarzt. In der Klinik fühlte er sich unwohl. Als kreativ-chaotischer Typ – wie er sich selbst sieht – fiel es ihm schwer, in den vorgegebenen Abläufen zu funktionieren. Die Freude an Wortspielen und witzigen Wendungen kollidierte mit dem Zwang, Arztbriefe diktieren zu müssen. Kurz: Er war ein Pinguin auf dem Trockenen.

Aber er hatte ja ein Hobby: Schon während des Studiums hatte er Freude daran, Witze zu sammeln, zu zaubern, Kabarett zu machen. Er hatte Spaß daran, wenn andere an ihm Spaß hatten. Er merkte: »Hier geht mein Herz auf, hier brenne ich, ohne auszubrennen.« Und so vollzog er den wichtigsten Schritt seines Lebens: legte den weißen Kittel ab und die rote Nase an. Arzt ist er dabei gleichwohl geblieben – »nur auf eine andere Weise«, sagt er. Denn: »Viele Elemente meiner Bühnenshow sind auch Teil der Psychotherapie. Wäre ich in der Klinik geblieben, hätte ich das jedem Einzelnen erklären müssen. Jetzt erreiche ich 1500 Leute an einem Abend – etwa so viele wie in fünf Jahren als Arzt.«

Trotzdem: Sein Berufswechsel erfolgte gegen jede ökonomische Vernunft. Es war auch kein Willensentschluss, sondern es hat sich so ergeben: »Als ich in der Vergangenheit bestimmte Entscheidungen traf, war mir noch nicht klar, was daraus einmal wird«, sagt er. Von Karriere-Ratgebern hält er deshalb herzlich wenig: »Die behaupten, erfolgreiche Menschen hätten immer zielstrebig gehandelt. In Wahrheit sind die meisten zufällig auf eine Goldader gestoßen und basteln sich dann im Nachhinein eine stringente Story zusammen.« Deshalb sagt er: »Rumprobieren ist die beste Strategie!« Und: »Es ist eine deutsche Idiotie, dass man sich mit achtzehn Jahren auf einen Berufsweg festlegt und dass es dann ein Leben lang dabei bleiben soll.« Ja, übermäßige Zielstrebigkeit ist für ihn nicht nur eine Idiotie, sie ist sogar schädlich. Über geradlinige BWLer sagt er: »Die mögen am Anfang erfolgreicher sein, aber auf Dauer sind sie eine Bremse im System, weil sie nur das eine können und gar nicht auf andere Ideen kommen.«

Diesen Vorwurf kann man Hirschhausen nicht machen. Er hat rumprobiert, als Arzt, Wissenschaftsjournalist, Fernsehmoderator, Varietékünstler. Der Erfolg ist trotzdem nicht ausgeblieben. Nicht nur, weil seine Bücher und Shows so erfolgreich sind; nicht nur, weil er ein heiß umworbener Kolumnist und Talkshow-Gast ist. Vor allem sieht er seinen Erfolg darin, etwas Sinnvolles zu tun, das seinem Wesen entspricht: mit Humor zu heilen. Gruppentherapie auf der Bühne zu betreiben. Und weil ihm das allein nicht reicht, hat er die Stiftung »Humor hilft heilen« gegründet, mit der er Clowns und Lachen in Krankenhäuser bringt.

»Wenn du merkst, du bist ein Pinguin, schau dich um, wo du bist. Wenn du feststellst, dass du dich schon länger in der Wüste aufhältst, liegt es nicht nur an dir, dass es nicht ›flutscht‹. Alles, was es braucht, sind kleine Schritte in Richtung deines Elements. Finde dein Wasser. Und dann heißt es: Spring ins Kalte! Und schwimm! Und du weißt, wie es ist, in deinem Element zu sein.« Eckart von Hirschhausen

Etwas Sinnvolles tun – etwas, das für einen stimmt –, das ist für Eckart von Hirschhausen nicht nur das Rezept für Erfolg, sondern auch für Glück: »Zu tun, was einem entspricht, sich auf andere Menschen beziehen, nicht nur auf sich selbst, und ständig dazulernen – das sind die Grundbedingungen für ein glückliches Leben«, sagt er. Klingt gar nicht so schwierig. Genauso wenig schwierig, wie als Pinguin ins Wasser zu gleiten.

Ich (Eva) gehöre zu den Menschen, die schon sehr früh ihren »Ruf« hörten. Schon als junges Mädchen hatte ich nur einen Traum: Ich wollte schreiben, wollte Journalistin werden. Zur Verwirklichung dieses Traums ließ ich nichts unversucht. Mit dem kleinstmöglichen Nenner hat meine »journalistische« Karriere schon im Alter von dreizehn begonnen, als ich anfing, jeden Morgen die örtliche Tageszeitung auszutragen. Mit sechzehn lauerte ich einem Lokalredakteur dieser Zeitung in einer Kneipe auf und erzählte ihm dann mutig von meinem Traum, Journalistin werden zu wollen. Wenige Wochen später war der Wohnzimmerboden meiner Eltern von Dutzenden zerknüllter Blätter überzogen, während ich mit klopfendem Herzen versuchte, meinen ersten Artikel für ihn zu schreiben.

Mit achtzehn bekam ich meinen Ausbildungsplatz bei der Tageszeitung der nächstgrößeren Stadt. Mit Anfang zwanzig war ich eigentlich im Studium. Aber in Wahrheit verbrachte ich jede freie Minute mit Schreiben. Hatte gleich mehrere Redaktionen, für die ich als freie Mitarbeiterin arbeitete, aber insgeheim schon davon träumte, Auslandskorrespondentin zu werden.

Unter einer meiner letzten Hausarbeiten vor dem endgültigen Abbruch meines Studiums stand als Kommentar des Professors: »Wir sind hier nicht bei Werner Höfers Frühschoppen. Lernen Sie endlich wissenschaftliches Arbeiten.« Aber da hatte ich schon das Unmögliche möglich gemacht und stand kurz vor meiner Abreise, um ein Jahr für die Deutsche Presseagentur in Kairo zu arbeiten.

Ich könnte Ihnen jetzt sicher ein Dutzend ungewöhnliche Geschichten erzählen, wie ich die unmöglichsten Dinge unternommen habe, die unüberwindbarsten Hürden hartnäckig so lange angesteuert habe, bis ich sie auf meinem Weg des Schreibens endlich nehmen konnte. Wie vor meinen größten Träumen oft die größten, scheinbar unüberwindbaren Mauern standen. Wie manchmal, als ich nach x vergeblichen Anläufen endgültig alle Hoffnung auf die Verwirklichung einer Vision hätte begraben müssen, Förderer und Menschen, die an mich glaubten, auftauchten. Mir Türen öffneten und Wege ebneten. Mir ermöglichten, an noch großartigeren Projekten mitzuwirken, als ich es mir hätte erträumen können. Und träumen tat ich viel und meist großartiger als alle, die ich kannte.

Ich hatte von Kind an Träume und Visionen, die mich nicht losließen. Aber ich fühlte mich von Kind an auch oft fremd unter den Menschen. So entsprangen viele meiner Träume und Visionen meiner eigenen Suche nach Antworten und meiner Sehnsucht nach Verbindung. Mein Schreiben half mir, diese Welt und die Menschen zu ergründen. Es erlaubte mir, unentwegt Fragen zu stellen. Und es erlaubte mir, meinen Visionen Ausdruck zu geben, mit meinem Schreiben den Lesern andere, manchmal ferne, manchmal missverständliche Welten nahezubringen und Menschen gegensätzlicher Positionen zu verbinden. Nahmen diese Visionen erst einmal Besitz von mir, hatten sie eine enorme Antriebskraft, die sich von kaum etwas bremsen ließ.

So hatte ich eigentlich ideale Voraussetzungen, was den inneren Kontakt zu meiner Berufung anging. Ich wusste früher und klarer als die meisten anderen Menschen, wonach es mich von Herzen drängte und wo meine Talente lagen. Und ich hatte einen unermüdlichen, inneren Antrieb, der mir half, meinem Ruf auch zu folgen. Das allerdings ließ mir wenige Chancen, mich beruflich irgendwo einzurichten.

Beruf oder Berufung? ∞ 149

Die, die Ihre Berufung kennen, wissen, dass sie sich im Laufe des Lebens immer wieder einen neuen Ausdruck suchen kann. Dass sie einem oft eine nicht immer leichte Entdeckungsreise durchs eigene Innere, finanzielle Durststrecken und den Umgang mit vielen Widerständen abverlangt. Und selbst wenn wir glauben, jetzt sind Beruf und Berufung, Freude und Wohlstand in unserem Leben endlich eine Verbindung eingegangen, kann es gut sein, dass die Berufung in der ihr ureigenen Lebendigkeit schon wieder für Wandel und Veränderung sorgt.

Vielleicht sehen Sie sich dann eines Tages gezwungen, einen einstmals befriedigenden Beruf aufzugeben und einen anderen zu wählen, um weiterhin ihrer Berufung treu bleiben zu können. So, wie es bei mir war, als ich in Südafrika eine Entscheidung für mein Herz und gegen den Journalismus treffen musste. Das fühlte sich damals an wie eine Amputation. Aber rückblickend war es keineswegs das Ende meines Schreibens. Es war das Ende einer begrenzten Form des Schreibens, auch wenn ich das damals überhaupt nicht sehen konnte. An solchen erzwungenen Wendepunkten sollten Sie wachsam sein und sich fragen: Ist das hier wirklich das Ende? Oder ist es, wenn Sie ehrlich sind, nicht eher so, als ob Sie langsam aus einer Form herausgewachsen sind, die nicht mehr reicht oder nicht mehr passt, als dass in ihr Ihre Berufung zum Ausdruck kommen könnte.

Berufung ist etwas sehr Lebendiges. Etwas, das Sie nie in Routine funktionieren lässt. Ihre Berufung fordert Sie immer wieder heraus, sich neu zu überprüfen, zu öffnen, auf Ihr Herz zu hören und Wagnisse einzugehen. Sie erkennen immer, ob Sie ihr auch weiterhin folgen oder sich ihr annähern, wenn sich etwas richtig anfühlt.

Je mehr Sie das Gefühl von, hier bin ich richtig, haben, desto näher sind Sie Ihrer Berufung. Desto mehr erfüllen Sie Ihre Lebensaufgabe.

Jemand mit großer Menschenkenntnis und Lebenserfahrung sagte einmal zu mir: Was leicht geht, ist richtig. Für uns, die wir so entgegengesetzt geprägt sind, ist es nicht ganz einfach, sich dieser Wahrheit anzuvertrauen. In den meisten von uns ist tief verwurzelt, dass wir nur »im Schweiße unseres Angesichts« durch wirkliche Anstrengung auch Erfolg verdient haben. Dass es schwer sein muss.

Carl Gustav Jung unterhielt sich einst mit einem südamerikanischen Pueblo-Indianer, der uns westliche Zivilisationsmenschen aus einer ganz anderen Perspektive betrachtete, als wir es selbst üblicherweise tun. Der Indianer wies Jung darauf hin, dass in seiner Wahrnehmung die meisten Weißen angespannte Gesichter, starre Augen und sogar ein grausames Benehmen haben. Er sagte: »Schau dir das Gesicht des weißen Mannes an: scharfe Züge, enttäuschte Nase – sie sind immer auf der Suche nach etwas! Wir wissen nicht, was sie eigentlich suchen, sie scheinen alle verrückt zu sein.«

Die meisten von uns scheinen tatsächlich ihre Prioritäten im Leben komplett ver-rückt zu haben. Sie sind so sehr mit dem Schaffen ihrer Lebensgrundlage beschäftigt, dass sie dabei das Leben vergessen. Wir sogenannten Zivilisationsmenschen sind von diesem sich heutzutage rasch auch über die restliche Welt ausbreitenden Virus befallen, der uns immer unter Druck stehen lässt. Uns unsichtbar antreibt, immer etwas erreichen zu müssen. Jesus fragte seine Jünger: »Warum sorgt ihr euch?«, und in den Lehren Buddhas heißt es: Die Wurzeln allen Leidens liegen in unserem ständigen Wollen und Wünschen.

Beruf oder Berufung? ∞ 151

Fragen Sie sich selbst: Wie viele Menschen kennen Sie persönlich, die nicht unter Druck stehen und nicht ständig irgendetwas imaginär zu Erreichendem hinterherjagen? Menschen, die entspannt und mit Muße leben und doch einfach durch die eigene Faszination an ihrem Wirken ansteckend für andere sind? Die durch ihre natürliche Ausstrahlung, Zuversicht und Ruhe vermitteln? Die zuhören können und nichts mehr beweisen müssen? Die voller Energie und beseelt sind von dem, was sie tun, und dabei andere nicht nur begeistert mitziehen, sondern auch auf ihren eigenen Weg der Berufung führen?

Kennen Sie jemanden, den Sie dem Indianer vorstellen könnten, der nicht ver-rückt lebt? Jemand, der nicht grausam zu sich selbst ist? Der sich selbst und seine innersten Bedürfnisse mehr achtet als die unablässig wachsenden Anforderungen von außen? Jemand, der sich von seiner inneren Stimme durch sein Berufsleben leiten lässt und sich bei wichtigen Entscheidungen nicht nur auf sein Fachwissen, sondern auch auf seine Intuition verlässt? Jemand, der ausstrahlt und vielleicht sogar laut sagt, dass er dankbar dafür ist, dass er diesen Beruf hat? Dass er einfach dankbar für sein Leben ist? Einfach so, ohne dafür eine Grundlage schaffen zu müssen?

Wie viele solcher Menschen kennen Sie persönlich? Keinen? Einen? Zwei vom Hörensagen? Drei aus den Medien? Wenn Sie jemanden kennen, der seine Berufung lebt, dann fragen Sie sich ehrlich: Was unterscheidet diesen Menschen von mir? Was macht er anders? Und was könnte ich am ehesten von ihm lernen? Wenn Sie keinen kennen, dann fragen Sie sich: An welchem dieser oben aufgezählten Punkte könnte ich selbst am ehesten ansetzen, um mich meiner Berufung und meiner persönlichen Zufriedenheit einen Schritt zu nähern? Wo könnte ich noch besser für mich sorgen?

152 ∞ *Das Geschenk der Wirtschaftskrise*

Das ist ein weiterer wichtiger Punkt auf dem Weg zur eigenen Berufung: Es geht nicht nur darum, die eigenen Talente und Fähigkeiten zu entdecken und zu entfalten. Es geht auch darum, anderen gegenüber Grenzen zu setzen und gut für sich zu sorgen.

Wer wirklich seine Berufung leben will, der opfert sich nicht für andere auf. Der lernt, seinem eigenen Wesen immer genauer zu folgen und achtsam mit den eigenen Bedürfnissen umzugehen.

Viele, die von der beruflichen Krise erwischt und über Bord geworfen werden, haben sich vorher eine ganze Zeit lang angepasst, kontrolliert und oft aus Angst und Erfolgsdruck ausgebeutet.

Aber vor der Pleite, vor der Kündigung, dem körperlichen Zusammenbruch unter beruflichem Druck ist es immer wie vor einem Gewitter: Die Luft verändert sich, der Himmel wird schwarz, und man ahnt: Gleich geht das Donnerwetter los. Für derartige Vorhersagen müssen Sie kein Meteorologe sein. So kommt auch die berufliche Krise nicht ohne Vorwarnung. Sie können selbst merken, ob Sie am falschen Platz sind. Ob Sie prädestiniert sind für eine Kündigung oder eine Pleite. Sie sagen jetzt vielleicht: Klar kann ich das. Bei der momentanen Krise … Wieso sollte ich verschont bleiben?

Wir reden an dieser Stelle aber nicht von diesen äußeren Faktoren. In Ihrem Inneren, ganz und gar bei sich selbst, können Sie die Anzeichen für ein sich anbahnendes Unwetter erkennen. Fragen Sie sich, ob Sie oft frustriert und genervt mit anderen über Ihre Arbeit sprechen. Ob Sie sich morgens immer öfter mit dem Gefühl aus dem Bett quälen, da jetzt bloß nicht hinzumüssen. Froh sind, wenn das Wochenende oder der nächste Urlaub naht. Sich immer leerer und fremder mit dem fühlen, was Sie machen. Sich eigentlich langweilen und unterfordert fühlen, aber bleiben, wo Sie sind, aus Angst, etwas Neues zu wagen.

Je mehr davon auf Sie zutrifft, umso eher sind Sie gefährdet, vom nächsten beruflichen Blitz getroffen zu werden. »Ach Quatsch!«, denken Sie. Sie kennen so viele Leute, die Dienst nach Vorschrift tun und aufs nächste Wochenende warten. Die sich im Job ganz und gar nicht verausgaben und im Geiste mit ihren Hobbys beschäftigt sind. Mag ja sein, dass sich in der Vergangenheit alle möglichen Leute eine Zeit lang durchschlängeln konnten. Aber jetzt sollten Sie sich nicht mit solchen Beispielen beruhigen und mit Ausweichmanövern ablenken.

Kürzen Sie das Prozedere ab und stellen Sie sich einfach umgekehrt selbst die Frage: Welchen Mitarbeiter würden Sie in schlechten Zeiten wie diesen eher entlassen? Den, der Spaß bei der Arbeit hat, oder den, der sich pflichtbewusst durchquält? Sie können sogar noch einen Schritt weitergehen: Wen würden Sie eher kündigen? Den, der Spaß bei der Arbeit hat, mit seinen Aufgaben zügig fertig ist und dann nach Hause geht. Oder den, der abends der Letzte im Büro ist, aber eher unsicher, wenig kreativ und angepasst ist.

Ich (Wolfram) habe meine Ohren schon sehr früh vor dem Ruf meines Herzens – von innen wie von außen – verschlossen. Erst seit wenigen Jahren spüre ich überhaupt, wie sehr ich früher vor allem funktioniert habe. Ich habe früh gelernt, mich von meinem eigenen Wesen und von meinen wirklichen Talenten und Instinkten zu distanzieren. Als Jüngster von vier Geschwistern erlebte ich früh, dass es nicht um meine individuellen Bedürfnisse, sondern vielmehr um ein Gruppenbild ging, das wir nach außen darstellen sollten.

Schon als Kind habe ich erfahren, dass es leichter ist, in und mit einer Gruppe zu funktionieren, als mich alleine mit etwas durchzusetzen. Es gab kaum individuellen Raum, sondern vor allem ein familiäres Miteinander. So hatte ich früh viel mehr ein Empfinden für das Äußere um mich herum als für mich. Es kam bei mir überhaupt kein Gefühl auf für mögliche eigene Talente oder Fähigkeiten. Bei uns gab es alle möglichen Idealbilder und Traditionen, die hochgehalten und für alle Familienmitglieder, unabhängig von ihren Vorlieben und Neigungen, gleichermaßen vorgegeben wurden.

Die Frage nach meiner Berufung stellte sich mir gar nicht. Ich funktionierte als Teil des Systems. Und wenn ich lebendig werden wollte, dann musste ich mich von diesem System entfernen. Auf unbewusster Ebene boykottierte ich daher auf meinem Weg ins Berufsleben alles, was in meiner Familie erstrebenswert schien. Ich schlug keine akademische Laufbahn ein, wie mein Vater und alle meine Brüder vor mir. Im Gegenteil: Ich vermasselte unbewusst mein Abitur nach Leibeskräften, um einen anderen, einen eigenen Weg gehen zu können.

Meine Vorbilder suchte ich mir heimlich außerhalb meiner Familie. Und so kam es, dass ich quasi am anderen Ende der beruflichen Vorstellungswelt meiner Familie landete – in der Modebranche. Dort hatte ich dann zum ersten Mal die Möglichkeit, mich frei mit meinen Kräften auszutoben. Ich war wie ein Rennpferd, das man endlich aus der Box gelassen hatte. Und so verlief mein Leben fortan auf der Überholspur.

Dass ich damit doch wieder in einer Falle gelandet war, merkte ich erst viele Jahre später. Dass ich immer noch nicht spürte, was eigentlich meins ist. Dass ich immer noch keinen Raum hatte, mich nach meinen Talenten und Bedürfnissen zu fragen, das merkte ich erst einmal nicht. Ich war einfach immer im vollen Galopp, in der Hoffnung, endlich mein, wenn auch immer noch imaginäres, Ziel zu erreichen.

Erst meine Kündigung zwang mich zum Anhalten und dazu, mich endlich selbst zu spüren. Erst während der Jahre danach lernte ich Stück für Stück kennen, was schon so lange in mir darauf wartete, ins Leben gebracht zu werden. Bis heute bin ich immer wieder überrascht, oft unbeholfen, manchmal ängstlich mit der Entdeckungsreise in die lange unerforschte Welt meiner Talente, Fähigkeiten und Sehnsüchte beschäftigt.

Das Geschenk dieses späten Kontakts mit meiner Berufung ist zum einen, dass ich heute weiß, dass es nie zu spät ist für diesen Weg – egal, wie weit man von ihm abgekommen ist. Zum anderen weiß ich, wie faszinierend ein Neubeginn – auch bei null – sein und welches Abenteuer einem auch in späteren Jahren noch bevorstehen kann. Und schließlich kann ich dieses Erblühen in meinem Leben bewusster genießen, als ich es in frühen Jahren gekonnt hätte. Ich bin einfach dankbar. Und ich weiß, dass das Leben für jeden so eine Möglichkeit bereithält, egal, in welcher Phase seines Lebens er sich befindet.

Die, die ihren Ruf sehr früh schon gehört haben, gehen nicht selten gezwungenermaßen den entgegengesetzten Weg. Sie hören zwar ihr Herz, geben ihm auch Ausdruck, aber stoßen dafür oft von Kindesbeinen an schon auf Unverständnis, werden demotiviert oder sanktioniert. Sie irren durchs Leben auf der Suche nach Gleichgesinnten und fühlen sich doch immer wieder fremd. Oft verstehen sie sich selbst nicht in dem, was sie antreibt, und fühlen sich manchmal regelrecht fremdbestimmt. So gerne würden sie doch einfach dazugehören. Aber dann landen sie wieder in dem Zwiespalt: Folge ich meinem Herzen oder den anderen?

156 ∞ *Das Geschenk der Wirtschaftskrise*

Ganz egal, ob jemand für seine Träume ganz offensichtlich erkennbar gegen die gegebenen, vielleicht beengenden Strukturen seiner Familie oder die vorherrschenden, gesellschaftlichen Strömungen rebelliert. Oder ob er sich anpasst und sein Wesen, seine Talente und seine innere Stimme einfach ins Unbewusste verbannt – jeder Mensch möchte dazugehören und sehnt sich nach Sicherheit und Verbindung. Unterschwellig ist es diese Sehnsucht, die uns in unserem Leben in all unserer Aktivität antreibt und uns oft im Laufe der Jahre so weit von uns, unserer Individualität, unseren Sehnsüchten, Träumen und Talenten entfernt.

Sie bringt uns dazu, dass wir uns eines Tages so sehr verleugnen, dass wir selbst nicht mehr wissen, wer wir sind. Wir leiden unter Amnesie und funktionieren, bis der Schmerz dieser Entfremdung unerträglich ist. Dann gibt es nur einen Weg – den Weg zurück. Dann müssen wir bereit sein, auf den Spuren unseres Lebens zurück oder – je nach Perspektive – nach innen zu gehen, bis wir herausfinden, wann und wie wir uns aufgegeben und unsere Fähigkeiten und Talente begraben haben. Welche unbewussten Ängste und Programme uns von unserem eigenen Weg abhalten und wie sehr wir trotz äußerlicher Kraft und Selbstständigkeit noch immer bedürftig nach Anerkennung und Annahme streben.

Wer die Reise in die eigene Unterwelt bereitwillig und mutig antritt, wird entdecken, dass dort jenseits aller Anstrengungen ein unerschöpfliches Reservoir an lebendigen Gefühlen, Kräften und Talenten schlummert. Er erkennt, dass es auf dem Weg zu authentischem Erfolg vor allem darum geht, all diese Energien wieder zuzulassen. Und er wird überrascht sein, wie lebendig all diese Kräfte in unserem inneren, selbst gezimmerten Gefängnis auf Befreiung warten.

Beruf oder Berufung? ∞ 157

Wenn wir hier und heute wieder zu unserer Lebensfreude und unserem Erfolg finden wollen, dann ist es wichtig, wieder ins Bewusstsein zurückzuholen, was im Ursprung in uns aktiv war. Wenn wir nicht mehr wissen, was unsere Berufung ist; wenn wir sie verdrängt haben oder vor ihr weggelaufen sind, dann irren wir umher und suchen irgendwo außen – und damit immer an der falschen Stelle – nach den Ursachen für unsere Krise.

Wenn wir schon früh keine Resonanz im Außen für unsere Gefühle und Sehnsüchte, für unsere Wesensart und unsere Talente bekommen haben, dann verlieren wir langsam, schleichend das Vertrauen in unsere innersten Regungen. Irgendwann wird unser Kontakt zu unserem Gefühl, unseren Intuitionen und Regungen dann schwächer. Wir sind zu sehr im Außen und können nicht mehr richtig wahrnehmen, was wir fühlen, brauchen und wollen.

Eine schleichende Amnesie beginnt oft schon in den Kindertagen, weil die anderen, mit denen wir unmittelbar zu tun haben, uns kein erlebbares Feedback geben oder uns signalisieren, dass unsere Gefühle nicht richtig sind. Im Laufe unseres weiteren Lebens vergessen wir dann irgendwann, wer wir einmal waren. Dafür sind wir jetzt angepasst und können funktionieren wie alle anderen, von denen wir uns Anerkennung und Nähe wünschen. Nur innerlich fühlen wir uns mit der Zeit immer toter, und unsere Herzen werden taub.

Später, nach vielen Irrwegen auf der Suche nach Anerkennung und ausreichender beruflicher Erfahrung, wartet dann nicht der so lang ersehnte berufliche Erfolg, sondern die ernüchternde Erkenntnis, dass die anderen, denen wir uns angepasst haben, auch nur funktionieren; sich genauso tot und verloren fühlen wie wir. Dass ihre Herzen längst genauso taub sind wie die unseren. Dass wir alle dem gleichen Trugschluss erlegen sind, dass es dort draußen jemanden gäbe, der besser Bescheid wüsste als wir selbst und dem es sich anzupassen gälte.

Ehe wir uns versehen, haben die, deren Vorbild wir gefolgt sind, ein Burn-out, erliegen einem Herzinfarkt, stehen privat vor einem Scherbenhaufen oder vor dem beruflichen Aus; haben wir uns alle zusammen verloren in unserer Suche nach Befriedigung, Macht und Anerkennung; sind wir alle den imaginären Zielen anderer statt dem eigenen Ruf gefolgt; befinden wir uns alle gemeinsam plötzlich in einer globalen Wirtschaftskrise.

10. Kapitel

MEHR ANGST VOR DER ARBEIT ODER VOR DER ARBEITSLOSIGKEIT?

»Heute nehme ich täglich fünf Beruhigungstabletten. Dazu hat mein Arzt ein Antidepressivum verschrieben. Wenn ich mal nichts nehme, bin ich sofort gereizt, kann mich nicht mehr konzentrieren. Klar würde ich gerne aufhören. Aber ich habe ständigen Zeitdruck. Siebzig Wochenstunden sind die Regel. Urlaub gibt es nur fünfzehn Tage. Kündigen möchte ich auch nicht – ich mag das Gefühl, mit am großen Rad zu drehen. Von den dreißig Leuten in unserer Kanzlei nehmen übrigens zwanzig Beruhigungsmittel. Die restlichen zehn trinken.« Das ist die Angstgeschichte hinter der Erfolgsgeschichte eines achtundfünfzigjährigen promovierten Wirtschaftsjuristen.

Immer mehr Menschen nehmen regelmäßig Psychopharmaka. Die Gesamtmenge ärztlich verordneter Präparate ist in den letzten zehn Jahren um über fünfzig Prozent gestiegen. Bei nur einem Zehntel der Betroffenen liegt eine psychische Erkrankung vor. Die überwältigende Mehrheit nimmt die Medikamente, um weiter in ihrem Alltags- und Berufsleben funktionieren zu können. Mittlerweile gehen wir davon aus, dass bis zu sechzig Prozent aller versäumten Arbeitstage auf Stress zurückzuführen sind.

160 ∞ *Das Geschenk der Wirtschaftskrise*

Im Gesundheitsreport 2009 der Deutschen Angestellten-Krankenkasse ist zu lesen, dass vierzig Prozent aller Beschäftigten fast täglich Psychopharmaka schlucken. Männer neigen dabei zu Mitteln zur Leistungssteigerung, und Frauen nehmen vor allem Antidepressiva. Experten wie der Stressforscher Prof. Michael Kastner fürchten, dass »das 21. Jahrhundert das der Depressionen und Erschöpfungssyndrome sein wird«. Im Jahr 2020 soll die Depression sogar die Volkskrankheit Nummer eins werden, nachdem bereits jetzt einundzwanzig Millionen Menschen in Europa zeitweilig depressiv sind. Tendenz steigend.

»Dem ersten Auftreten einer Depression geht immer größerer Stress voraus. Gelingt es der Person nicht, diesen zu bewältigen, bricht die Seele schlicht zusammen«, sagt Isabella Heuser, die Direktorin der Klinik für Psychiatrie und Psychotherapie an der Charité in Berlin. Allerorts scheinen in den Büros, in den Produktionshallen, Geschäften und Werkstätten die Seelen zusammenzubrechen, wenn man diesen Statistiken glauben will. Wir sind also nicht alleine mit unserer Krise. All die anderen scheinen auch nicht mehr länger gegen ihre Versagensängste, gegen die permanente Überforderung und den Dauerdruck ankämpfen zu können.

Egal, wie hoch die Dosis ist, mit der wir uns betäuben, innerlich bleiben wir wehrlos den Spannungen und tief verwurzelten Versagensängsten ausgeliefert, die unser psychisches System verkapselt festhält und bei der ersten Lücke im Kontrollsystem hochschwappen lässt. »Am Abend vor meinem ersten mündlichen Staatsexamen habe ich vor Angst gezittert. Ein Arzt aus meiner Studentenverbindung gab mir Valium. Da konnte ich wunderbar schlafen. Als ich später Vorstandssekretär bei einer großen Bank war, dachte ich jedes

Mehr Angst vor der Arbeit oder vor der Arbeitslosigkeit? ∞ 161

Mal, wenn ich vor dem Vorstand ein Referat halten sollte: Ich schaffe es nicht. Ich habe mir gleich eine ganze Packung Valium verschreiben lassen – und immer mehr geschluckt: dreißig Tabletten in der Woche. Alles ging plötzlich viel leichter. Nichts erschien mehr problematisch.«

So begann der Wirtschaftsjurist sich von seinen Ängsten – aber damit auch von seiner wahren Identität, seinen Gefühlen, seiner Sensibilität und vom eigenen Einfluss – zu entfernen und stattdessen in einen Nebel aus Macht-Fata-Morganen zu entschweben. Unterschwellig warten die Ängste, Spannungen und Wertlosigkeitsgefühle allerdings noch immer auf ihn. »Nach drei Jahren hatte ich eines Abends keine Tabletten mehr und habe die ganze Nacht kein Auge zugetan. Da wurde mir klar: Jetzt bist du drauf. Es hat dann aber noch mal zwei Jahre gedauert, bis mich ein Arzt in eine Suchtklinik eingewiesen hat. Drei Jahre war ich clean, bis zu einer besonders stressigen Dienstreise nach Schanghai. Schon im Flugzeug habe ich wieder eine Pille geschluckt.«

Solange wir uns unserem wahren Wesen, unserem eigenen Tempo, unseren Gefühlen und unserer Verletzlichkeit nicht wieder zuwenden und unser Leben dementsprechend ändern, bleiben wir im Suchtkreislauf gefangen und werden weiter ohnmächtig ferngesteuert – egal, wie dicht wir die Nebeldecke halten.

Unterschwellig wirken alte Ängste und Ansprüche weiter; üben einstige Prägungen erbarmungslos Leistungsdruck auf uns aus. Verborgen vor unserem Bewusstsein, fühlen wir uns immer noch hilflos und den Anforderungen nicht gewachsen.

Stellen Sie sich vor, welche Kraft der Jurist und seine Kollegen jenseits ihrer faktischen und fachlichen Kompetenzen in diese Welt bringen, wenn es stimmt, dass wir immer nur geben können, was wir selbst haben? Unter dem Jackett, jenseits der Paragrafen und hinter der beruhigenden Nebelwand hat er Angst, fühlt sich unsicher und den Herausforderungen des Lebens nicht gewachsen. Das sind die Kräfte, die in all sein Tun mit einfließen: maskierte Angst und betäubte Gefühle. Dieser Mix ist wie ein unsichtbarer Faden in all seine Entscheidungen und Handlungen mit eingewoben; wird wie ein unsichtbares Grippevirus unbewusst an seine Klienten weitergegeben und fließt somit ein in den großen Fluss unserer Wirtschaft.

Wenn Sie sich vorstellen, dass vierzig Prozent aller Beschäftigten Psychopharmaka nehmen, dann können Sie sich vorstellen, wo überall Angst und Betäubung unsichtbar Denken und Handeln mitbestimmen. All die Ärzte, Lehrer und Geschäftsleute, die unter Selbstnarkose andere versorgen, lehren und lenken. Wie wenig Kraft und wie viel Angst und Hoffnungslosigkeit wohl in Wahrheit unter all den Masken des Wissens, des Erfolgs und des Wachstums in die Wirtschaft und unsere Welt einfließen? Da ist die aktuelle Wirtschaftskrise nur die äußere Widerspiegelung der tiefen inneren Erschöpfung. Da verstärkt eins das andere. Da wird im Individuellen wie im Globalen immer mehr Angst mit immer mehr Betäubung begegnet, bis das System kollabiert.

Und was ist, wenn diese Menschen alle nach getaner Arbeit nach Hause zu ihren Familien kommen? Was können sie dort noch geben? Wie viel echten Kontakt können sie noch zulassen? Was für einen Umgang mit dem Leben können sie glaubhaft ihren Kindern vermitteln, während sie tagein, tagaus auf der Flucht vor sich selbst sind? Spätestens hier wird deutlich, dass es für uns alle überlebenswichtig ist, dass dieses alte System gerade individuell wie kollektiv zusammenbricht und wir

Mehr Angst vor der Arbeit oder vor der Arbeitslosigkeit? ∞ 163

dadurch abrupt und manchmal auch schmerzhaft aus der Betäubung aufwachen.

Es fühlt sich erst einmal wie Entzug an. Aber dann... Was wir, immer auf der Flucht vor uns selbst, in diesem weggetretenen Zustand nicht ahnten: Unterhalb der Wolkendecke warten nicht nur all die bedrohlichen Gefühle auf uns. Dort kommen wir auch wieder in Kontakt mit unserem eigentlichen Wesen, das sich nicht nach Kompensation und dem Gefühl, am großen Rad zu drehen, sehnt, sondern nach Ankommen bei uns, bei einem Partner, bei den Kindern und zu Hause. Dort finden wir die Gaben und Wegweiser, die uns helfen, diesen Zustand wieder lebendig und ohne Betäubung erleben zu können.

Falls an dieser Stelle viele Frauen jetzt die ganze Männerwelt vor ihrem inneren Auge Revue passieren lassen und denken: Genau! Die Männer müssen endlich dem ganzen Wahnsinn ein Ende bereiten. Auch die Frauen stehen heutzutage nicht nur ihren Mann, sondern oft auch mitten drin in dem Verdrängungsdilemma, das sie bei den Männern meist klarer diagnostizieren können als bei sich selbst. Die weibliche Flucht ist lediglich subtiler.

Frauen greifen nicht zu leistungssteigernden Mitteln. Sie sind nicht so gefährdet, dem Größer-schneller-weiter-Wahn zu verfallen. Laut Statistik bevorzugen berufstätige Frauen als Fluchthelfer Antidepressiva. Viele Frauen machen sich selbst vor, dass ein Leben für Unabhängigkeit und Karriere glücklich macht. In Zeiten der Emanzipation und Postemanzipation beweisen sie sich, der Gesellschaft, ihren Freundinnen und ihren oft angepassten Müttern, dass sie alles nicht nur selbst, sondern auch besser als die Männer auf die Reihe kriegen. Scheinbar leben sie endlich das selbstbestimmte Leben, das die

Frauen in den Generationen davor sich nicht trauten. Aber auf diesem Weg haben sich viele Frauen genauso in eine traurige Einsamkeit und in die Verhärtung manövriert wie die Männer.

Egal ob Männer oder Frauen – ein wichtiger Schritt auf dem Weg zurück ist es, sich einzugestehen, dass wir in Wahrheit jenseits unserer funktionstüchtigen Fassaden keinerlei sichere Navigationshilfen mehr haben.

Für immer mehr Menschen ist es höchste Zeit, sich endlich die Ohnmacht und den Schmerz darüber einzugestehen, dass wir den Kontakt zu uns selbst verloren haben, unseren eigenen Ruf nicht mehr hören, nicht mehr gut für unsere tatsächlichen Bedürfnisse sorgen und unsere Talente nicht mehr spüren und leben können. Nur dann können wir endlich aufhören, aus einer unbewussten Wunde heraus zu agieren; zu hetzen, weiterzurennen und immer neue Dinge zu tun, von denen wir glauben, dass sie uns Ruhe, Sicherheit und Anerkennung bringen könnten. Die uns aber stattdessen nur von der Wunde wegführen, die es eigentlich endlich zu heilen gilt und unter der all unsere Kräfte und die natürliche Navigation verborgen liegen, die uns wieder aus der Sackgasse führen können.

Ich (Eva) kenne die Angst des Wirtschaftsjuristen gut. Solange ich denken konnte, fühlte ich mich zwar immer sicher im Vieraugengespräch – egal mit wem, welchen Ranges und welcher Bedeutung. Aber ich musste wahre Albträume erleben, wenn es um mündliche Prüfungen und öffentliches Reden ging. Ich konnte in einer größeren Vorstellungsrunde nicht meinen Namen sagen, ohne dabei nach Luft zu ringen. Sollte ich vor mehreren Menschen auch nur ein paar nette Worte zum Geburtstag sagen, bekam ich Schweißausbrüche,

Mehr Angst vor der Arbeit oder vor der Arbeitslosigkeit? ∞ 165

zitternde Hände. Nur mit Stocken und unter Atemnot konnte ich die wenigen Sätze hervorpressen.

Ich entwickelte immer neue Strategien, damit niemand meine Angst sehen konnte. Aber alle Versuche waren vergeblich. Meine Karriere als Hörfunkjournalistin musste ich abbrechen, weil in einer Livesendung mit mir mehr als einmal Musik eingespielt werden musste, da ich plötzlich vor Aufregung nicht weiterreden, sondern nur noch zitternd nach Luft ringen konnte. In den Nächten vor solchen Auftritten habe ich nie ein Auge zugetan. Als Managerin unternahm ich meinen letzten Anlauf, indem ich mich perfekt vorbereitete und mit allen erdenklichen Flipcharts als Stütze versorgte.

Ich nahm Sprechunterricht, besuchte Redetrainings, ging zum Logopäden. Die unkontrollierbare Angst blieb. So nahm ich zwar keine Beruhigungstabletten, machte mich aber dafür einfach aus dem Staub. Ich vermied fortan alles, was mit Reden zu tun hatte, und wurde in meinen Vermeidungsstrategien und Ausreden immer virtuoser. Bis ich mir selbst völlig unabsichtlich den Fluchtweg versperrte. Ich hatte das erste *Liebe dich selbst*-Buch in meiner geschützten Einsiedelei geschrieben. Das schien mir sicher und weit genug weg von jeder Öffentlichkeit, die mit Reden zu tun haben könnte. Nie hatte ich dabei an Lesungen gedacht.

Als ich nach Jahren des Schweigens nach der Veröffentlichung dieses Buches auf einmal damit konfrontiert wurde, über meine Thesen vor Publikum zu reden, da packte mich die nackte Panik. Ich rang mit mir, und alle Fluchtmechanismen von einst waren sofort wieder da. Meine Angst hatte tatsächlich all die Jahre einfach nur in einer Art Halbschlaf darauf gewartet, bei der nächstmöglichen Gelegenheit wieder auf den Plan zu treten.

Damit hatte ich nicht gerechnet. Aber diesmal gab es eine adäquate Gegenkraft zu meiner Angst vor Publikum – nämlich meine Leidenschaft, diesem Publikum etwas zu geben. Diesmal musste ich nicht in irgendetwas gut sein. Ich fühlte mich auch nicht verpflichtet, etwas sagen zu müssen. Ich hatte eine Botschaft, die ich gerne an andere Menschen weitergeben wollte. Diesmal hatte ich das Gefühl, ich müsste etwas sagen. Allerdings nicht, weil es meine Karriere, mein Chef, die Gepflogenheiten oder mein Ehrgeiz von mir forderten. Diesmal wollte mein Herz unbedingt etwas mit anderen teilen.

Also sagte ich meiner Friseurin zu, als sie mich bat, doch bitte vor einigen Kundinnen über mein erstes *Liebe dich selbst*-Buch zu reden. Sie mögen vielleicht schmunzeln bei der Vorstellung: zwanzig Frauen im Friseursalon. Aber meine alte Angst zeigte sich auch in diesem überschaubaren Rahmen in unveränderter Stärke: schlaflose Nacht, Schweißränder unter den Armen, Zittern in der Stimme und Atemnot.

Nur diesmal blieb ich inmitten der inneren Attacke einfach stehen, während innerlich etwas gegen den verschlossenen Kehlkopf drückte und sich an den zitternden Stimmbändern den Weg entlang nach draußen suchte. Ich wollte den Frauen Hoffnung machen, dass es einen Ausweg für ihre in der Sackgasse angekommenen Beziehungen gäbe. Das war stärker. Der Schweiß lief, der Atem stockte, der Puls schlug im Hals. Aber ich redete trotzdem, und die Scham wurde tatsächlich langsam schwächer. Ich sagte einfach, dass ich Angst vor dem Reden vor Leuten hätte. Und dann erzählte ich weiter von dem, woran ich so sehr glaubte.

Auf diese Art und Weise hangelte ich mich von einer Publikumsherausforderung zur nächsten. Die Veranstaltungen wurden immer größer und meine Symptome langsam kleiner.

Mehr Angst vor der Arbeit oder vor der Arbeitslosigkeit? ∞ 167

Heute ist meine Stimme keine unüberwindbare Mauer mehr, sondern ein präziser Indikator für meine inneren Gefühle. Ich rede heutzutage einfach so, ohne jegliche Hilfsmittel, vor vielen Hundert Menschen und bin ich selbst. Das Bedürfnis, meine Vision zu teilen, war irgendwann stärker als meine Angst vor dem Urteil anderer. Ich sage nicht, dass dieser Weg für mich leicht war. Anfangs war es die reine Hölle, und auch heute muss ich mich immer wieder neu bereit erklären, mich relativ nackt zu zeigen, ohne zu wissen, was passiert. Aber heute kann ich sehen, dass meine Angst mich an einen Platz gezwungen hat, an dem ich endlich echt sein kann.

Heute bin ich dafür dankbar. Heute bin ich froh, dass ich mich nicht an Charts oder an vorgefertigten Texten festhalten muss. Dass ich nicht mehr über Themen reden muss, die scheinbar wichtig sind, aber nichts mit mir zu tun haben. Heute rede ich von Herzen und darf mich dabei zeigen – ganz ohne Beruhigungstabletten. Ich muss nichts von mir beruhigen oder im Zaum halten. Wenn ich mal unsicher oder emotional berührt bin, dann kann ich auch das zeigen und darüber reden.

Vielleicht hatten Sie solche Probleme nie. Haben all die Jahre frei von der Leber weg reden können. Haben sich ohne nennenswerte Beschwerden etwas aufgebaut. Vielleicht drehen Sie mittlerweile ein großes Rad oder steuern ein großes Schiff – führen viele Mitarbeiter oder haben Ihre eigene Firma. Sind immer aufs Neue damit beschäftigt, aufzubauen, zu verbessern, zu stabilisieren. Sie investieren Geld, Verantwortung und Pflichtbewusstsein. Machen eigentlich Ihrer Meinung nach alles richtig. Aber wie aus heiterem Himmel fruchtet und befriedigt das alles nicht mehr. Auf einmal kommen Ihre Kräfte nicht mehr hinterher, greifen Ihre Abwehr- und Beruhigungsstrategien nicht mehr. Wenn Sie vielleicht sogar auf einmal in die Depression schlittern und von Angst und Schlaflosigkeit geplagt werden, dann können Sie sich sicher sein, dass Sie zu viel von etwas geben, was Sie selbst ganz dringend benötigen. Dann kompensieren Sie das eigene Bedürfnis nach Unterstützung, nach Wachstum und danach, dass jemand Ihnen Kraft gibt und sich vertrauensvoll um Sie kümmert. Dann verbergen Sie die eigene Bedürftigkeit hinter all Ihren großen Taten.

Dann sind auch Sie aufgefordert, sich die eigene Überforderung und tatsächliche Hilflosigkeit einzugestehen, die all die Jahre hinter all Ihrem Schaffen und Aktivismus verborgen lagen. Dieses Eingestehen ist nicht angenehm. Es führt auch nur selten dazu, dass sich das Leben über Nacht ändert. Aber Sie können dann endlich wieder klar sehen und sich auch auf einen Teil stützen, der nach innen verbunden ist. Sie können den alten Kreislauf in seiner Dynamik erkennen, statt weiter sein Opfer zu sein.

Wenn Sie an diesem Punkt bewusst bleiben, wird sich Ihnen langsam eröffnen, wie wahnsinnig der Kreislauf ist, in dem die allermeisten von uns mittlerweile gefangen sind. Dass wir alle das, was wir tun, nur scheinbar tun, weil wir im Außen von unserem Chef, unserer Firma oder vom Druck, der von der Krise ausgeht, dazu gezwungen werden.

Wenn Sie ehrlich mit sich bleiben, werden Sie erkennen, dass wir das alles aus Angst tun.

So viele Produkte, die wir als Konsumenten kaufen, kaufen wir nicht aus Freude, sondern einzig aus dem Bedürfnis, dass sie uns aufwerten, dass sie uns Prestige geben, dass sie unser äußeres Bild verbessern. Dahinter steckt die Angst, nicht genug zu sein. Und so vieles, was wir beruflich tun, tun wir nicht

Mehr Angst vor der Arbeit oder vor der Arbeitslosigkeit? ∞ 169

aus Freude, sondern aus einem Druck heraus, der uns glauben macht, wir müssten etwas erreichen, damit wir anerkannt werden und besser sind als die anderen, mit denen wir konkurrieren. Auch dahinter steckt die Angst, dass wir nicht gut genug sind.

Das ist das, was der Indianer wahrnehmen konnte. Das sind die beiden ver-rückten Pole unseres Wirtschaftssystems. Menschen, die aus Angst arbeiten. Und Menschen, die aus Angst konsumieren. Hat es dann nicht einen Sinn, dass dieses System gerade auseinanderbricht? Hat es nicht einen Sinn, dass Sie nicht mehr weiter so arbeiten können, weil Ihnen die Kraft ausgeht? Hat es nicht einen Sinn, dass Sie nicht weiter so konsumieren können, weil Ihnen das Geld ausgeht? Hat es nicht einen Sinn, dass Sie durch all das gezwungen sind, sich zu fragen: Was braucht mein Herz, was mein Körper, was mein Partner und meine Kinder? Was braucht diese Erde, und was kann ich dazu beitragen?

11. Kapitel

UNSERE GRÖSSTE ANGST IST DIE VOR DEM ERFOLG

Wissen Sie eigentlich, welche Kraft in Ihnen darauf wartet, ins Leben gebracht zu werden? Eine meiner (Eva) bewegendsten Lebenserfahrungen war die, als ich Nelson Mandela am Tag nach seiner Freilassung live in Südafrika erleben dufte. Bis dahin hatte er fast dreißig Jahre in einer Zelle hinter Gefängnismauern verbracht, war gefoltert und in Isolationshaft gesteckt worden und hatte viele Freunde und Familienmitglieder im Kampf gegen die Apartheid verloren. Was sollte dieser Mann schon noch ausstrahlen, wenn er nach mehreren Jahrzehnten hinter Gittern zum ersten Mal wieder in die Öffentlichkeit treten würde? Bei aller Faszination um seinen Mythos – aber der reale Mensch Mandela könnte doch nur noch ein gebrochenes Wesen sein.

Zusammen mit 120 000 Menschen, vor allem schwarzen Südafrikanern, wartete ich stundenlang im Fußballstadion von Soweto darauf, dass der echte Nelson Mandela aus Fleisch und Blut zu seinem Volk und der Welt sprechen würde. Ich saß ganz oben auf den letzten Rängen, als endlich irgendwann unten auf dem Fußballfeld aus einem unterirdischen Aufgang ein winzig kleiner, schwarzer Mann erschien und an einem bescheidenen Rednerpult seinen Platz einnahm.

Unsere größte Angst ist die vor dem Erfolg ∞ 171

Ich konnte von meinem Platz aus nichts wirklich erkennen. Ich konnte nur präsent sein und dem Klang seiner Stimme und seinen Worten über Lautsprecher lauschen. Da stand kein gebrochener Häftling. Da stand ein Mann, der innerhalb weniger Sekunden ein ganzes Fußballstadion elektrisierte. Von ihm gingen eine Kraft und eine Hoffnung aus, die mit rationalen Erklärungen nicht zu beschreiben wären. Dieser Mann war ohne jeden Zweifel von einer so kraftvollen Vision getragen, die ihn auch Jahrzehnte von Gefängnis und Folter in der Seele unbeschadet überstehen ließ. Dieser Mann hatte seine Berufung nie aus den Augen verloren und nie seinen Glauben an die Menschen in ihrer Vollkommenheit und grenzenlosen Kraft. Aus diesem Mann wurde vier Jahre später der erste schwarze Präsident Südafrikas. Was war das Geheimnis von Nelson Mandela? Das, was für mich damals im Stadion von Soweto nur spürbar war; das Wesen der unbegrenzten inneren Kraft und Liebe, die ihn geführt und getragen hat, beschreibt ein kleiner Text, von dem ich immer glaubte, er sei von ihm selbst:

Unsere Angst ist, dass wir stark sind

Unsere größte Angst ist nicht die, dass wir unzulänglich sind.
Unsere größte Angst ist die, dass wir über die Maßen machtvoll sind.
Es ist unser Licht, nicht unsere Dunkelheit, das uns am meisten erschreckt.
Wir fragen uns: Wer bin ich denn, dass ich brillant, großartig und fabelhaft sein sollte?
Aber wer sind Sie denn, dass Sie es *nicht* sein sollten?

Sie sind ein Kind Gottes.
Wenn Sie sich kleinmachen, dient das der Welt nicht.
Es hat nichts von Erleuchtung an sich, wenn Sie sich
so schrumpfen lassen, dass andere Leute sich nicht
mehr durch Sie verunsichert fühlen.
Wir sollen alle so leuchten wie die Kinder.
Wir sind dazu geboren, die Herrlichkeit Gottes in uns
zu manifestieren. Sie existiert in allen von uns, nicht
nur in ein paar Menschen.
Und wenn wir unser eigenes Licht leuchten lassen,
erlauben wir auch unbewusst anderen Menschen,
das Gleiche zu tun.
Wenn wir von unserer eigenen Furcht befreit sind,
befreit unsere Gegenwart automatisch auch andere.

Marianne Williamson

Tatsächlich wird die Urheberschaft dieser Worte allerorts von den Menschen und den Medien seit Jahren Nelson Mandela zugesprochen. Vielleicht deshalb, weil wir seinem Inneren Worte geben möchten; so gerne fassen möchten, was so unfassbar an der Lebens- und Leidensgeschichte dieses Menschen erscheint. Aber der Text war nie Teil seiner Amtsantrittsrede, wie in vielen Quellen behauptet wird. Er stammt von der spirituellen Lehrerin Marianne Williamson, die ebenfalls eine herausfordernde Lebensgeschichte voller Hindernisse, Schmerz und Widerstand hatte. Sie ist an dem Tiefpunkt ihres Lebens auf die universellen Lehren des *Kurs in Wundern* gestoßen. Der Kurs hat sie gelehrt, dass im Kern eines jeden die gleichen Kräfte wie in einem Nelson Mandela wirken. Dass es nur unsere eigenen Ängste und unser Unglaube sind, die uns von diesen Kräften trennen.

Unsere größte Angst ist die vor dem Erfolg ∞ 173

Sie haben keine Angst vor Ihrer Stärke? Sie wollen den Erfolg? Wir alle haben Angst vor dem Erfolg. Ehrlich gesagt ist es eine unserer zentralsten Ängste überhaupt. Um Ihnen das deutlich zu machen, möchte ich die Geschichte von Paul erzählen, einem Mann mit einem großen Herzen.

Als ich Paul kennenlernte, erzählte er mir von seinem Traumhaus, das er für sich und seine Familie an einem paradiesischen Flecken am anderen Ende dieser Erde errichtet hatte. Als er so begeistert erzählte, entstand vor meinem inneren Auge wirklich das Bild eines Paradieses. Er liebte diesen Platz, und er hatte dort alle seine persönlichen Träume verwirklicht. So spontan und offenherzig, wie ich ihn kennengelernt hatte, lud er mich und meine Familie bald darauf ein, um uns seinen Platz zu zeigen. Und tatsächlich saßen wir einige Monate später im Flugzeug auf dem Weg in Pauls Paradies.

Ich werde den Augenblick nie vergessen, als ich zum ersten Mal auf das Haus inmitten der unglaublichsten Natur über einer wunderschönen Meeresbucht schaute: Ich war schon viel gereist und hatte schon einiges gesehen. Aber das war das Schönste, was ich je gesehen hatte. Hier waren Natur und Architektur eins. Hier gab es wilde Üppigkeit und Frieden zugleich. Und darüber hinaus sollten wir während unserer Tage im Paradies auch noch hervorragend umsorgt und köstlich bekocht werden.

Paul hätte also der glücklichste Ehemann und Vater auf Erden sein können, zumal er finanziell unabhängig war und sich sein Leben so einrichten konnte, dass er weitgehend frei entscheiden konnte, wann und wie lange er an diesem Platz verweilen wollte. Trotzdem hat die Geschichte, so märchenhaft sie auch begann, leider kein Happy End.

Wie sich bald herausstellte, war das Paradies da, wir waren da, nur Paul war nie da. Er verließ morgens früh das Haus und kam meist erst abends wieder. Er hatte immer Besorgungen zu machen oder irgendwelchen Verpflichtungen im Ort nachzukommen. Er war immer unruhig und geschäftig. Und selbst wenn er einmal da war, kam er nie zur Ruhe. Geschweige denn, dass er ausgiebig von der Stille und Schönheit dieses Fleckchens Erde gekostet hätte oder ausgelassen durch den Pool geplanscht wäre. Irgendwann wurde deutlich, dass er oft trank, kaum dass er das Haus verlassen hatte, als ob er sich mitten im Paradies den Blick vernebeln müsste vor dessen Schönheit. Seine Frau war über all das sehr unglücklich. Und wir bald mit.

Pauls Geschichte hat mir unser inneres System in Sachen Annehmen von Erfolg sehr plastisch deutlich gemacht. Paul war im Gegensatz zu vielen anderen Menschen mit großem Wohlstand gesegnet und hatte sein Traumhaus im Paradies verwirklicht. Aber sein Inneres war nicht mitgewachsen. Er konnte diese Geschenke nicht genießen und sich nicht erlauben, all das wirklich innerlich anzunehmen. Er wusste nicht, wie er so viel Schönheit und Umsorgtwerden überhaupt aushalten sollte. Er konnte sich nicht den großen und kleinen Vergnügungen hingeben, die dieser Platz für ihn bereithielt. Er musste regelrecht vor dem Erfolg und der Erfüllung seiner Träume flüchten. Er hatte nicht das Empfinden, von dieser Welt wirklich gebraucht zu werden und für etwas Sinnerfüllendes da zu sein.

Ich könnte Ihnen noch Dutzende anderer Geschichten erzählen, die alle nach dem gleichen Muster verlaufen. Ein Traum erfüllt sich, und wir müssen ihn entweder vermasseln, kleinmachen oder dürfen ihn nicht annehmen. Kennen Sie

Unsere größte Angst ist die vor dem Erfolg

nicht auch Menschen, die sich nie zu laut freuen dürfen? Die immer wieder etwas aufbauen und es dann scheinbar zwanghaft wieder zerstören müssen? Menschen, die im Urlaub nichts genießen können und sich die Freuden des Lebens verbieten, als ob sie sie nicht verdient hätten. Die ihren Sportwagen hinter der nächsten Ecke parken, wenn es ums Geschäft geht? So viele Männer träumen davon, einmal einen Porsche zu fahren. Aber schon mehrmals saßen Männer in meiner Praxis und gestanden mir, dass sie sich diesen Traum zwar nun endlich erfüllt hätten. Dass sie aber nicht wollten, dass andere davon erführen und den Porsche immer nur dann fahren würden, wenn es keiner sehen könne.

Das alles ist die versteckte Angst vor dem Erfolg, die in den meisten von uns schlummert.

Wir mühen uns ab, um zu erreichen, wovon wir träumen, und wenn der Erfolg sich einstellt, haben wir Angst, von den anderen deshalb ausgeschlossen zu werden. Dann ist ein Teil in uns genauso angestrengt damit beschäftigt, vor dem Erfolg wegzulaufen oder seine Früchte zu verstecken. Hier sind die unbewussten Kräfte in uns am Werk, denen wir weder mit Ackern und Schaffen noch mit Rennen und Hetzen entkommen können.

Wenn Sie wirklichen, genussvollen Erfolg haben und die Früchte Ihrer Arbeit endlich annehmen wollen, dann wird Ihnen keine äußere Aktivität weiterhelfen können. Auch hier geht es darum, erst einmal Ihre unbewussten Erfolgssaboteure – die vielen Angst-, Schuld- und Wertlosigkeitsgefühle – etwas besser kennenzulernen. Zu merken, dass oft, wenn es eigentlich gerade nett werden könnte, ein Gefühl auftaucht, das sich wie eine angezogene Handbremse anfühlt. Endlich einfach nur genießen? Das darf ich auf keinen Fall!

176 ∞ *Das Geschenk der Wirtschaftskrise*

Das Handbremsengefühl ist so, als ob wir auf Schritt und Tritt von einem Richter beobachtet würden, der sagt: So viel Spaß? So viel Glück? So viel Geld? Das darfst du nicht! Das steht dir nicht zu! Was ist mit den anderen? Manche Menschen bekommen bei wachsendem Wohlstand auch noch wachsende Angst, jemand anderes könnte ihnen alles wieder wegnehmen: Wenn ich jetzt mit meinem neuen Auto beim Kunden vorfahre, dann glaubt er, ich hätte zu viel verdient…

Wir alle tragen verschiedene Prägungen in uns, die im Kern sagen, dass die guten Menschen sich klein und unauffällig verhalten und die schlechten rücksichtslos ihre Ziele verfolgen. Wenn wir intensiv durch alle möglichen Glaubenssätze geprägt sind, die nach dem Motto »Lieber arm und glücklich…« funktionieren, dann ist reich sein und Erfolg haben absolut unerlaubt und muss boykottiert werden.

Aber es geht bei der Angst vor dem Erfolg ja nicht nur um Porsches und Traumhäuser. Es geht vor allem um unser eigenes Strahlen, unser persönliches Wachstum, unsere innere Größe, die Entfaltung unseres inneren Potenzials. Wenn es um diesen persönlichen Erfolg geht, steckt hinter unserer unbewussten Angst, ihn zu leben, im Kern fast immer unsere Angst vor dem Allein- und Ausgegrenztsein. Was ist, wenn wir jetzt unserem vertrauten Umfeld entwachsen?

Was ist, wenn ich plötzlich anders lebe als die anderen? Was ist, wenn ich nicht mehr so wie meine Kollegen Tag für Tag ins Büro gehe, sondern jetzt meinen Traum verwirkliche, völlig andere Dinge wage, meine Zeit frei einteilen kann und mehr verdiene? Was ist, wenn ich meine Eltern enttäusche, die sich doch immer erträumt haben, dass ich in Vaters Fußstapfen trete, ein sicheres Einkommen habe und gut für meine Familie sorge? Was ist, wenn ich in eine andere Stadt oder gar ein

Unsere größte Angst ist die vor dem Erfolg ∞ 177

anderes Land ziehen will, weil es mir dort besser gefällt? Wenn ich das Haus aufgeben, die Krawatte ablegen und mit einem kleinen Laden von vorne anfangen will? Wo bleibt meine Verantwortung? Was wird mein Partner dazu sagen? Was wird aus meiner Ehe?

Angesichts all dieser Fragen, bleiben viele Leute lieber, wo sie sind, und trauen sich nicht, aus den gewohnten Gleisen auszuscheren. Oft sind all diese Sorgen und Ängste uns nicht einmal klar bewusst.

Aus Angst, Beziehungen, Freundschaften und Familiensysteme zu gefährden, unterdrücken wir den Ruf aus unserem Inneren immer wieder und verbergen unsere Träume und unseren Wohlstand – um unter allen Umständen Teil der Gemeinschaft zu bleiben.

Ein weiterer Punkt, der für Vermeidung von und Angst vor Erfolg sorgt, sind unbewusste Schuld- und Wertlosigkeitsgefühle. Ein Großteil ihrer Wurzeln liegt in unseren Familiensystemen und ist meist ebenfalls jenseits unseres bewussten Zugriffs in uns verborgen. Eine innere psychische Dynamik sorgt dafür, dass wir dauerhaft nicht erfolgreicher sein dürfen als unsere Eltern. Auf einer inneren, kindlichen Ebene unseres Bewusstseins greifen frühe Prägungen: Papa und Mama müssen groß bleiben, damit sich das Kind in uns sicher fühlen kann. Wenn wir größer werden als Papa und Mama, dann sind wir verloren und alleine.

Wenn andere in unserem Familiensystem gescheitert sind, dann dürfen auch wir unbewusst das Leben nicht genießen. Wenn Eltern große Ängste in sich tragen, vor Verlust, Armut und mangelnder Sicherheit, dann ist es oft schwer, sich frei und unbekümmert auf den Weg der eigenen Verwirklichung zu begeben.

Wenn wir starke Kräfte in uns tragen, aber viele einschränkende Prägungen erfahren haben wie: Das schaffst du nicht ... das macht man nicht ... das kannst du sowieso nicht ... Dann werden wir erwachsen und gehen vielleicht in großen Schritten auf dem Weg der Karriere voran, aber alles ist mühsam, und wir können unsere Ernte nicht genießen. Auch wenn es vielleicht verrückt klingt: Aber der Grund dafür sind tief ins System eingeprägte negative Glaubenssätze, die immer wieder neu bestätigt werden wollen. Bewusst schreiten wir voran. Und unbewusst beweisen wir uns, dass wir es tatsächlich nicht schaffen, nicht können, nicht dürfen ...

Einer derartig zermürbenden Dynamik möchte natürlich niemand ausgesetzt sein. Genauso wenig möchte ein erwachsener Mensch mitten im Berufsleben all diesen herunterziehenden alten Programmen und Gefühlen ausgesetzt sein und sich bei all seinen aktuellen Bestrebungen, nach vorne zu gehen, ständig am familiären Angelhaken fühlen. Also agieren die meisten Erwachsenen in einem permanenten Verdrängungsautomatismus und leben ein Leben nach dem Motto: Wenn ich nichts fühle, leide ich nicht. Sosehr das in akuten Situationen unserer Kindertage und auch später für Linderung gesorgt haben mag, auf Dauer bildet diese Entscheidung den Grundstein für ein selbst gezimmertes Gefängnis. Wir brauchen immer mehr Kraft und Kontrolle, um alles Unangenehme vor unserem Bewusstsein fernzuhalten. Bis wir schließlich nur noch mit Hilfe von Drogen, Beruhigungsmitteln oder Antidepressiva funktionieren können, während unsere Sucht nach Erfolg, Ablenkung, Anerkennung und Konsum immer weiter wächst. Denn die Verdrängung unserer Gefühle lindert das Leiden nicht, ganz im Gegenteil: Wird sie chronisch, steigert sie den Schmerz.

Unsere größte Angst ist die vor dem Erfolg ∞ 179

Durch die dauerhafte Kontrolle und Verdrängung unserer Gefühle ist bei den allermeisten von uns die emotionale Seite unserer Persönlichkeit in ihrem Wachstum unterbrochen und gebremst. Immer mehr Menschen leben emotional in engen Grenzen mit einer erheblich eingeschränkten Fähigkeit zu fühlen. Das ist aus unserer Sicht das universelle, gesellschaftliche Problem Nummer eins. Menschen erweitern ihren Aktionsradius und ihr Wissen, trainieren ihr logisches Denkvermögen und üben ihr Gedächtnis. Andere trainieren ihren Körper, stärken ihre Muskeln und dehnen ihre Sehnen. Nur unsere Gefühlswelt wächst nicht mit.

Ganz im Gegenteil: Sie wird aus dem Wunsch nach Anpassung und Anerkennung und der Angst vor Leiden und Ausgrenzung mit allen Mitteln kleingehalten. Aber unsere Fähigkeit, Gefühle einfach ungehemmt und kraftvoll zu erleben und zu zeigen, ist die Basis unserer Empfindsamkeit im Allgemeinen.

In dem Maße, in dem wir vor emotionalen Erfahrungen zurückschrecken, versperren wir uns gleichzeitig automatisch die Tür zu unmittelbaren Erfahrungen von Glück.

Außerdem besitzen Gefühle – wenn sie sich entwickeln und in uns frei bewegen dürfen – enorme schöpferische Kraft. In dem Maße, wie wir uns unmittelbaren, emotionalen Erfahrungen verschließen, ist auch das Potenzial unserer schöpferischen Fähigkeiten blockiert.

Es ist ein – wenn auch weit verbreiteter – Irrglaube, dass unser Kopf für unseren Erfolg verantwortlich ist und Selbstdisziplin die Basis für Erfolg.

Menschen, die wirklich etwas Schöpferisches in die Welt bringen, andere motivieren und überzeugen können, haben immer auch eine starke emotionale Schubkraft.

180 ∞ *Das Geschenk der Wirtschaftskrise*

Tatsächlich hat unser Intellekt mit unserem Erfolg viel weniger zu tun, als es auf den ersten Blick scheint. Wir brauchen unsere mentalen und technischen Fertigkeiten, um die Dinge zu realisieren, die wir wollen. Aber unsere Gefühle sind der Anschub für alles und der ständige Seismograf auf dem Weg unserer Berufung, bei dem wir unseren Instinkten folgen und uns selbst vertrauen müssen. Das geht nur in dem Maße, wie unser Gefühlsleben intakt und reif ist.

Das geht nicht, wenn wir alle Gefühle, die über eine kontrollierbare, unverfängliche Mittellage hinausgehen, im besten Falle noch registrieren, aber auf keinen Fall mehr erleben wollen. Dann werden wir von ihnen zwar nicht mehr aus der Bahn geworfen, aber auch nicht mehr tiefer von ihnen berührt oder schöpferisch in Bewegung gesetzt.

Wenn unsere Gefühle nur noch auf enger Mittellage funktionieren, dann liegt das daran, dass wir sie kategorisiert und deklariert haben. Die einen sind glücklich, die anderen unglücklich. Die einen gut, die anderen schlecht. In unserem Wunsch, nicht zu leiden, wollen wir natürlich nur noch die glücklichen und guten Gefühle. Die unglücklichen müssen vermieden und die schlechten um jeden Preis im Zaum gehalten werden.

Zum besseren Verständnis noch ein Blick zurück in die Kindheit: Unglückliche Umstände und die elterliche Reglementierung von sogenannten schlechten Gefühlen gibt es im Leben eines jeden Kindes. Wir dürfen nicht wild sein, nicht laut, müssen freundlich sein, fühlen uns verlassen und allein, ausgegrenzt und ohnmächtig. Auf all diesen alltäglichen Schmerz und die vielen kleinen Enttäuschungen, aber erst recht auf missbräuchliches Verhalten, Drohungen, Trauma und Gewalt reagieren Kinder meist mit der kindlichen

Unsere größte Angst ist die vor dem Erfolg ∞ 181

Schlussfolgerung: Wenn ich nicht mehr fühle, werde ich nicht unglücklich sein. In der Fachsprache nennt man das auch Dissoziation. Das Kind trennt sich von dem ab, was ihm wehtut.

Diese Tendenz zur Gefühlsvermeidung wird noch verstärkt durch die Eltern. Kaum ein Kind wird von seinen Eltern zu dem ermutigt, was für ein gesundes Wachstum der Gefühle eigentlich so wichtig wäre: Nämlich Gefühle, wenn sie kommen, einfach zu durchleben. Das Schmerzliche an Gefühlen ist nie das Gefühl selbst, sondern die Spannung, die durch die Kontrolle und Unterdrückung entsteht.

Statt den mutigen und richtigen Schritt zu lernen, negative und unreife Gefühle zu durchleben, um ihnen die Möglichkeit zu geben, zu wachsen und so reif und konstruktiv zu werden, werden kindliche Gefühle unterdrückt, aus dem Bewusstsein entfernt und vergraben. So bleiben sie im System, in ihrer Ausprägung unangemessen und im Ausdruck zerstörerisch. Auch wenn der Betroffene sich ihrer Existenz nicht bewusst ist.

Es braucht dann nur Druck, Anspannung und eine Lücke in unserem erwachsenen Kontrollsystem, und schon brechen Angst, Wut oder Aggression aus uns heraus, die in keiner Relation zu der aktuellen Lebenssituation zu stehen scheinen. Da steht dann der Jurist kurz vor einer Präsentation und wird von so heftigen Versagensängsten überfallen, dass er glaubt, sie nur mit Beruhigungsmitteln wieder loswerden zu können. Da stehen wir vor unserem Chef und fühlen uns wie ohnmächtig, gelähmt, statt einfach unsere Position zu vertreten. Da reicht eine Bemerkung eines Kollegen, und wir explodieren. Da sitzen wir vor einem Kunden und sind angepasst freundlich, aber leblos wie einst, wenn Besuch kam.

Mit all diesen Arten der Verdrängung, Betäubung und Beruhigung führen wir allerdings nur brav das fort, was wir von früh an trainiert haben. So sind wir im Laufe der Jahre zwar durchaus virtuos geworden in unserer Fähigkeit, Gefühle zu betäuben und dadurch aktuellen Schmerz nicht sofort spüren zu müssen. Aber unsere Fähigkeit, von Herzen glücklich zu sein und tiefe Lust zu empfinden, ist abgestumpft – ohne dass wir das gefürchtete Unglücklichsein auf Dauer wirklich vermeiden könnten.

Ganz im Gegenteil, das Unglück, das wir so unbedingt vermeiden wollten, kommt auf viel schmerzhafterem, aber eben indirektem Weg zu uns. In unser Leben schleicht sich langsam, aber stetig ein Gefühl von Isolation, Einsamkeit und Ohnmacht ein. Oder wir stehen ständig unter Spannung und sind angetrieben, nach Höhen, Kicks, neuen Abenteuern, Partnern, Jobs und Herausforderungen zu suchen, um einem Leben zu entfliehen, das überall um uns herum ohne Höhen und Tiefen eingefroren zu sein scheint. Bei all den Aktivitäten scheinen wir uns allerdings fatalerweise immer weiter von unseren Möglichkeiten und Talenten weg zu entwickeln.

Der einzige Ausweg aus dieser Abwärtsspirale: Wir müssen uns endlich eingestehen, dass unsere Lebensstrategie vielleicht allerorts üblich, aber trotzdem absolut untauglich ist, wenn wir wahrhaft erfolgreich, echt und wirklich erfüllt leben wollen. Indem wir uns dem Schmerz entziehen, ziehen wir uns vor der unmittelbaren Erfahrung des Lebens und damit von unserem Glück zurück. Auch wenn wir im Moment vielleicht keine bewussten Erinnerungen haben, so ist es trotzdem wichtig, dass wir uns klarmachen, dass es nur einen Grund dafür gibt, dass unser Leben heute so festgefahren und leer oder nur noch mit Psychopharmaka, Drogen oder Alkohol auszuhalten ist: Wir selbst haben uns irgendwann einmal vom Leben, von der Liebe und der unmittelbaren Erfahrung zurückgezogen.

Unsere größte Angst ist die vor dem Erfolg ∞ 183

Damit haben wir selbst dafür gesorgt, dass unsere intuitiven, schöpferischen und kreativen Fähigkeiten abgestumpft sind und wir nur noch einen Bruchteil unserer Kräfte nutzen können. Mit der Scheinlösung der Unterdrückung und Anpassung schränken wir uns immer weiter ein und machen uns selbst krank.

Dies ist bis hierher sicher der tiefste Teil dieses Buches. Es kann sein, dass beim Lesen der letzten Abschnitte in Ihnen alle möglichen Gegenargumente und Abwehrreaktionen aufkamen: Wo soll das hinführen? Das geht zu weit! Was hat das mit meinem beruflichen Fortkommen zu tun? Da wir so lange daran gewöhnt sind, uns mit Taubheit gegen das Unglücklichsein zu verteidigen, wehren wir uns nun auch unbewusst mit Händen und Füßen dagegen, uns aus der Narkose aufwecken zu lassen.

Nur wenn Sie erkennen, wo das Problem liegt, können Sie es beheben. Doch die Angst, etwas aufzugeben, was uns von Kind an wie ein lebenswichtiger Schutz vorkam, ist in unserem System sehr groß. Das Kind in unserem Inneren hofft und glaubt, es könnte mit dem gewohnten Abwehrmechanismus auch weiter dafür sorgen, dazuzugehören und geliebt zu werden, während es gleichzeitig unsere Gefühlswelt in Erstarrung versetzt. Aber genau diese Erstarrung hindert uns daran, unsere Kraft und Leidenschaft, unsere Kreativität und Inspiration zu fühlen; zu lieben und die Liebe von anderen zu spüren. Sie lässt zwar zu, dass jemand wie Paul sich sein Paradies erschaffen kann, doch sie sorgt dafür, dass er es nie wirklich als erfüllend erleben kann.

Jeden Tag, wenn er sein Paradies betritt, vermag es ihn nicht in den Zustand des Glücklichseins zu versetzen, nach dem er sich so sehr sehnt. Ohne dass er es bewusst wahrnehmen könnte, ist er das Opfer seiner Scheinlösung geworden. Und so wiederholt sich ständig der Kreislauf der Erschaffung, der Taubheit, der Vermeidung und der erneuten Suche.

Auch wenn das Kind in uns das nicht akzeptieren will, aber wir können nicht beides haben: Angepasstheit, Gefühlstaubheit und Kontrolliertheit auf der einen Seite. Und Liebe, Zugehörigkeit, Schaffenskraft und Erfolg auf der anderen Seite.

Das Verdrängen unserer Gefühle, das uns scheinbar schützt, isoliert uns auch. Und wir wehren uns so vehement gegen diese Einsicht, weil wir spüren, dass wir uns in dem Augenblick, in dem wir uns für sie öffnen, auch bewegen und verändern müssten. Dass wir nicht mehr länger festhalten können an der bequemen, aber nie zu verwirklichenden Hoffnung, wir könnten bekommen, wonach wir uns sehnen, ohne selbst die notwendigen Bedingungen dafür zu schaffen.

Wir haben den Zustand unserer Unerfülltheit hervorgerufen, und damit sind wir auch diejenigen, die ihn verändern können, egal, wo wir gerade stehen oder wie alt wir sind. Tun wir das nicht, bleiben wir doppelt in der Falle: Wir vermeiden nicht wirklich und nicht auf Dauer, wovor wir Angst haben – aber wir verpassen alles, was wir haben könnten, würden wir nicht vor dem Leben davonlaufen. Denn Leben und Fühlen ist eins. Erfolg und Fühlen ist auch eins. Wohlstand und Fühlen ebenso.

Unsere größte Angst ist die vor dem Erfolg ∞ 185

12. Kapitel

FÜHRUNGSKRAFT IST PASSIV

Das letzte Kapitel war sicherlich für manch einen ein unerwartetes psychologisches Tiefseemanöver in einem Buch, das sich um Beruf, Wohlstand und Erfolg dreht. Wahrscheinlich auch ein ziemlicher Ritt durch die eigenen Widerstände und Verdrängungsmechanismen. Aber wer sich selbst nicht kennt, kennt den einzigen Ort nicht, an dem echte Veränderung und Entwicklung möglich sind. Wer sein Leben nach seinen Zielen ausrichten und seiner Berufung folgen will, der sollte die Kräfte und Dynamiken kennen, die sein Handeln tatsächlich jenseits seiner engen Bewusstseinsgrenzen bestimmen. Und er sollte lernen, wie er diese Kräfte und Dynamiken für sich, statt gegen sich nutzen und verändern kann.

Je besser Sie die Wirkung Ihrer inneren Dynamiken, Ihre Talente und Selbstsabotagemechanismen kennen und mit ihnen aktiv umgehen und sie transformieren lernen, desto mehr bekommen Sie das Steuer über Ihr Leben wieder in die Hand und können beruflich ganz neu und wirklich kraftvoll durchstarten.

Mit dem Weg dorthin werden wir uns im zweiten Teil des Buches noch genauer beschäftigen. Aber hier, am Ende der Reise durch den ersten Teil, sollten Sie sich für die Einsicht öffnen, dass es Kräfte und Dynamiken gibt, die weit über Sie selbst hinausgehen. Die jederzeit für Sie arbeiten und weitaus kraftvoller und präziser wirken als alles, was Sie mit bewusstem Willen und Kontrolle ausrichten können.

Im letzten Kapitel ging es vielleicht für manch einen herausfordernd tief in die inneren Welten unserer Psyche, aber diese Reise war trotzdem immer noch mit dem Verstand nachvollziehbar. Unserer Erfahrung nach gibt es allerdings einen Punkt auf dem Weg zur Berufung, an dem man alle Sicherheitsanker und auch den Verstand hinter sich lassen, sich noch tiefer fallen lassen und die Kontrolle aufgeben muss. Dort greift eine komplexe Verbindung von Kräften, die wir Führung nennen.

Damit ist an dieser Stelle allerdings nicht die aktive Führung von Mitarbeitern, Abteilungen, Bataillonen, Heeren und Unternehmen gemeint, sondern eine Art der Führung, die in oft unvorstellbarer Komplexität und Präzision in Ihr Leben hinein wirkt und es neu ordnet; deren Wirkungskraft von Ihnen allerdings keine aktive Anstrengung, sondern große Offenheit, gepaart mit präsenter Passivität, erfordert. Diese Art von Führung wirkt tief aus Ihrem Inneren als Intuition oder innere Stimme. Oder sie greift von außen und lenkt Ihr Leben auf eine Art in neue Bahnen, die sich Ihrem Verstand weitgehend entzieht. In diesem Kontext gehört Führung sicher vor allem für viele Männer eher in die Abteilungen »Frauen« und »Esoterik«. Aber lassen Sie sich durch Ihre altvertrauten Vorurteile nicht ein großartiges Instrument auf dem neuen Weg zum Erfolg nehmen.

Wenn Sie sich gerade beruflich in eine Sackgasse manövriert oder keine Ahnung haben, was Ihrem Wesen und Ihren Talenten entspricht, dann liegt einer der Hauptgründe sicher darin, dass Sie Ihre eigene innere Stimme nicht mehr

Führungskraft ist passiv ∞ 187

hören können und die Verbindung zu Ihrer inneren Führung verloren haben.

Wenn Sie nicht mehr wissen, wie Sie aus Ihrer gewohnten, aber frustrierenden Tretmühle aussteigen sollen; wenn Sie Großes bewegen müssen, um einer Krise zu entrinnen, oder in scheinbar unlösbaren Umständen gelandet sind; dann ist ein Hebel nötig, der Ihre Kräfte potenziert und dessen Wirkungsmöglichkeiten über Ihre Vorstellungsmöglichkeiten hinausgehen. Wenn Sie einfach alles versucht haben und alleine nicht mehr weiterwissen, dann ist es an der Zeit, sich für äußere Führung zu öffnen und dadurch nicht selten außerordentliche Veränderungen und Lösungen zu erfahren.

Auch wenn Ihnen Begrifflichkeiten wie innere und äußere Führung suspekt vorkommen, geschweige denn, dass Sie deren Existenz für sich persönlich als hilfreich akzeptieren könnten – beides ist entscheidend auf dem Weg in Ihre Berufung. Auch hier gilt das Prinzip: Die Erde war bereits rund, auch als alle sie noch für eine Scheibe hielten. Ob Sie daran glauben oder nicht: Führung steht jedem Menschen, also auch Ihnen, jederzeit zur Verfügung. Von im ganzheitlichen Sinne wirklich erfolgreichen Menschen wird sie einfach nur aktiv und bewusst genutzt.

Viele der erfolgreichsten Menschen der Welt, darunter auch Regierungschefs und Manager großer Konzerne, verlassen sich auf Intuition und Führung, wenn sie wichtige Entscheidungen treffen, Kollegen und Widersacher einschätzen, Chancen abwägen und Probleme lösen müssen. Erfolgreiche Menschen haben oft einen sogenannten Instinkt für ihr Metier, eine Art inneres Leitsystem, das Entscheidungen in einem größeren Kontext überprüft. Um dieses Leitsystem zu nutzen, braucht man nur die Bereitschaft, sich langsam dafür zu öffnen und zu lernen, die entsprechenden Hinweise zu empfangen und ihnen zu vertrauen.

Menschen erleben ihre Intuition auf unterschiedliche Weise, doch fast immer ist sie mit einem Gefühl der »Richtigkeit« verknüpft, einem Gefühl, das in dem Moment allerdings nicht mit Daten und Fakten zu belegen ist, sondern aus Bereichen jenseits der sichtbaren Oberfläche der Welt entspringt und nur eher ganzheitlich wahrgenommen werden kann.

Vielleicht sind Sie nun doch neugierig geworden, im Moment aber immer noch skeptisch, und Ihnen ist nicht klar, wie Sie innere Führung überhaupt wahrnehmen und wie äußere Führung in Ihrem Leben greifen könnte. Aber allein mit etwas Offenheit werden Sie im Weiteren sehen, dass längst nicht alle wichtigen Dinge einer angestrengten Analyse bedürfen. Sie werden feststellen, dass gerade in Zeiten der Krise die Kräfte der Führung besonders stark wirken. Und dass alleine die Bereitschaft zu Ehrlichkeit und Selbstentdeckung diese komplexen Kräfte in Ihnen und in Ihrem Leben in Gang zu setzen vermag. Dass diese Kräfte in den ungewöhnlichsten Momenten und Situationen plötzlich Wirkungen und Ergebnisse entfalten, für die Sie sich seit Ewigkeiten das Hirn zermartert, vergeblich angestrengt und abgerackert haben, ohne auch nur einen Bruchteil dieses Ergebnisses zu erzielen.

Manchmal ist es verblüffend, auf welchen Wegen Weisheit und Hilfe zu uns kommen, gerade wenn wir uns verirrt haben oder nicht genau wissen, was wir tun sollen. Innere und äußere Führung können vielerlei Gestalt annehmen und sich auch als Synchronizität zeigen. Da tritt dann der berühmte Zufall ein, und Sie treffen an einem unmöglichen Ort, zu einer unmöglichen Zeit genau auf den richtigen Menschen, den Sie schon so lange treffen wollten. Da kommt Ihnen plötzlich in

Führungskraft ist passiv ∞ 189

den Sinn, jemanden anzurufen, und prompt klingelt das Telefon, und derjenige ist dran. Führung sorgt oft dafür, dass jemand zur rechten Zeit am rechten Ort ist, um eine bestimmte Botschaft zu empfangen. Sie sitzen im Auto, schalten »zufällig« das Radio ein, und dort wird Ihnen eine entscheidende fehlende Information geliefert. Sie haben das Gefühl: Das sagt der gerade extra für mich. Oder im Flugzeug sitzt »zufällig« jemand neben Ihnen, der genau das erzählt, was Sie zum nächsten Schritt ermutigt.

Die meisten Menschen tun solche Zufälle als reines Glück ab. Sie vielleicht auch. Wir haben mittlerweile so viele Erlebnisse mit innerer und äußerer Führung gehabt, dass wir dieses wunderbare Hilfsmittel in unser alltägliches Leben integriert haben. Wir leben in dem Bewusstsein, das von vielen Quantenphysikern untermauert wird, dass dieses Universum von einer alles umfassenden, größeren Intelligenz erfüllt ist, die alles miteinander verbindet und sich in allem findet. Vor diesem Hintergrund nehmen wir unser übergeordnetes, unsichtbares Führungssystem ernst und lassen uns von ihm durch unser Leben navigieren.

Gerade ganz unten in der Talsohle einer Krise haben nicht nur wir, sondern auch viele andere Menschen manchmal machtvolle Wandlungen und Lösungen auf diese Art erlebt. Viele haben erlebt, dass sich genau am Tiefpunkt, an dem sie keinerlei Kontrolle mehr hatten und nicht mehr wussten, was sie selbst noch tun sollten, Möglichkeiten, auftaten, mit denen sie nie gerechnet hätten. Rückblickend konnten die meisten entdecken, dass sie an solchen Wendepunkten spontan etwas gewagt haben, was sie vorher noch nie gewagt hatten. Etwas zur Disposition gestellt haben, woran sie sich das ganze Berufsleben lang festgeklammert hatten. Sich Fragen gestellt haben, die sie sich vorher nie gestellt hätten. Und auf einmal waren sie offen für hilfreiche Antworten, die sie vorher nicht mal gehört hätten.

Ich (Wolfram) war erst nach der Kündigung bei meiner eigenen Abschiedsfeier wirklich in der Lage, mich den Menschen gegenüber zu öffnen und mir wirklich einzugestehen, wonach ich mich beruflich tatsächlich sehnte. Nach den offenen, teilweise bewegenden Gesprächen mit meinen ehemaligen Mitarbeitern wusste ich auf einmal, dass ich auf dieser Welt war, um mit Menschen an ihrer Entwicklung zu arbeiten und nicht, um den Modemarkt zu optimieren. Das war der erste, meine Perspektive radikal verändernde Moment, der sich nach der zermürbendsten Phase meiner Krise einstellte. Aber das war nur der Anfang. Von da an begann ich mir Fragen zu stellen, wie ich es nie vorher getan hatte: Was will ich von meinem Leben eigentlich? Wie wichtig ist mir Karriere wirklich? Es war eine Zeit, in der sich meine Sicht auf mein bisheriges Leben stark veränderte. Ich musste mir eingestehen, dass ich bisher ziemlich entfernt von mir gelebt hatte. Dass ich vieles nie hinterfragt und in seiner Bedeutung für mich überprüft hatte. Es fiel mir nicht leicht, aber ich musste mir eingestehen, dass ich – wenn auch auf hohem Niveau – in vielerlei Hinsicht wie ein Hamster im Laufrad herumgerannt war.

Ich (Eva) konnte in dieser Zeit wahrnehmen, wie mein Mann von Tag zu Tag offener für all die Dinge wurde, die er vorher als Psychokram abgetan hatte. Auch wenn damals alles komplett aus den Fugen geraten zu sein schien – tatsächlich hatte das Leben alles geradezu perfekt für unsere jeweilige Entwicklung eingefädelt. So wie sein Lebensmodell langsam in sich zusammenbrach, erblühte mein Leben auf einmal üppig wie selten zuvor. Mein erstes *Liebe dich selbst*-Buch stand plötzlich über Nacht auf allen Bestsellerlisten, obwohl es bis dahin fast überhaupt keine Presse bekommen hatte.

Es war für die Menschen im Verlag und für mich gleichermaßen faszinierend zu sehen, dass allein die Mundpropaganda für diesen Erfolg sorgte. Mein Computer quoll über vor Dankes-E-Mails, und alles, woran ich jahrelang einsam und alleine geglaubt hatte, schien jetzt auf einmal in allen Ecken Deutschlands auf Resonanz zu stoßen.

Mein Mann sagt bis heute gerne: Männer brauchen an einem bestimmten Punkt keine Worte mehr, sondern Fakten und Taten. Im Hause Zurhorst waren diese Fakten geschaffen. Auf einmal war der Psychokram nichts mehr, womit sich Mutti in der Freizeit beschäftigte. Auf einmal outeten sich auch die bis dahin unverdächtigsten Menschen mit unzähligen Fragen als Suchende in Sachen Beziehung. Auf einmal saß mein Mann beim Abendessen neben mir und sah, wie meine Gespräche mit anderen, oft fremden Menschen immer näher und verbundener wurden. Er sah, wie viele Menschen, die er bisher nur in ihren perfekt funktionierenden Rollen kennengelernt hatte, innerlich auch nicht mehr recht weiterwussten. Er spürte, wie erfüllt und vollen Herzens ich bei der Sache war und offensichtlich endlich genau da gelandet war, wohin mich nichts anderes als mein Glaube und meine Intuition geführt hatten, wovon ich immer geträumt hatte. Er erlebte, wie das Leben mich trug, wie alles immer leichter ging. Und natürlich war da auch der messbare Erfolg. In der Praxis konnte ich den Anfragen kaum noch nachkommen, und die Buchverkäufe erreichten täglich neue Rekordmarken.

Mein Mann wurde auf einmal in Interviews oder privaten Gesprächen in sehr persönliche Fragen verwickelt. Es gab immer öfter Momente, in denen das *Liebe dich selbst*-Projekt mit seinem rasanten Wachstum seine Unterstützung, seine Festigkeit, seine Klarheit und Struktur brauchte. Ob er wollte oder nicht, während er immer noch mit aller Vorsicht von außen darauf schaute, rückte der Psychokram ihm immer mehr auf die Pelle. Und mit ihm auch ein Moment, von dem ich immer geträumt hatte. Aber den auch ich zum damaligen Zeitpunkt noch lange nicht als mögliche Realität sehen konnte: Dass wir beide tatsächlich zusammenarbeiten sollten.

Ich (Wolfram) hätte mich damals sicher drei Wochen auf einer einsamen Insel in die Fragen versenken können: Wie sieht der Moment aus, in dem ich in meine Berufung starte? Wie sieht meine genaue Tätigkeit mit Menschen in nächster Zukunft aus? Wo werde ich arbeiten? Und mit wem werde ich arbeiten? Mein Verstand, meine Logik und meine Vorstellungskraft hätten mich wohl nie an diesen Punkt führen können, der dann tatsächlich zum Point of no Return in meinem Berufsleben wurde.

Bald nachdem das *Liebe dich selbst*-Buch auf allen Bestsellerlisten war, wurde meine Frau allerorts zu Lesungen eingeladen. Dabei war sie anfangs immer allein unterwegs. Aber nach einer Weile kam sie nach Hause und erzählte mir, dass die Frauen zwar gut nachvollziehen könnten, wie sie ihren Weg des Wandels in unserer Beziehung vollzogen habe, aber meine Rolle sei ihnen einfach nicht klar.

Eines Tages fragte meine Frau mich dann ganz unumwunden, ob ich sie denn nicht wenigstens einmal begleiten könne: »Was ich über dich sage, reicht nicht. Die Frauen wollen dich einmal persönlich sehen.« Es stand gerade eine Lesung bei uns in Wuppertal an. Sie bat mich mitzukommen. Ich weiß bis heute nicht, was mich bewog, dem Abenteuer zuzustimmen.

Führungskraft ist passiv ∞ 193

Hätte ich nur eine leise Ahnung gehabt, was mich erwartete, ich hätte sicher die Flucht ergriffen.

Kaum dass meine Frau mit dem Lesen fertig war, ging in den hinteren Reihen die Hand eines Mannes hoch: Er fing seinen Satz sofort mit »Herr Zurhorst« an – und mir rutschte das Herz in die Hose. Dann legte er los: »Ich habe gelesen, Sie sind fremdgegangen. Wie war das? Wie haben Sie den Weg zurück in die Ehe gefunden?«

Ich war wie im Schock. Für den Bruchteil einer Sekunde dachte ich daran auszuweichen. Aber dann hörte ich mich schon wahrheitsgetreu, ohne Netz und doppelten Boden antworten. Das war eine Feuertaufe: vor all den Menschen Rechenschaft abzulegen über das, was ich getan hatte. Da dieser Abend in unserer Heimatstadt stattfand, saßen im Auditorium zu allem Überfluss eine ganze Reihe Bekannter. Sogar meine Tochter und meine Schwiegermutter waren da.

Aber wider Erwarten wurde ich nicht ohnmächtig, mir versagte die Stimme auch nicht. Tatsächlich gab es an diesem Abend fast nur noch Fragen an mich. Nun konnte ich zum ersten Mal unmittelbar erleben, wie groß die Verunsicherung und wie stark die Suche vieler anderer Menschen in Sachen Ehe und Beziehung war. Ich konnte nun selbst spüren, was es war, für das meine Frau ihr Herz gab.

Heute weiß ich, dass ich an diesem Abend auf meinen neuen Weg geführt wurde: An diesem Abend habe ich zum ersten Mal die Erfahrung gemacht, mich vollkommen nackt zu zeigen und in aller Öffentlichkeit ganz ich zu sein. Das Großartige war diese neue Form der unmittelbaren Verbundenheit mit anderen Menschen jenseits nüchterner beruflicher Ziele.

Zum ersten Mal seit meinem Rausschmiss hatte ich das Gefühl, eine echte Fährte für mich gefunden zu haben. Wenn auch noch sehr vage – so ahnte ich doch, dass an diesem Abend etwas Neues begonnen hatte.

So war es dann auch. Nicht nur, dass wir von diesem Abend an alle Lese- und Diskussionsabende zusammen machten. Wenige Tage danach gab es in der Praxis meiner Frau die ersten Anfragen, ob auch ich für Beratungs- und Klärungsgespräche mit meiner Erfahrung zur Verfügung stehen könne. Natürlich rief das sofort alle möglichen Selbstzweifel auf den Plan: Das hast du nicht gelernt ... Was hast du den Menschen schon zu sagen ... Wie sollst du anderen Leuten helfen ...

Meine Frau und ich redeten intensiv darüber, was es bedeuten würde, wenn ich als Nichtpsychotherapeut anderen Menschen meine Erfahrungen weitergeben würde. Meine Frau las mir als Antwort auf meine Fragen einen Text aus einem Buch vor, der sinngemäß lautete: Es gibt keine kranken Patienten und gesunde Therapeuten. Es gibt nur Menschen, die sich auf ihrer Suche nach Antworten auf dem gleichen Weg an unterschiedlichen Stellen befinden. Ich wagte den nächsten Sprung ins kalte Wasser und entschied für mich, dass ich anderen Menschen weitergeben würde, was ich selbst als hilfreich und heilsam erfahren hatte.

Und mit dieser Entscheidung begann ein komplett neuer Abschnitt in meinem Leben. Ich gab weiter und lernte gleichzeitig selbst ständig etwas Neues. Aber das nicht nur inhaltlich. Ich musste mich auch emotional viel weiter voranbewegen und einlassen als in meinem bisherigen Berufsleben. Faszinierend war die Erfahrung, dass in fast allen Begegnungen etwas von dem, was ich gab, auch wieder zu mir zurückfloss. Nach einer Sitzung gab es nur selten ein Gefühl von Ausgelaugtsein. Meist kam ich erfüllt, wach und dankbar aus den Begegnungen.

Führungskraft ist passiv ∞ 195

Das waren wunderbare Erlebnisse, die nichts mit meinem bisherigen engen und theoretischen Verständnis von Therapie, Psychokram und Eheberatung zu tun hatten. An manchen Tagen kamen Männer und wollten mich nach einer Sitzung in den Arm nehmen. An anderen kam ich selbst wie verändert aus der Praxis, und die Energie strömte nur so aus mir heraus. Das war für mich eine fantastische Erfahrung, die mit nichts zu vergleichen war, was ich bisher in Büros oder bei Geschäftsbesprechungen erlebt hatte.

Für mich herrschte kein Zweifel mehr: Ich hatte meine neue Berufung gefunden. Oder besser: Sie hatte mich gefunden. Aber diesmal war ich zum ersten Mal wirklich bereit, diesem Ruf auch zu folgen. Ich wusste: Ja, ich bin bereit. Das ist es, was ich will.

So umwälzend und bewegend das alles sich auch in mir anfühlte – aber es war ja eben nur innerlich. Ich hatte kein Schild an die Tür gehängt, keine Bewerbung geschrieben und niemanden angerufen. Ich hatte auch am Abend der Lesung die Menschen nicht dazu eingeladen, zu mir zu kommen und eine Sitzung bei mir zu machen. Sie kamen einfach und zeigten mir den nächsten Schritt auf meinem Weg. Einen Schritt, auf den ich bewusst nie gekommen wäre. Es hatte nur eine innere Gewissheit gegeben, dass ich jetzt einen neuen Weg einschlagen würde. Und nun fand ich mich plötzlich mitten auf ihm wieder. Und es war klar, dass ich ihm folgen würde.

Im Laufe der vielen, darauf folgenden Gespräche und Diskussionsabende zeichnete sich meine neue Aufgabe im Leben immer klarer ab: Auf der einen Seite war ich so etwas wie ein Übersetzer männlicher Verhaltensweisen für Frauen. Und für Männer wurde ich Begleiter auf ihrem Weg in die persönliche Öffnung und Selbstentdeckung. Das alles passierte organisch.

Die Menschen kamen mit ihren Fragen und gaben mir damit meine Aufgabe automatisch vor. Je mehr ich mich diesem Prozess hingab, desto erfolgreicher und kraftvoller verlief meine Arbeit.

Manchmal fragte ich mich, ob das Ganze überhaupt möglich sein könne: dass mir, ohne dass ich mich groß darum gekümmert hätte, meine Berufung einfach zufliegt? Aber dann wurde mir immer klarer, dass mir da nicht einfach etwas zugeflogen war, sondern dass ich seit dem Tag meines Rauswurfs eine tief greifende Transformation durchgemacht hatte. Dass ich mich geöffnet, verändert, hinterfragt, ausprobiert und neu zusammengesetzt hatte, sodass es jetzt nur zwangsläufig war, dass sich dieser Wandlungsprozess auch im Außen niederschlug.

Wann immer etwas in Ihrem Leben endet, liegt darin bereits der Same für etwas Neues. Auch wenn es sich phasenweise anfühlt, als ob alles vorbei wäre und nichts jemals weiterginge – mit jeder Kündigung, in jedem Konkurs oder Zusammenbruch eröffnet sich automatisch in Ihrem Leben ein neuer Entwicklungszyklus. Sie können verzweifeln und sich gegen das, was geschieht, wehren. Oder Sie können wach und aufmerksam dem Prozess folgen, in der Gewissheit, dass es wieder etwas zu verändern, zu erweitern und zu lernen gibt in Ihrem Leben.

Wenn der Druck kommt und Sie weiterschiebt, etwas wegreißt oder zerstört, dann nehmen Sie die Herausforderung an: Fühlen Sie all die Gefühle, die hochgespült werden, und lernen Sie, das zu tun, was jetzt Neues von Ihnen verlangt wird, auch wenn es gerade sinnlos, banal, schmerzhaft oder wie ein Umweg erscheint. Es wird Phasen geben, in denen Sie keine Ahnung haben, was gerade geschieht; in denen Sie nur vertrauen

Führungskraft ist passiv ∞ 197

können. Nur wenn Sie die Perspektive wechseln und Ihr Leben im größeren Zusammenhang betrachten, werden Sie erkennen können, dass gerade etwas Bedeutsames geschieht.

Nach unseren Jahren auf dieser Reise ist uns mittlerweile klar, dass man nicht irgendwann an irgendeinem bestimmten Punkt ankommt. Es kommen immer neue Veränderungen. Wie abrupt, überraschend oder überwältigend sie sind, können wir nicht bestimmen, aber unseren Umgang mit ihnen und unsere Bereitschaft, uns ihnen zu stellen, mit ihnen zu wachsen und uns mit ihnen zu entwickeln. Für uns ist es mittlerweile Alltag geworden, ständig weiter von alten Einschränkungen und angestrengten Zielvorstellungen loszulassen und stattdessen kontinuierlich unseren Instinkten und der inneren und äußeren Führung zu vertrauen.

Jeder Mensch hat die Chance, das zu leben, was sich für ihn richtig anfühlt. In jedem Menschen schlummert Leidenschaft, Talent und Herz – ein Schatz, der darauf wartet, gehoben und ins Berufsleben integriert zu werden.

Bei den meisten Menschen sind ihre Leidenschaft, ihr Talent, ihr Herz lediglich verborgen hinter alten Gewohnheiten, Ängsten, Glaubenssätzen und Urteilen. Je mehr davon Sie ablegen, desto mehr enthüllt sich Ihnen Ihr Schatz. Ihn zu heben hat nichts mit Machen, Schaffen und Erreichen zu tun. Sondern eher etwas mit Geduld, Authentizität, Mut, Beharrlichkeit und wachsender Achtsamkeit sich selbst gegenüber.

Je besser Ihr Kontakt zu sich selbst und Ihrer Führung ist, desto mehr können Sie nach dem Prinzip verfahren: Wo es leicht und rund wird, da bin ich auf der richtigen Spur. Wenn ich Freude, Leidenschaft und echte Begeisterung empfinde, dann ist das ein eindeutiges Zeichen, dass ich gerade meiner Berufung folge.

Kurz: Wenn Sie das tun, was Sie glücklich macht, dann führen Sie das Leben, das Ihnen zugedacht ist. Deshalb können wir Ihnen hier nur sagen: Auch wenn es allem widerspricht, was einem gemeinhin in Krisenzeiten geraten wird: Halten Sie sich mutig an das, was Sie glücklich macht, dann eröffnen sich Ihnen Möglichkeiten zu Erfolg, Wohlstand und Erfüllung, die Sie nie für möglich gehalten hätten.

II. TEIL

Der Weg in die Berufung

1. Kapitel

SONNE, MEER UND ARBEIT

Wenn Sie wirklich bereit sein wollen für Ihre Berufung, für mehr Wohlstand, Erfolg, Freiheit und Erfüllung, dann geht das nur, wenn Sie ab jetzt alles in Ihrem Leben einer Neubetrachtung unterziehen. Schauen Sie sich die Engpässe, Krisen und Widerstände an und ziehen Sie Ihre Schlüsse: Ah! Das ist es also, was ich glaube über das Leben, über die Arbeit, über Beziehungen ... So sehr glaube ich also an Konkurrenz, Mangel und Misserfolg ... So wenig Spielraum gönne ich mir ... So wenig Mut habe ich, meinen eigenen Weg zu gehen ...

Wenn Sie weitergehen wollen, brauchen Sie vor allem Ehrlichkeit sich selbst gegenüber und die Bereitschaft, sich all Ihren eigenen inneren Zweiflern, Lästerern, Kleindenkern, Gierhälsen, Neidern und Vermeidern zu stellen. Aber nicht nur sich selbst gegenüber brauchen Sie diese Ehrlichkeit: Alles, was Sie bei anderen verurteilen und ablehnen, vereiteln Sie bei sich selbst.

Wenn Sie andere, die ihren Weg gehen und ihrer Berufung folgen, für Spinner oder Träumer halten, werden Sie jeden Schritt in diese Richtung auch bei sich selbst verurteilen. Nur was Sie anderen gönnen, gönnen Sie auch sich selbst.

In dem Maße, in dem Sie Ihr Sabotageprogramm langsam kennen und annehmen lernen, wird bereits ein frischer Wind

Sonne, Meer und Arbeit ∞ 203

durch Ihr Leben wehen, wird sich mehr Freiheit breitmachen, werden Sie Wagnisse eingehen und sich über Konventionen hinauswagen. Mit den daraus resultierenden Veränderungen wird Ihr Berufsleben immer mehr Ihrem Herzen und Ihrer Seele entsprechen und Ihnen erlauben, Freude und Glück zu empfinden.

Wollen wir gleich einen kleinen Test machen? Es wird nicht nur ein Test für Sie, sondern auch eine Herausforderung für uns sein. Wir teilen auf den nächsten Seiten den vorläufig schönsten Arbeitstag unseres bisherigen Berufslebens mit Ihnen. Als diese Idee in uns aufkam, haben wir beide gespürt, dass wir uns dabei zum einen ziemlich nackt und zum anderen ziemlich angreifbar fühlen. Die Chancen stehen gut, dass uns einige von Ihnen für Komplettspinner halten, wenn Sie das lesen.

Aber wir haben es trotzdem gewagt, Sie unmittelbar an dem Ergebnis dessen teilhaben zu lassen, was die Rückkehr unserer Gefühle und die Entdeckung unserer Berufung mit unserem Arbeitsalltag gemacht haben. Und Sie können jetzt wagen, mal bewusster hinzuschauen, was für Urteile, Wertungen und Gefühle in Ihnen auftauchen. Wie viel Freiheit und Selbstverwirklichung erlauben Sie sich? Wie sehr weisen Sie Ungewohntes noch von sich? Wie sehr verurteilen Sie unkonventionelle Wege? Wie sehr gönnen Sie sich Genuss? Wie sehr lassen Sie sich inspirieren, den eigenen Träumen wieder Raum zu geben?

Ägypten, im November 2008
Heute war einer der schönsten Arbeitstage unseres bisherigen Berufslebens. Wie seltsam das Wort *Berufsleben* doch in diesem Moment klingt. Nein, es war einfach einer der schönsten

Tage unseres Lebens. Arbeit und Leben waren heute eins. Wir haben gelacht, geschafft, das Meer gehört, miteinander getanzt, neue Ideen entwickelt, ein wichtiges Projekt angeschoben und mehr Seiten denn je an diesem Buch geschrieben. Aus der Verbundenheit und der guten Laune heraus kam uns dann auch die Idee, dass jeder von uns beiden an dieser Stelle einfach spontan aufschreibt, warum der Tag so erfüllend für ihn war; was er für einen Punkt in seiner Entwicklung darstellt und worum es bei dem Thema Arbeit eigentlich geht, wenn man mit dem Herzen darauf schaut.

Für mich (Eva) war der Tag vor allem aus einem Grund so besonders: Vom ersten Moment nach dem Augenaufschlagen stieg immer wieder neu Dankbarkeit in mir auf. Und auf der Top-Ten-Liste der guten Gefühle ist Dankbarkeit für mich nicht nur ganz weit oben, es ist auch eines der produktivsten Gefühle. Es ist dieses Gefühl, dass einfach alles richtig ist, was gerade ist. Dass ich gut versorgt bin und die Dinge zu mir kommen. Dass ich gerade zur richtigen Zeit am richtigen Platz in meinem Leben bin. Dass das Leben ein Geschenk ist und ich bei allem, was ich tue, aus dem Vollen schöpfen kann.

Um ehrlich zu sein, mir fällt es schwer, Ihnen diesen Tag ernsthaft als Arbeitstag zu verkaufen. Ich kann es immer noch kaum annehmen, dass mein Berufsleben eine solche Wandlung erfahren hat. Ich habe seit meinem vierzehnten Lebensjahr immer gearbeitet. Mein Vater war weder Schriftsteller noch Maler. Und meine Mutter auch kein früher Hippie. Bei uns zu Hause herrschte in beruflichen Dingen Ordnung: Da kam erst die Arbeit, dann lange nichts und dann vielleicht mal die Sache mit dem Vergnügen. Umso dankbarer bin ich, dass solche Tage wie heute immer häufiger in meinem Leben aufblühen dürfen, ohne dass ich sie gleich aus alter Ge-

Sonne, Meer und Arbeit ∞ 205

wohnheit mit Aktionismus und Schuldgefühlen im Keim ersticke.

Ich (Wolfram) kenne eigentlich auch mein ganzes Berufsleben lang nur, dass mich ein Wecker abrupt aus dem Schlaf reißt und dann sofort das Rattern in meinem Kopf losgeht. Die eine Stimme fleht: Nur noch einmal umdrehen, und der Rest von mir pflügt schon hektisch durchs Tagesprogramm. Mein Körper liegt zwar noch im Bett, aber meine Gedanken erledigen schon sämtliche Termine. Auch ich war zweifellos eine ganze Zeit lang ein Workaholic. Und als Sprössling einer männerlastigen, faktenorientierten Akademikerfamilie erscheint mir so ein Tag wie dieser fast ein bisschen unwirklich.

Augen aufmachen, Meeresrauschen hören, die Wärme der aufgehenden Sonne durch das offene Fenster spüren, sich still in den Armen liegen und einfach nur dankbar sein für den Moment. Seit einer Woche geht das schon so. Seit einer Woche leben wir in der Stille der Wüste Sinai direkt am Meer und schreiben an diesem Buch. Unsere Tage fangen meist um sechs Uhr früh an. Aber die ersten beiden Stunden gehören uns. Wir machen Yoga und Fitnesstraining, meditieren in der Morgensonne und gehen im Meer schwimmen. Heute Morgen ging es schon um kurz nach fünf los. Wir waren so guter Laune, haben einfach Musik aufgelegt und bis ins Morgengrauen hinein auf unserer Terrasse getanzt, bis wir fit und ordentlich verschwitzt in den Tag starten konnten.

Für mich ging es dabei nicht einfach nur ums Tanzen. Das war toll. Aber das Besondere für mich war die Erfahrung, dass sich den ganzen Morgen über mein Körper und mein Geist deckungsgleich entfalten konnten, immer wacher und lebendiger wurden. Ich war eins mit mir. Und innerlich gleichzeitig sehr kraftvoll. Das ist eine der faszinierenden Erfahrungen an unserem sich immer weiter verändernden Umgang mit unserem Leben und unserer Arbeit. Je mehr Raum wir uns geben, uns wirklich zu entspannen und uns Gutes zu tun, umso kraftvoller und motivierter fühle ich mich.

Früher war ich Kettenraucher, habe kaum Sport gemacht und konnte nie mit mir allein sein. Heute könnte ich mir das gar nicht mehr vorstellen. Je bewusster ich mich spüre, desto deutlicher kann ich wahrnehmen, wie alles zusammenhängt und ineinandergreift. Wenn ich mich mal ein paar Tage nicht bewegt habe, fühle ich mich auch im Kopf verklebt. Wenn ich nicht meditiert habe oder nicht wenigstens ein Mal still mit mir war, fühle ich mich unruhig und bin leichter angespannt. Wir beide sagen mittlerweile schon: Ein Tag, an dem wir nicht in der Natur waren, ist ein verlorener Tag.

Hört sich alles ein bisschen ökig, zu gesund und für manch einen langweilig an. Aber wir sind einfach glücklicher, unendlich viel produktiver, kreativer und unserem Wesen viel näher. So haben wir heute Morgen nach dem albernen Herumhüpfen (so hätte ich das noch vor ein, zwei Jahren genannt) beim Frühstück ein größeres Projekt besprochen. Uns kamen, so wach und beschwingt wie wir waren, so viele gute Ideen und neue Erkenntnisse, dass wir bereitwillig ein Risiko auf uns genommen und dieses Projekt noch einmal komplett umgeändert haben.

Ich habe mich eine Stunde an den Laptop gesetzt und wie im Flug alle entsprechenden E-Mails nach Hause geschrieben, um dort die Weichen neu zu stellen. Das war im Laufe der letzten Jahre für mich ein ziemlicher Lernprozess, zu akzeptieren, dass ich nicht überall anwesend sein muss. Dass es für erfolgreiches Arbeiten keine Büropräsenzpflicht gibt. Heute

Sonne, Meer und Arbeit ∞ 207

habe ich mit dem Laptop auf den Knien auf dem Bett geschrieben. Meine Frau arbeitet im Bett, auf der Terrasse, im Wohnzimmer, im Garten. Sie sucht sich Plätze zum Arbeiten, die ihr guttun. Aber für einen wie mich war das fast verwegen. Früher hieß arbeiten: Büro, Schreibtisch, Tür zu, Ernsthaftigkeit und Kontrolle. Aber einfach Koffer packen und sich fragen: Wo ist es schön, still, und wo scheint die Sonne? Und dann in Shorts und T-Shirt auf dem Bett schreiben, das hätte ich mir nicht erlaubt.

Für mich (Eva) war so etwas noch nie ein Problem. Ich habe meine Arbeitsplätze und Büros immer schön gemacht, mir Blumen gekauft, Bilder an die Wand gehängt und mir etwas Leckeres zum Essen und zum Trinken mitgebracht. Ich war immer schon frei im Geist und neugierig auf andere Länder, Sitten und Perspektiven. Meine Prägung als Journalistin war jenseits von festen Bürozeiten oder Orten. So kamen mir die Umstände, unter denen mein Mann arbeitete, oft fast sklavisch vor. Ihn heute mit dem Laptop auf dem Bett hocken zu sehen, hatte was vom völligen Verfall Zurhorst'scher Arbeitsmoral und Ordnung.

Etwas ist mir heute noch einmal bewusst geworden: Je mehr wir beide beruflich auf uns vertrauen und von alten Sicherheiten loslassen, desto mehr greifen unsere unterschiedlichen Fähigkeiten unterstützend ineinander. Wir sind immer mehr bereit, die Dinge, die beim anderen funktionieren, ins eigene Leben zu integrieren. Mein Mann stellt fest, dass man das Büro in jeden Liegestuhl, ins Meer oder aufs Hotelbett verlegen darf. So, wie man es gerade braucht, und so, wie einem gerade die Ideen kommen. Und ich gehe hier jetzt jeden Mittag etwas essen und eine halbe Stunde schwimmen. Nicht mehr Einzelkämpfer zu sein und ständig über meine Grenzen zu gehen, oft bis in die völlige Erschöpfung – das war für mich das große Aha-Erlebnis dieser Woche.

Wenn ich bisher mit einem Buch in Klausur ging, dann habe ich immer ohne Unterbrechung gegen alles angeschrieben. Ich konnte nie gut mit meinen Kräften haushalten. Erst wenn mir der Rücken wehtat, ich Schreibblockaden, schwarze Löcher im Kopf oder Fressattacken hatte, gab es eine von meinem Körper erzwungene Unterbrechung. Dass man sich hinsetzen und eine Pause machen kann, einfach mittendrin schwimmen gehen darf, das war für mich völlig neu. Und meine alten Ängste, dass mir nichts mehr einfällt, wenn ich erst mal aufhöre, stellten sich als völlig unbegründet heraus.

So kam ich eben erfrischt vom Schwimmen zurück, und da war wieder dieses Gefühl der Dankbarkeit. Dafür, dass unser beider Leben auf allen möglichen Ebenen immer partnerschaftlicher wird. Und wir uns immer mutiger jenseits unserer Prägungen und Konventionen selbst vertrauen. Einfach unseren Weg finden nach dem Prinzip des alten Kinderspiels, bei dem man über die Rückmeldungen »heiß« oder »kalt« etwas raten oder finden musste. Wenn man auf dem richtigen Weg war, sagten die anderen »warm, wärmer, heiß«. War man auf dem falschen, hieß es »kalt«.

Wir beiden tasten uns mit unseren unterschiedlichen Talenten und Prägungen eigentlich die ganze Zeit vor. Je mehr wir auf dem für uns ganz individuell richtigen Weg sind, wird es leichter und erfolgreicher; fühlt sich alles warm, wärmer, heiß an. Wenn wir wieder davon abkommen, wie in den letzten Wochen, bevor wir hierher gereist sind, dann wird es kalt. Zu Hause hatten wir wieder mehr und mehr unser klares Gefühl für Grenzen verloren, uns in zu vielen Projekten verzettelt, von den tausend kleinen Dingen des Berufsalltags auffressen

Sonne, Meer und Arbeit

und vom Buchschreiben abhalten lassen. Es wurde »kalt« und der Schreibtisch immer voller. Mittlerweile merken wir das Gott sei Dank immer früher und wissen dann, jetzt braucht es einen Kurswechsel, etwas Neues. Meist ein kleines Wagnis im Sinne von Loslassen.

All die E-Mails und Projekte, alles scheint wichtiger als man selbst. Aber stimmt das? Mein Vater ist mit sechsundfünfzig mit einem schweren Herzinfarkt ins Krankenhaus eingeliefert worden und dort wenige Wochen später gestorben. Er war selbstständig und hatte, selbst angeschlossen an all die Schläuche, fast zwanghaft immer nur das pflichterfüllte Bedürfnis, seine Geschäfte weiter zu regeln – bis zum Tod. Manchmal hilft es mir, mich daran zu erinnern. So haben wir auf dem Höhepunkt unserer »Kalt-Phase« eines Abends die Bremse gezogen, spontan Flüge gebucht und zwei Wochen später mit unserem ersten rundherum gemeinsamen Buch hier in der Stille der Wüste Sinai gesessen.

Wir würden uns wünschen, unsere Tochter würde an unseren heutigen Arbeitstag denken, wenn sie später an beruflichen Scheidewegen steht, an denen es um die Frage geht: Darf ich mich für mich entscheiden? Darf ich meinem Herzen folgen? Darf ich Spaß bei meiner Arbeit haben? Soll ich ein Risiko eingehen?

Ich (Wolfram) könnte ihr heute Abend nur sagen: Du allein hast es in der Hand, zu entscheiden, mit welcher Haltung und Leistungsbereitschaft du in den Tag und auf die zu erledigende Arbeit zugehst und wie die optimalen Umstände für deine Produktivität sind. Das Wichtigste wird es sein, dass du immer darauf vertraust, dass deine Freude dir den Weg zeigt. Erst wenn du dir Gutes tust, bist du auch in der Lage, dauerhaft Gutes zu leisten.

Ich (Eva) würde unserer Tochter heute Abend wünschen, dass sie einmal zutiefst dankbar für ihre Arbeit sein darf. Und dass sie sich von niemandem beirren lässt. Ich würde ihr sagen, dass Erfolg in Wahrheit dazu da ist, sich Räume für die Liebe zu schaffen. Fürs Nach-innen-Einkehren, Sich-selbst-Entdecken und wieder Spüren. Und dass Wohlstand dazu da ist, sich Zeit zu geben, um sein Leben immer mehr danach auszurichten, wo die eigenen Bedürfnisse von Körper, Geist und Seele sind. Dass die Arbeit selbst ein großartiger Raum ist, um ihn mit Liebe zu füllen. Dann sorgt sie nicht nur für uns selbst, sondern auch für andere und diese Welt.

Sonne, Meer und Arbeit ∞ 211

2. Kapitel

VERKAUFEN SIE IHRE ZEIT, ODER FOLGEN SIE IHRER BERUFUNG?

Wie ging es Ihnen mit den Schilderungen unseres idealen Arbeitstages auf den letzten Seiten? Zu realitätsfern? In Ihrer Situation reine Utopie? Nur was für Künstler und Schriftsteller? Mit Ihrem Partner sowieso nicht machbar?

Oder wurden Sie sehnsüchtig? Vielleicht sogar traurig und wütend über all die Jahre, in denen Sie sich immer nur abgerackert haben – mit dem Ergebnis, dass die Krise jetzt alles einfach hinwegzufegen droht?

Ist Ihnen beim Lesen irgendwann ein Licht aufgegangen, wie verrückt unsere Berufswelt eigentlich ist? Schütteln Sie mit dem Kopf und fragen sich, warum sich allen Ernstes so viele Menschen zu Tode arbeiten oder zumindest in die Krankheit? Haben wir alle denn nichts Besseres zu tun? Fragen Sie sich, wer uns nur so einer Gehirnwäsche unterziehen konnte, dass die meisten von uns ein ganzes Leben versäumen, weil sie wie Hamster im Laufrad auf ein imaginäres Rentnerparadies hinschuften, das sich dann als freudloses Abstellgleis entpuppt?

Oder haben Sie sich von unseren Zeilen mitreißen lassen und angefangen zu träumen? Haben sich ausgemalt, wie es wäre, wenn Sie endlich einen Strich unter das alte Leben zie-

212 ∞ *Der Weg in die Berufung*

hen würden und etwas Neues begännen? Wenn Sie es wagen würden, Ihrem Herzen zu folgen? Ihren Traum zu verwirklichen? Ihren Talenten mehr Raum zu geben? Den ersten Schritt zu tun, um Ihre berufliche Vision umzusetzen? Wenigstens schon einmal einen Notizblock zu kaufen, auf den Sie in einer stillen Stunde alles schreiben, was Sie wirklich gerne tun? Was Sie begeistert? Ihnen guttut und anderen nutzt?

Egal, ob Sie gerade schon voller Tatendrang und in Aufbruchsstimmung sind. Oder ob Skepsis, Zweifel, Hoffnungslosigkeit Sie noch bremsen, die folgenden ersten Grundregeln für ein erfüllteres und erfolgreicheres Berufsleben können niemandem schaden.

Seien Sie ehrlich

Wir müssen es einfach noch einmal sagen: Wenn Sie jetzt an diesem Punkt Ihres Lebens vorangehen wollen, müssen Sie wissen, was Sie bisher davon abgehalten hat, es zu tun. Bevor Sie Ihren ersten Schritt in die Berufung wagen, müssen Sie bereit sein, ehrlich herauszufinden, wo Sie jetzt gerade stehen. Wenn Sie in den Spiegel schauen, dann sehen Sie wahrscheinlich nur ein Gesicht. In Ihrem Inneren müssen Sie sich aber eher eine Ansammlung von Unterpersönlichkeiten vorstellen. So eine Art Mannschaft, die allerdings oft ziemlich unkoordiniert in alle möglichen Richtungen übers Feld rennt.

Wir alle funktionieren wie eine Ansammlung von Teilen. Ein Teil von uns strebt nach Veränderung, ein anderer Teil sehnt sich nach Zughörigkeit. Ein Teil von uns hat das Gefühl, er kann nicht einen Tag länger wie eine Maschine funktionieren. Ein anderer Teil braucht Sicherheit. Wenn Sie sich diesen

Verkaufen Sie Ihre Zeit, oder folgen Sie Ihrer Berufung? ∞ 213

Spaltungen und Widersprüchen nicht stellen, werden aus Ihren Bemühungen zur Veränderung meist nicht mehr als traurige Rohrkrepierer. Weil Sie immer, wenn Sie den Bedürfnissen eines Teils in Ihnen nachkommen, automatisch sofort in Konflikt mit einem anderen Teil geraten.

Die meisten von uns identifizieren sich lieber mit den Teilen, die Erfolg versprechend sind und bei anderen auf Akzeptanz stoßen. Aber das ist eben nur ein Teil von uns.

Wir alle sind auch bequeme, unflexible Gewohnheitstiere, die Veränderungen und Unsicherheiten scheuen. Wenn Sie sich das nicht eingestehen und sich mit Vorwärts-Marsch-Parolen etwas vormachen, dann ist, trotz guten Willens, jeder Startversuch bereits eine vorprogrammierte Bruchlandung.

Eine Umfrage unter hundert Personalberatern hat ergeben, dass drei Viertel ihrer potenziellen Umsteigerkandidaten am Ende nicht bereit waren, für einen neuen Arbeitsplatz oder einen beruflichen Wechsel einen Umzug auf sich zu nehmen. Als Hauptgründe für die Ablehnung einer womöglich passenderen und erfüllenderen Arbeit an einem anderen Ort gaben über neunzig Prozent der Befragten an, dass sich dann der Partner ebenfalls eine neue Stelle suchen müsste. Über achtzig Prozent waren nicht bereit, sich von ihrer derzeitigen Wohnung oder dem eigenen Haus zu trennen. Und fast die Hälfte hatte Angst davor, den vertrauten Freundeskreis zu verlieren.

Hier können Sie die oft widerstrebenden und nicht selten lähmenden Kräfte der inneren Mannschaft aus Persönlichkeitsanteilen studieren: Da waren Menschen, die auf der einen Seite offensichtlich nach Veränderung gesucht und sogar einen Personalberater eingeschaltet haben, der sie aktiv beim beruflichen Wandel unterstützen sollte. Die aber auf der anderen Seite gar nicht zur Veränderung bereit waren, sondern sich am kritischen Punkt für Sicherheit, Stagnation und Festhalten entschieden haben. Es scheint – oft auch für die Betroffenen selbst – paradox: Man hat den erklärten Willen zu gehen, aber dann bleibt man doch stehen.

Nur wer bereit ist, die inneren Anteile kennenzulernen und sich mit ihnen ehrlich auseinanderzusetzen, wird diesem Dilemma entkommen und seinen Weg verfolgen können. Bewegung kommt auf, wenn wir scheinbar entgegengesetzte Anteile und deren Ziele in Verbindung bringen und die routinemäßig greifenden Kräfte der alten Gewohnheiten verstehen. Einer der Hauptgründe (weit vor den meisten anderen), warum sich das Leben von unzufriedenen Menschen nicht wirklich zu ihrem Wohl verändert, ist die Gewohnheit. Wir wollen etwas Neues, etwas Besseres und mehr. Aber gleichzeitig soll unser Leben in der gewohnten und gemütlichen Komfortzone in vertrauter Regelmäßigkeit weiterlaufen. Das ist das Prinzip »Wasch mich, aber mach mich nicht nass«. Aber das funktioniert nun mal nicht.

Seien Sie bereit, mit Frustrationen umzugehen

Frustrationen tauchen unterwegs garantiert auf. Gerade waren wir noch voller Tatendrang und hoch motiviert, und dann klappt etwas nicht. Frustrationen verwandeln Motivation blitzschnell in Lähmung. Sie zerstören die Selbstdisziplin und rauben Ihnen die Kräfte. Geht beides verloren, ist es, als ob eben noch erreichbare Ziele auf einmal in weite Ferne rückten.

Wenn Sie dauerhaft auf Ihrem eigenen Weg gehen und Ihre Ziele erreichen wollen, müssen Sie lernen, Ihre Frustra-

Verkaufen Sie Ihre Zeit, oder folgen Sie Ihrer Berufung? ∞ 215

tionen zu beherrschen, statt sich von ihnen beherrschen zu lassen. Der Umgang mit Frustrationen ist ein entscheidender Schlüssel zum Erfolg.

Wenn Sie sich große Erfolge und Menschen mit ungewöhnlichen Karrierewegen anschauen, dann können Sie meist erkennen, dass sie alle Phasen größter Frustration und voller Widerstände hinter sich haben. Wer behauptet, er habe einfach nur Glück gehabt oder sei eben ein Ausnahmetalent, der schummelt. Glück und Talent sind wichtig – aber am Ende entscheidet auf lange Sicht etwas anderes. Wer genau hinguckt, wird zwei Arten von Menschen entdecken: die, die mit Frustrationen fertig geworden sind, und die, die sich wünschen, dass es ihnen gelungen wäre.

Dieter Leipold, Erfinder der Bionade (* 1937) und
Peter Kowalsky, Geschäftsführer der Bionade GmbH (* 1968)

Die Peter-Brauerei in Ostheim vor der Rhön war am Ende. Nicht, dass die Menschen Ende der Neunzigerjahre kein Bier mehr getrunken hätten, aber die kleine Brauerei konnte sich nicht mehr halten. Der Untergang schien vorprogrammiert. Nur einer wollte sich damit nicht abfinden: Dieter Leipold, der Braumeister des maroden Unternehmens. Er glaubte an die Rettung: den großen Wurf, der die Peter-Brauerei nicht nur wieder auf die Beine stellen, sondern ihr zum großen Erfolg verhelfen sollte.

Doch davon war vorerst nichts zu ahnen. Um die angeschlagene Firma wenigstens notdürftig über Wasser zu halten, eröffnete Familie Leipold auf ihrem Werksgelände eine Diskothek. Bis in die frühen Morgenstunden stand Braumeister Dieter Leipold hinter dem Tresen im »Nullachtfuffzehn«. Ein anderes Geschäft, aber immerhin blieb die Firma am Leben. Und damit die Mindestvoraussetzung für die Verwirklichung von Leipolds Vision: ein nichtalkoholisches Erfrischungsgetränk brauen. Genauer gesagt: fermentieren. Denn der Geniestreich des tüftelnden Brauers war, durch den Einsatz von Mikroorganismen die angesetzte Gerste nicht zu Alkohol vergären zu lassen, sondern zu Gluconsäure. So entstand die Bionade – und mit ihr ein wahres deutsches Wirtschaftsmärchen. Innerhalb von weniger als zehn Jahren wurde die abgetakelte Rhöner Landbrauerei zu einem Global Player der Softdrink-Branche.

Der Durchbruch ereignete sich 1998 im fernen Hamburg. Niemand hatte je etwas von Bionade gehört, aber Falco Wambold, der Betreiber der »Gloria Bar«, setzte den Öko-Drink auf seine

Karte. Damit begann ein Triumphzug sondergleichen. Nach fünf Jahren, im Jahr 2003, war der Absatz auf satte zwei Millionen Flaschen angestiegen. Bionade findet jetzt reißenden Absatz. Nahezu alle Supermarktketten nehmen das geschmackvolle Quartett Holunder, Kräuter, Litschi und Ingwer-Orange ins Programm. Irgendwann entdeckt sogar die Mitropa das Wundergetränk, und Bionade erobert die Speisewagen der Deutschen Bahn AG. 2007 ist der Absatz gar auf zweihundert Millionen angestiegen. Bionade ist damit zu einem der erfolgreichsten Unternehmen der bundesdeutschen Wirtschaftsgeschichte geworden.

»Entscheidend für unseren Erfolg mit der Bionade war die Überzeugung, das Richtige zu tun; daran zu glauben, auch wenn keiner sonst daran geglaubt hat, mit der Absicht, etwas Sinnvolles zu machen.« Peter Kowalsky

Dieter Leipold hat sich inzwischen zurückgezogen. Die Geschäftsführung der Bionade GmbH hat er seinem Stiefsohn Peter Kowalsky überlassen. Kein leichter Job für den gelernten Braumeister Jahrgang 1968, denn mit wachsendem Erfolg der Bionade sind auch die Begehrlichkeiten der Konkurrenz gewachsen. Seine erste große Bewährungsprobe hat Kowalsky, als 2004 die allmächtigen Bosse des Coca-Cola-Konzerns aus Atlanta anrückten, um sich die Bionade einzuverleiben. Kowalsky und Leipold winkten ab. »So, you don't want to be rich?«, fragten die konsternierten Gäste und rückten ab. Doch allein ums Geld ist es den Bionade-Machern nie gegangen. Das ist vielleicht das Geheimnis ihres Erfolgs. »Was hätten wir schon mit dem ganzen Geld machen sollen? Eine Insel kaufen?«, fragt

218 ∞ *Der Weg in die Berufung*

Kowalsky. Wie viel ihm die Herren aus den USA damals in Berlin geboten haben, bleibt sein Geheimnis.

Und so geht der Siegeszug der Bionade weiter. Alle wollen den Drink haben. Jetzt plant Kowalsky, der 2007 zum Ökomanager des Jahres gekürt wurde, sogar eine Produktionsstätte in den USA. Manche halten das für Größenwahn. Kowalsky nicht. Er glaubt an seine Idee – und an seinen neuen Geschmack: Im Frühjahr 2009 stellte er der durstigen Öffentlichkeit den lang ersehnten fünften Geschmack vor: Quitte.

Es gibt einen großen Unterschied zwischen erfolgreichen Menschen und denen, die es noch werden wollen: Die Erfolgreichen haben bereits jede Menge Frustrationen hinter sich. Sie wissen, dass es einfach ein Teil des Weges ist, dass immer wieder neue Frustrationen auftauchen. Erfolgreiche Menschen nutzen sie, um neue Strategien zu entwickeln und zu wachsen. Wer keine Probleme haben will, sollte sich weder auf die Suche nach einer tiefer gehenden Beziehung machen noch den Weg der Berufung ernsthaft in Betracht ziehen.

Wenn Sie jetzt gerade genervt und entkräftet sind, dann lassen Sie sich nicht entmutigen. Menschen, die ihre Ziele nicht erreichen, haben sich einfach zu früh von ihren Widerständen und Frustgefühlen runterziehen und vom Weitermachen abbringen lassen. Lassen Sie sich von Hindernissen nicht abhalten, das zu tun, was nötig ist, um Ihr Ziel zu erreichen und Ihren Traum zu verwirklichen. Wenn es gerade nicht klappt, dann sollten Sie das als Rückmeldung auffassen, aus der Sie etwas lernen können. Und wenn Sie gerade richtig feststecken, dann denken Sie daran, dass Sie kaum einen wirklich erfolgreichen Menschen finden, der nicht stecken geblieben ist oder gar zurückgeworfen wurde.

Seien Sie bereit, mit Ablehnung umzugehen

»Das geht nicht ... Das macht man so nicht ... Das wird so nicht funktionieren ...« Das werden die Leute sicher auch zu Ihnen sagen! Wahrscheinlich werden es sogar viele sagen. Menschen, die Sie ernst nehmen. Menschen, die Ihnen ans Herz gewachsen sind. Und: Menschen, die es gut mit Ihnen meinen. Aber einer unserer Lieblingsleitsätze für andere im

Umgang mit uns und für uns im Umgang mit anderen lautet: Das Gegenteil von gut ist gut gemeint!

Trauen Sie sich, Kopfschütteln und Unverständnis zu ernten und trotzdem weiterzugehen. Und rüsten Sie sich innerlich für einen neuen Umgang mit dem Wort »Nein«.

Türen werden zufallen, hinter denen Sie sich Erfolg, neue Projekte, Geld, Zuwendung und Unterstützung erhofft haben. Haben Sie keine Angst davor, auch das ist Teil des Weges. Geben Sie dem Nein keine Macht über sich. Es ist die Entscheidung eines anderen Menschen. Er wird seine Gründe dafür haben. Aber das heißt nicht, dass Ihre Gründe nicht mehr tragfähig sind. Es heißt einfach nur, dass Sie woanders weitergehen müssen. Ein Nein ist ein Ansporn, um weiter nach dem richtigen Ja zu suchen.

Überprüfen Sie ruhig einmal ehrlich, wie viele Dinge Sie in Ihrem Leben gar nicht erst in Angriff genommen haben, weil Sie Angst vor möglichen Neins hatten. Wo haben Sie nicht nach Hilfe gefragt? Wo haben Sie nicht vorgesprochen? Wo wollten Sie sich nicht lächerlich machen oder hatten Angst vor Ablehnung? Wo haben Sie sich nicht beworben? Wo eine wichtige Forderung nicht gestellt? Wenn Sie einmal genauer darüber nachdenken, werden Sie erkennen, dass es verrückt ist, das zu tun. Sie verpassen jede Menge Chancen, wegen eines Wortes. Nein hat nur die Macht, die Sie ihm geben. Mehr nicht. Was soll schon passieren, wenn jemand Nein sagt? Mit Ihnen passiert nichts. Es ist höchstens Ihr Stolz, der neue Nahrung bekommt, um Sie in seinen Fängen und von Ihrem Weg abzuhalten.

Ich (Eva) habe noch vor jedem mir wichtigen Projekt in meinem Leben unzählige Neins gehört. Heute kann ich rückblickend sagen, dass genau die Türen verschlossen blieben, die

Verkaufen Sie Ihre Zeit, oder folgen Sie Ihrer Berufung? ∞ 221

nicht die richtigen waren. Und dass der Umgang mit den Neins mich geprüft, gestärkt und unglaublich kreativ gemacht hat. Heute fällt mir fast immer eine mögliche Lösung für ein scheinbar unlösbares Problem ein – und das schlicht deshalb, weil ich gut trainiert bin durch die vielen vergangenen Neins.

Verabschieden Sie sich vom Vergleichen

Schauen Sie sich von Menschen, die Sie begeistern und bewegen, so viel ab, wie Sie nur können. Aber vergleichen Sie sich nicht. Vergleiche mit anderen haben fast immer nur zwei Konsequenzen: Sie frustrieren und lähmen – oder sie machen einen bequem. Nach diesen Regeln funktionierte das Spiel schon früher in der Schule. Egal, wie sehr wir uns angestrengt haben – am Ende waren die meisten von uns nie so gut wie der Klassenbeste, nie so schnell wie der Klassenerste oder nie so schön wie die Klassenschönste. Frust! Das Gegenmittel lag auf der Hand: Wenn wir eine schlechte Klassenarbeit geschrieben hatten, haben wir schnell geguckt, wie viele andere es gab, die genauso schlecht oder noch schlechter waren. Und dann haben wir unseren Eltern die ganze Liste der Fünfen und Sechsen heruntergebetet, bevor wir zu unserer eigenen Fünf kamen. Die Antwort der meisten Eltern an dieser Stelle war stoisch: Was interessieren mich die anderen. Und dann hieß es pauken.

Heute als Erwachsene funktioniert der Mechanismus noch immer. Wir kommen nicht voran und suchen uns einfach ein paar Menschen aus der Umgebung, denen es noch schlechter geht oder die noch weniger von ihren Träumen verwirklichen. Das gibt vielleicht für einen kurzen Moment ein gutes Gefühl, im Frust nicht alleine zu sein. Kontraproduktiv wird es allerdings, wenn Sie das öfter an entscheidenden Punkten Ihrer Entwicklung machen, an denen es gerade nicht vorangeht. Auf Dauer macht diese Art von Beruhigungsvergleich bequem. Sie gucken nur noch in eine Richtung, nämlich nach unten, und richten sich selbst damit am unteren Ende Ihrer persönlichen Skala ein.

Genauso fatal ist die Wirkung aber eben auch, wenn Sie sich immer mit den »Klassenbesten« vergleichen. Im nächsten Kapitel beschreiben wir noch, wie überaus hilfreich es ist, Vorbilder zu haben und deren erfolgreichen Umgang mit Herausforderungen als Modell für sich selbst zu nutzen. Aber das ist etwas ganz anderes, als sich zu vergleichen. Genau hingucken bei Menschen, die etwas gut können, ist eine Turbohilfe, um selbst etwas zu lernen und im eigenen Leben zu verbessern. Wenn Sie sich allerdings nach jedem Schritt, den Sie tun, sagen: Aber der kann das besser … Die hat es leichter … Der ist schon weiter … Dann nehmen Sie sich den Schwung und das Erfolgsgefühl, das Sie brauchen, um weiter durchzuhalten.

Setzen Sie sich dynamische und entwicklungsfähige Ziele, die Ihnen helfen, das zu tun, was für Sie passt. Aber versuchen Sie nicht, das zu erreichen, was andere erreicht haben.

Es wird immer Menschen geben, bei denen es langsamer geht als bei Ihnen. Und andere, bei denen es schneller oder weiter geht. Beides ist für Ihren Weg nicht wichtig. Sich damit zu beschäftigen hält Sie nur vom Entscheidenden ab: Ihre inneren Impulse gut wahrzunehmen, ihnen zu folgen und immer genauer herauszufinden, was Ihr ureigener Weg in Ihre Berufung ist.

Verkaufen Sie Ihre Zeit, oder folgen Sie Ihrer Berufung? ∞ 223

Lernen Sie Ihre unbewussten Bewertungen kennen

Je besser Sie Ihre innere Mannschaft kennenlernen, desto besser können Sie die einzelnen Spieler einsetzen und fördern. Deshalb ist es absolut entscheidend, dass Sie so früh wie möglich Ihre verdeckten Vorurteile und Ihre unbewussten Programme möglichst konkret kennenlernen. Nehmen Sie sich dazu einen Stift und einen Block, eine Kladde oder ein Notizbuch, um alles aufzuschreiben, was Ihnen über Ihre bisher unbewussten und verdeckten Glaubenssätze Aufschluss geben könnte. Wenn Sie einen wirklichen Wandlungsprozess durchlaufen wollen, dann sollten Sie ab jetzt alle Ideen, Einsichten und Antworten auf die kommenden Fragen notieren und sie wie viele kleine Puzzleteile sammeln, bis sie sich langsam im Laufe des Prozesses zu Ihrer Berufung zusammensetzen.

Den eigenen Vorurteilen, gedanklichen Begrenzungen und einschränkenden Prägungen können Sie ganz leicht auf die Spur kommen.

Nehmen Sie sich irgendjemanden, der tut, was ihm wirklich Freude macht; der weniger arbeitet als Sie; der sich mehr gönnt als Sie; der das Leben mehr genießt als Sie oder der mehr verdient als Sie. Lassen Sie sein Leben vor Ihrem inneren Auge vorbeiziehen ... Und dann seien Sie aufmerksam und hören Sie sich zu, was Sie Negatives über diesen Menschen zu sagen haben. Und schreiben Sie es auf, damit es sichtbar wird und auf dem Papier ein Stück Abstand zu Ihnen bekommt.

Konkret können Sie diesen gedanklichen Prozess mit unserem Text vom idealen Arbeitstag (siehe Seite 204ff.) einmal ausprobieren. Lesen Sie ihn durch und dann schreiben Sie alles auf, was in Ihnen an Widerständen oder Zweifeln auftaucht: Wie soll so ein Leben denn funktionieren? Spinnerei!

Was würde aus meiner Familie werden? Wenn ich so arbeiten würde, dann müsste ich ja kündigen, alles aufs Spiel setzen, verrückt sein …? Was auch immer aus Ihrer Sicht dagegen spricht, sich so einzurichten, wie es den eigenen Träumen entspricht: Das ist nur eine imaginäre Grenze, die sich allein aus Ihren Gedanken aufbaut, und nicht die Realität, der Boden der Tatsachen oder der Rahmen des Möglichen. Diese Gedanken entstammen Erfahrungen und Prägungen aus der Vergangenheit. Es ist wichtig, dass Sie sie genau kennenlernen, sonst wirken sie bei jedem Ihrer Schritte nach vorne wie ein Gegenzug nach hinten. Nehmen Sie Ihre Widersprüche und fragen Sie sich nach jedem Einwand:

Stimmt das wirklich?
Oder ist das nur mein gewohnheitsmäßiger Glaube?

Und dann wagen Sie einen wertfreien, unverbauten, aber messerscharfen Blick auf unseren Text oder das Leben der Person, die Sie ausgewählt haben. Fragen Sie nun eher nüchtern:

Was hat dieser Mensch gewagt, geändert, überwunden, um diesen Schritt in seinem Leben zu tun?

⇢ Was macht er anders als ich?

⇢ Welche Prioritäten setzt er für seine Arbeit?

⇢ Welche für sein Leben?

⇢ Welche Prioritäten setze ich?

Ganz wichtig: Schreiben Sie diese Antworten und auch alle weiteren im Verlauf dieses zweiten, eher praktischen Teils auf. Das macht sie konkreter und bringt die vielleicht noch diffusen Gefühle und Gedanken mehr auf den Punkt.

Verkaufen Sie Ihre Zeit, oder folgen Sie Ihrer Berufung?

Schritt zwei in Sachen Ehrlichkeit: Schauen Sie sich Ihren realen Arbeitsalltag und Lebenskontext an:

Wie viele Stunden am Tag verbringen Sie während der Arbeitszeit mit Tagträumereien?

⟶ Träume von Freizeit

⟶ Träume von Urlaub

⟶ Träume von der nächsten Beförderung

⟶ Träume von mehr Geld

⟶ Träume von Sex und Liebe

Wie viele Stunden am Tag verbringen Sie während Ihrer Arbeitszeit mit Dingen, die nicht zur Arbeit gehören?

⟶ Im Internet surfen

⟶ Onlineshopping

⟶ Onlinebanking

⟶ Filme gucken

⟶ Private Telefonate führen

⟶ Mit Kollegen über Arbeitsbedingungen und Chefs lästern

⟶ Sich um private Belange kümmern

Wie viele Stunden am Arbeitstag

⟶ sind Sie nicht wirklich bei der Sache?

⟶ sitzen Sie nur Ihre Zeit ab?

⟶ erfüllen Sie halbherzig Ihre Pflicht?

⟶ tun Sie Dinge ohne jede persönliche Beteiligung?

⟶ sind Sie innerlich nicht wirklich anwesend?

⟶ arbeiten Sie lustlos, widerwillig und im Wissen, dass es besser ginge?

Wie viele Stunden in der Woche

⇢ sind Sie über die normale Arbeitszeit hinaus im Büro?

⇢ opfern Sie Ihr Privatleben dem Job?

⇢ arbeiten Sie, weil Sie nicht Nein sagen und keine klaren Grenzen ziehen können?

Wie viele Stunden in der Woche verbringen Sie

⇢ im Stau?

⇢ am Handy?

⇢ vor dem Fernseher?

⇢ im Internet?

Wie viele Stunden in der Woche verbringen Sie

⇢ aktiv und präsent mit Ihrem Partner?

⇢ mit Ihren Kindern?

⇢ Ihren Freunden?

⇢ in der Natur?

⇢ mit Dingen, die Sie wirklich erfüllen?

⇢ mit Sport in gesundem Maße?

⇢ im inneren Kontakt mit Ihnen selbst?

Wie viele Stunden in der Woche verbringen Sie damit, Dinge entweder

⇢ mit Bereitwilligkeit

⇢ mit Freude

⇢ mit Enthusiasmus

⇢ mit Widerwillen

zu tun?

Verkaufen Sie Ihre Zeit, oder folgen Sie Ihrer Berufung? ∞ 227

Wenn Sie diese Fragen ehrlich beantwortet haben, dann kann es gut sein, dass Sie feststellen müssen, dass Ihre Work-Life-Balance völlig aus dem Gleichgewicht geraten ist. Dass Sie sich eingestehen müssen, dass Sie jede Menge Zeit verschwenden mit Ablenkung, Tagträumerei und Sucht. Dass es nur wenig Zeit in Ihrem Leben gibt für Ihre Partnerschaft, für echte Begegnungen mit Menschen, für Kontakt zu Ihrem Inneren und für Dinge, die Ihren Körper, Ihren Geist und Ihre Seele wirklich stärken. Und dass Sie weit davon entfernt sind, ein Berufsleben voller Leidenschaft, Freude und Engagement zu leben.

3. Kapitel

GUCKEN SIE AB!
SUCHEN SIE SICH VORBILDER

Ein Leben voller Zeitverschwendung, Selbstausbeutung, Ablenkung, Sucht und Flucht? Wollen Sie das wirklich? Wozu sollte das gut sein? Wem bringt das etwas? Sie verschwenden Ihr Leben, Ihre Gesundheit und Ihre Zeit! Wozu? Sie antworten vielleicht: Weil ich Geld verdienen und deshalb meine Zeit verkaufen muss! »Nein!«, meint Paulo Coelho, der weltberühmte Schriftsteller, in einem Interview, das Wolfgang Herles während der Frankfurter Buchmesse 2008 mit ihm führte: »Niemand muss seine Zeit verkaufen. Ich glaube, das ist nur eine Entschuldigung der Leute, sich nicht fragen zu müssen, was sie wirklich tun wollen. In dem Moment, wo ein Mensch wirklich weiß, was er tun will, gibt es nichts Wichtigeres, als genau das zu tun. Dann wird er automatisch erfolgreich.« Coelho sagt: »Im Leben geht es darum zu leben. Und du kannst nicht leben, wenn du deine Zeit verkaufst. Du kannst deine Zeit verkaufen, aber du kannst sie niemals mehr zurückkaufen. Und so realisieren immer mehr Menschen: Ich sollte meine Zeit nicht mehr länger für etwas verkaufen, das mich nicht glücklich macht. Ich tue lieber die Dinge, die mich glücklich machen – und das ist das Leben.«

Gucken Sie ab! Suchen Sie sich Vorbilder ∞ 229

Paulo Coelho

Schriftsteller (* 1947)

Er ist mit über hundert Millionen verkauften Büchern derzeit einer der meistgelesenen und einflussreichsten Schriftsteller der Welt. Und das, obwohl seine Eltern ihr Möglichstes getan haben, um genau das zu verhindern. Dreimal ließen sie ihren Sohn in eine psychiatrische Anstalt einweisen – überzeugt davon, dass sein Wunsch, Schriftsteller zu werden, nur das Symptom einer geistigen Verwirrung sein könne. Für den konservativen und streng katholischen Vater Pedro und seine Frau Lydia stand fest, dass Paulo dem väterlichen Weg folgen und Ingenieur werden solle. Für die literarischen Ambitionen des Teenagers hatten seine Eltern keinerlei Verständnis.

Paulo aber lässt sich nicht bremsen. Er ist ein rebellisches Kind. Schon in der Klosterschule der Jesuiten, die er seit seinem achten Lebensjahr besuchte, stößt er sich an der starren Religiosität, die man ihm abverlangt. Doch in dieser Zeit entdeckt er seine wahre Berufung: Er will Schriftsteller werden. Und nachdem er bei einem schulischen Lyrikwettbewerb den ersten Preis gewinnt, weiß er auch, dass dieser Traum nicht jeder Grundlage entbehrt.

Von diesem Glauben an die eigene Berufung bringen ihn auch die Elektroschocks nicht ab, die ihm bei seinen Zwangsaufenthalten in der psychiatrischen Anstalt Casa de Saúde Dr. Eiras 1966, 1967 und 1968 verpasst werden. Die Hoffnung der Eltern, Paulo könne auf diese Weise von seinen fixen Ideen abgebracht werden, erfüllt sich nicht. Im Gegenteil. Erst schließt sich der Achtzehnjährige einer Theatergruppe an, was für den gehobenen Mittelstand Brasiliens in jener Zeit als der Inbegriff von Lasterhaftigkeit und schlechtem Umgang gilt. Dann bricht er nach kurzer Zeit sein gegen den Wunsch des Vaters begonnenes Jura-Studium ab, um zum Theater zurückzukehren.

Es sind die späten Sechzigerjahre. Überall auf der Welt bricht sich ein neuer Geist Bahn. Studenten rebellieren, gehen auf die Straße. Auch in dem von einer brutalen Militärdiktatur beherrschten Brasilien. Wieder begehrt Paulo auf. Er lässt sich die Haare wachsen. Er nimmt Drogen. Er gründet eine eigene Zeitschrift, von der allerdings nur zwei Ausgaben erscheinen. Und er schreibt Songtexte für den Komponisten und Musiker Raul Seixas. 1973 treten sie gemeinsam der Alternativen Gesellschaft bei – einer antikapitalistischen Vereinigung, die Freiheit und Selbstbestimmung fordert, in der aber auch Schwarze Magie praktiziert wird.

Gemeinsam mit Seixas feiert Paulo Coelho seine ersten Erfolge. Die zweite gemeinsam produzierte Schallplatte wird mehr als 500 000-mal verkauft. Bis 1976 währt die Zusammenarbeit der beiden. Und sie bringt dem jungen Songtexter den ersten Reichtum. Daneben aber auch gewaltigen Ärger. Denn den brasilianischen Machthabern schmeckt es überhaupt nicht, was Coelho, Seixas und die Alternative Gesellschaft veranstalten.

1974 werden beide festgenommen und inhaftiert. Seixas wird bald wieder entlassen, Paulo aber bleibt hinter Gittern. Er gilt als der intellektuelle Kopf des Duos. Als er endlich auf freien Fuß gesetzt wird, geht das Unheil weiter. Paramilitärs überfallen ihn auf offener Straße und verschleppen ihn in ein Folterzentrum. Dort ist er seinen Peinigern schutzlos ausgeliefert. Das Einzige, das ihn vor immer schlimmeren Folterungen rettet, ist seine Verstellungskunst. Er gibt vor, geisteskrank zu sein, und fügt sich selbst Wunden zu. Als sie endlich davon überzeugt

Paulo Coelho ∞ 231

sind, dass ihr Opfer ungefährlich ist, lassen ihn seine Entführer schließlich laufen.

Dieses Erlebnis ist prägend für sein weiteres Leben. Mit seinen sechsundzwanzig Jahren hat er die Gräuel der Welt gesehen: in der Psychiatrie, im Gefängnis, im Folterkeller – Erlebnisse, die später in seine Romane einfließen werden, zunächst aber einen Wunsch in ihm wecken: endlich normal zu sein. Er nimmt einen Job bei der Plattenfirma Polygram an und trifft dort die Frau, mit der er kurz darauf seine erste Ehe eingehen wird. Doch die erhoffte Ruhe kehrt nicht ein. 1977 zieht Paulo nach London, wo er sich als Autor etablieren will. Erfolglos. Er kehrt nach Brasilien zurück, versucht sich in verschiedenen Jobs, experimentiert mit Hare Krishna und der Wicca-Bewegung. Er trennt sich von seiner ersten Frau. Nichts lässt ihn zur Ruhe kommen. Bis er 1979 Christina Oiticica wiedertrifft, eine alte Freundin, die ihm fortan nicht mehr von der Seite weichen wird.

Mit ihr tritt er ein Jahr später eine schicksalhafte Reise nach Europa an. In Deutschland besuchen sie das Konzentrationslager Dachau. Dort erscheint ihm in einer Vision ein Mann, dem er zwei Monate später in einem Café in Amsterdam wiederbegegnen wird. Dort kommt es zwischen beiden zu einem langen Gespräch. Der Fremde, dessen Identität von Coelho nie preisgegeben wurde, überzeugt ihn, zum katholischen Glauben zurückzukehren und eine Pilgerreise nach Santiago de Compostela anzutreten.

Damit beginnt das wohl mysteriöseste Kapitel in der Vita von Paulo Coelho. Er berichtet, dass er sich zwischen 1980 und 1985 zurückgezogen und einem alten spanischen Orden namens Tradición angeschlossen habe, um die christliche Symbolsprache zu studieren. 1986 habe er sich dann endlich zur Pilgerfahrt nach Santiago entschieden. Er geht den Jakobsweg – und schildert seine Erfahrungen in seinem ein Jahr später erschienenen, stark autobiografisch geprägten Erstlingsroman *Auf dem Jakobsweg*.

»Ich glaube an jede Zeile, die ich in meinen Büchern schreibe. Und ich weiß, wenn du wirklich ganz und gar an etwas glaubst, dann unterstützt dich das ganze Universum bei der Verwirklichung. Ich habe für meine Träume gekämpft. Aber kein Mensch ist eine Insel. Du kannst nichts wirklich erreichen, wenn du es alleine tust. Du brauchst Partner, die mit dir gehen. Und ich habe immer Partner an meiner Seite gehabt, die mit mir gekämpft und mich unterstützt haben.«

Paulo Coelho

1988 folgt ein zweites, ganz anderes Buch. Es trägt den Titel *Der Alchimist* – und wird zum kompletten Flop. Gerade neunhundert Exemplare der Erstauflage werden verkauft. Paulos gerade begonnene literarische Karriere scheint vorbei zu sein. Doch Paulo bleibt seinem Traum treu. In doppelter Hinsicht. Er schreibt einen dritten Roman namens *Brida*. In ihm erzählt er von seinem Glauben daran, dass jeder Mensch eine eigene Bestimmung hat, die es zu entdecken gilt. *Brida* erscheint 1990 – und mit ihm geschieht das Wunder. Plötzlich interessiert sich die Presse für Coelho. Nach kurzer Zeit klettert *Brida* an die Spitze der Bestsellerlisten. *Der Alchimist* folgt auf dem Fuß – und bricht alle Rekorde. Das Buch, das erst niemanden interessierte, wird zum meistverkauften portugiesischsprachigen Buch aller Zeiten und wenig später zu einem Weltbestseller, der in 150 Ländern veröffentlicht wird. Als *Der Alchimist* 1996 auf Deutsch erscheint, schreibt er ein Stück Literaturgeschichte: 306 Wochen lang hält sich das Buch auf der Spiegel-Bestsellerliste.

Buch auf Buch folgen. Auszeichnungen und Ehrungen auf der ganzen Welt. Im Jahr 2000 gründet Paulo gemeinsam mit seiner Frau Christina die Stiftung Instituto Paulo Coelho. Ein großer Teil seiner Einkünfte fließt künftig in dieses Hilfswerk, mit dem er die Not von Kindern und Alten in Brasilien zu lindern versucht. Am 21. September 2007 wird er vom UN-Generalsekretär Ban Ki-Moon zum Friedensbotschafter berufen. Damit wird gleichsam offiziell, was Paulo Coelho schon Jahre zuvor begonnen hat: sein Wirken als Hoffnungsbringer für Millionen von Menschen. Sein Einsatz für Toleranz und Vielfalt. Und sein Glaube an eine bessere, beseelte Welt.

Also, wollen Sie Ihre Zeit verkaufen? Müssen Sie Ihre Zeit verkaufen? Oder wollen Sie etwas wagen, mit Ihren Kräften und Talenten einen Samen in diese Welt setzen und sich nicht mehr länger an Ihren Prägungen aus der Vergangenheit, an gesellschaftlichen Normen oder an familiären Wertevorstellungen ausrichten. Wollen Sie sich stattdessen an Ihrem Herzen und an Menschen orientieren, die mit aller Leidenschaft ihrer Berufung folgen, statt ihre Zeit zu verkaufen?

Rollenmodelle und Vorbilder können eine tragende Kraft auf dem Weg in Ihre Berufung haben. Sie zeigen Ihnen, wie es geht und dass es geht. Instinktiv habe ich (Eva) mir von früh an immer Vorbilder gesucht, an denen ich mich orientieren und deren Umgang mit bestimmten Herausforderungen ich für mich anpassen konnte. Viele Jahre später las ich dann in der entsprechenden Managementliteratur, dass dieses Vorgehen als Unterstützung auf dem Weg durch die eigene Karriere anerkannt und Erfolg bringend ist. Paulo Coelho hat mich mein halbes Leben lang als Vorbild begleitet. Seine Lebensgeschichte hat mich tief im Herzen berührt und immer wieder motiviert, auf meinem eigenen Weg weiterzumachen.

Natürlich ist da sein sagenhafter Erfolg: Kaum jemand auf der Welt hat mehr Bücher verkauft als er. Mittlerweile sind es über hundert Millionen, die in insgesamt 67 Sprachen übersetzt wurden. Das ist märchenhaft, sensationell und gleich zwei Einträge ins *Guinness Buch der Rekorde* wert. Für mich zeigt das: Alles ist möglich – auch unter den unmöglichsten Vorzeichen. Aber das Entscheidende für mich ganz persönlich ist, dass dieser Mann diesen sagenhaften Erfolg mit Geschichten hat, die er tief aus seiner Seele schöpft. Dass er über das schreibt, was sein eigenes Leben ausmacht.

Es gab immer etwas, das auch mich tief in meinem Inneren

Gucken Sie ab! Suchen Sie sich Vorbilder ∞ 235

bewegt und unsichtbar navigiert hat. Da war diese unsichtbare Kraft, dieses Gefühl: Es gibt mehr auf dieser Welt als das, was wir mit unseren Augen sehen. Diese Kraft war oft sehr stark in mir und ließ mich nicht einfach mit dem Strom schwimmen, so wie ich es manchmal gerne getan hätte. So fühlte ich mich damit oft fremd und ein bisschen seltsam. Aber dann war da Paulo Coelho, der diese Kraft nicht nur spürte, sondern sie Millionen von Menschen nahebringen konnte. Das bestärkte mich, ihr zu vertrauen und ihrer Navigation mehr zu folgen, als ich es alleine, ohne Coelho als Wegweiser, gewagt hätte.

Die Hauptaussage der Bücher Coelhos ist: Lebe deine Träume. Dieser Leitsatz ist kein motivatorisches Konstrukt, sondern Ergebnis seines Lebens: »Ich bin immer dabei, meine Träume zu leben«, schreibt er. »Und ich hoffe, dass ich das bis zum Ende meiner Tage tun kann. Ich schrieb meine ersten beiden Bücher und hatte Erfolg. Schon vor vielen Jahren hätte ich aufhören können zu schreiben, weil ich mein Geld längst verdient hatte. Aber ich schrieb weiter, weil es für mich jedes Mal eine Herausforderung ist. Denn dabei kann ich wieder ein Kind sein. Ich sitze vor einer leeren Seite, vor einem neuen Buch und weiß nie, was da herauskommt. Ich weiß, es ist ein Teil meiner Seele, der da herauskommt. Ich teile einen Teil meiner Seele in einem Buch mit, und ich fühle mich danach befreit, dass andere Menschen etwas verstehen können.«

Wie geht das, dass ein Mann nach Jahrzehnten der gleichen Arbeit immer wieder aufgeregt ist und weitermachen will? Warum ist er nicht nach all den Jahren gelangweilt? Coelho: »Manchmal habe ich gedacht, ich schreibe nicht mehr. Ich mache mal etwas anderes. Aber genau dann werde ich gelang-

weilt.« Er ist davon überzeugt, dass man Langeweile nur empfinden kann, wenn man seiner Berufung nicht folgt. Wenn
man nicht tut, wofür man da ist. »Du kannst alles in deinem
Leben haben, aber dann erfüllst du deinen Traum nicht. Und
dein Leben wird leer.«

Auch das hat mich durch meinen eigenen Weg getragen:
Paulo Coelho ist seinem Traum gefolgt, egal, wie groß die
Widerstände waren, die ihm das Leben, seine Eltern, das po-
litische Regime in den Weg gelegt haben. Coelho in einem
Interview: »Ich wollte immer ein Schriftsteller sein und ich
habe immer dafür gekämpft. Heute kann ich sagen: Wenn ich
meinen Traum verwirklichen konnte, dann kann es jeder.
Denn ich habe gegen alle nur denkbaren Widerstände gekämpft.«

Wenn ich gerade an einem schwierigen Punkt in meinem
beruflichen Leben oder an einer entscheidenden Weggabelung war, dann las ich bei Paulo Coelho oder erinnerte mich
daran, wie viele Steine ihm in den Weg gelegt worden waren.
Das half mir, den Stein, der gerade vor mir lag, aufzuheben,
beiseitezuräumen und weiterzugehen.

Oder ich surfte durch das Internet, um mehr über sein Leben zu erfahren. Ich weiß noch, dass ich mit mir haderte, weil
ich tagsüber so schlecht arbeiten konnte und immer erst
abends so richtig in Fluss kam. Ich hatte es schon mit diversen
Umerziehungsprogrammen meiner selbst versucht. Dann las
ich irgendwo, dass Coelho immer nachts schreibt, entspannte
mich und folgte meinem eigenen Rhythmus.

Ich wollte schreiben, dabei den Menschen von ihrer Seele
erzählen und damit möglichst viele Menschen erreichen. Also
fand ich in Paulo Coelho für mich ein passendes Vorbild, das
genau diese Verbindung auf die für mich perfekte Weise ver-

Gucken Sie ab! Suchen Sie sich Vorbilder ∞ 237

wirklichte. Aber ich hatte immer auch andere Vorbilder für die jeweiligen Abschnitte meines Weges. Oft las ich von einem Menschen, der etwas auf seine ureigene Art machte und eine große Herausforderung gemeistert hatte, und dachte: Ja, das ist es! Genauso könnte es gehen. Dann habe ich angefangen, etwas mehr über diesen Menschen in Erfahrung zu bringen und mich daran zu orientieren.

Der Mann, der mich (Wolfram) immer wieder fasziniert hat, ist der Brite Richard Branson. Weil er immer wieder Dinge gewagt hat, die scheinbar unmöglich waren. Für ihn war nie angelerntes Wissen der Rahmen, in dem er sich bewegen wollte. Er ist immer wieder weit über seine bisherigen Grenzen an Erfahrung, Wissen und Geld hinausgegangen, wenn er von etwas begeistert und überzeugt war. Für ihn galt nie: Kenne ich nicht, habe ich noch nicht gemacht – deshalb wage ich mich auch nicht ran. Branson ist im Laufe seiner sagenhaften Karriere mehr als einmal ins volle Risiko gegangen. Dabei hat er sich weder zurückhalten lassen, wenn er das Geld noch nicht zusammenhatte noch wenn ihm führende Leute abgeraten haben.

Richard Branson

Unternehmer (* 1950)

Sollte es noch eines Beweises dafür bedürfen, dass das Leben nicht den Regeln der Logik folgt, hier ist er: Richard Branson. Man wird nicht leicht einen Menschen finden, der in seiner Person und seiner Biografie so viele (scheinbare) Widersprüche vereint wie er: ein Legastheniker, der einer der erfolgreichsten Unternehmer der Gegenwart ist; ein schüchterner Mann, der keinem Risiko aus dem Weg geht; ein musikalisch Unbegabter, der eine der größten Plattenfirmen der Welt geschaffen hat. Und das alles, weil er unbeirrt einer Maxime folgt: »Business should be fun« – Geschäft soll Spaß machen.

Mit diesem Slogan ist Branson gut gefahren: Vor bald vierzig Jahren begann seine sagenhafte Erfolgsgeschichte, als er im zarten Alter von dreiundzwanzig das erste Tonstudio seines Plattenlabels Virgin in Betrieb nahm. Damals klopfte ein ziemlich schräger junger Musiker bei ihm an, den all die arrivierten Pop-Produzenten abgewiesen hatten. Alle, außer Branson. Er nahm Mike Oldfield unter Vertrag und produzierte mit ihm das Album *Tubular Bells* – ein Klassiker der Popgeschichte, der sich millionenfach verkaufte. Der Grundstein für Bransons riesigen Gemischtwarenhandel war damit gelegt.

Heute gehört dem Briten ein gigantischer Mischkonzern aus über 150 eigenständigen Unternehmen, in denen rund 25 000 Menschen arbeiten. Seinem Label ist er dabei treu geblieben. Unter dem Namen Virgin betreibt er Megastores, Radiostationen und Kinos; mit Virgin verkauft er Brautmode, Cola, Wein, Motorräder und Hubschrauber, produziert Popvideos, betreibt ein Mobilfunknetz, bietet Rentenpakete und andere Finanzdienstleistungen. Zu Virgin gehören zwei Fluggesellschaften und ein Reiseveranstalter, selbst Nachtklubs und eine Kondom-Firma – das wilde Imperium eines Mannes, den ein findiger Journalist einmal einen Peter Pan genannt hat, für den sein Konzern ein Abenteuerspielplatz ist.

Bransons Erfolg kam freilich nicht von allein. Immer wieder stand er vor dem Aus. Zum Beispiel als der frisch gegründete Schallplatten-Versandhandel des damals zwanzigjährigen Jungunternehmers durch einen Poststreik ins Schleudern kam. Über Nacht entschied sich Branson dafür, in der Londoner Oxford Street einen Plattenladen aufzumachen, in dem er seine nicht mehr versendbaren Restbestände an den Mann bringen konnte. Mit Erfolg. Durch die Blitzaktion konnte die Insolvenz vermieden werden. Und nebenbei hatte Branson ein neues Geschäftsmodell erfunden: einen Laden, der etwas von dem Geist der Produkte atmete, die dort verkauft wurden. Ein kundennahes Modell, das sich gegen die etablierte Konkurrenz durchsetzte. Branson folgte seinem Instinkt. Mit Erfolg.

Den hatte er nicht immer. Als Jugendlicher stand es schlecht um ihn. Richard war kein guter Schüler. Mit siebzehn hat er die Schule geschmissen. Doch wenige Jahre später war er ein gemachter Mann. Diese Erfahrung hat sein Selbstverständnis geprägt. Er sieht sich gern in der Rolle eines »modernen Robin Hood« *(Handelsblatt)*. Und als unternehmerisches Motiv nennt er neben dem Spaßfaktor, dass er bekannt und beliebt sein möchte. Finanzieller Profit ist ihm zu wenig.

Gemacht hat er ihn trotzdem. Und zwar reichlich. Als Plattenproduzent hatte er wieder und wieder ein glückliches Händchen: Genesis, Sting, Sex Pistols – alle landeten bei Virgin. Der Rubel rollte und Branson konnte zukaufen. Schon Anfang der Achtzigerjahre vereinte das Virgin-Imperium mehr als 50 Unternehmen. Fröhlich spottete Branson allen Managementlehren, die predigen, ein Unternehmen müsse sich auf sein Kerngeschäft konzentrieren. »Letztlich funktionieren alle Unternehmen mehr oder weniger gleich«, verriet er einst dem *Focus*. Man müsse nur die richtigen Leute finden und sie richtig motivieren. Sprach's und kaufte 1984 eine marode Fluggesellschaft.

Branson hatte damals nicht die leiseste Ahnung von Luftfahrt. Aber das scherte ihn kein bisschen. Er hatte Lust auf den Deal, denn er versprach einen »Heidenspaß«, wie er in seiner Autobiografie verrät. Gegen jede wirtschaftliche Vernunft folgte er seiner Laune und leaste einen Jumbojet. Ärgerlich nur, dass zwei Tage vor dem Jungfernflug ein Triebwerk explodierte. Aber Branson ließ sich nicht erschüttern. Er kratzte sein letztes Geld zusammen – und siehe da: Am 22. Juni 1984 startete sein »Maiden Voyager« zu einer legendären Party über den Wolken, die seiner Virgin Atlantic Airline einen gigantischen Medienrummel bescherte. Branson hatte es wieder geschafft. Sehr zum Kummer seiner Konkurrenten. Vor allem die mächtige British Airways (BA) versuchte mit allen Mitteln, den Newcomer in die Knie zu zwingen – auch mit unlauteren. Doch Branson klagte gegen die BA und gewann auf der ganzen Linie. Der Ruf von Virgin war wiederhergestellt, und eine Entschädigung von mehr als einer halben Million Pfund brachte sein durch die BA-Machenschaften gebeuteltes Unternehmen wieder auf die Beine. Wieder hatte David einen Goliath besiegt.

In dieser Rolle gefällt sich Branson: Er gibt nie auf. Und er geht keinem Abenteuer aus dem Weg. Weder geschäftlich noch privat. Denn Business ist für ihn nicht alles. Es gibt wohl kaum einen anderen Top-Unternehmer, der so viel Geld und Energie in völlig private Projekte steckt: etwa sein ehrgeiziges Projekt, ei-

Richard Branson ∞ 241

nen neuen Geschwindigkeitsrekord für die Atlantiküberquerung aufzustellen. Sein erstes Schnellboot ging zwar unter, mit seinem zweiten aber kam der Triumph. Später wechselte er zur Ballonfahrt. Sein Ziel: Als erster Mensch im Ballon die Welt umrunden. Dieses Mal hatte er kein Glück. Ein Schweizer Team schaffte es vor ihm. Aber trotzdem: Mehr als elf Mal ist der zweifache Familienvater bei seinen Abenteuern in Lebensgefahr geraten – und dem Tod doch jedes Mal von der Schippe gesprungen.

Zuletzt konnte selbst Queen Elizabeth sich der Aura ihres exzentrischen Untertanen nicht mehr entziehen. Der oft als Enfant terrible geschmähte Unternehmer erhielt den königlichen Ritterschlag. Seither sitzt Sir Richard auch im englischen Oberhaus.

Das fasziniert mich einfach: Da ist ein agiler, lebensbejahender Mann, der aus eigener Initiative und Kraft einen ungewöhnlichen Mischkonzern für Rockmusik und Reisen zum Mond aufgebaut hat. Faszinierend sind für mich dabei allerdings nicht die Inhalte seiner Geschäftsfelder, sondern seine über allem stehende Motivation: »Geschäft soll Spaß machen.« Das wollte ich auch immer. Aber wehe, wenn ich das früher laut gesagt hätte. Spaß? Das war oberflächlich. Ohne Tiefe. Was für Taugenichtse.

So war es erleichternd und ermutigend, dass ein wirklich erfolgreicher Mann wie Branson so etwas als Maxime laut und öffentlich aussprach. Und anspornend war darüber hinaus, dass er mit siebzehn die Schule geschmissen und keine besseren Startchancen hatte als ich. Und trotzdem gehört er heute zu den bedeutenden Unternehmern der Welt.

Richard Bransons Geschichte bestärkt mich seit Jahren darin, dass man immer wieder neue Abenteuer wagen darf. Dass man sehr wohl über Altvertrautes hinauswachsen und seiner Faszination und seinem Herzen in unbekannte Gefilde folgen darf. Dass es nicht sprunghaft und auch nicht unnormal ist, sondern dem menschlichen Wesen entspricht, wenn man sich weiterentwickelt, für Neues öffnet und beruflich ausdehnt.

Im Herzen fühle ich mich Branson als Unternehmer verbunden, weil er offensichtlich auch mit Mitarbeitern umgehen kann. Er sagt: »Letztlich geht es nicht um die Produkte, sondern um Strategien und darum, die richtigen Leute zu finden und die Truppe zu motivieren.« Mir würde es gefallen, wenn jemand über mich sagen würde, was ein anerkannter Unternehmensberater über ihn gesagt hat: »Sein Führungsstil ist eine natürliche Verlängerung seiner Persönlichkeit.«

Gucken Sie ab! Suchen Sie sich Vorbilder ∞ 243

Gibt es jemanden, der Sie begeistert, tief beeindruckt oder ermutigt? Studieren Sie diesen Menschen, seine Art, die Dinge zu handhaben und sein Leben zu meistern. Finden Sie heraus, was er tut, wie er es tut und welche innere Haltung ihn dabei trägt – und dann integrieren Sie das, was passt und Sie anzieht, in Ihr Leben und Ihre Art, die Dinge zu handhaben.

Sie sollen nicht so werden wie ein anderer Mensch. Es geht darum, dass Sie in Ihrer Begeisterung für einen anderen Menschen entdecken können, was Sie bewegt und was damit latent auch in Ihnen angelegt ist.

Oft ist der Unterschied zwischen uns und Menschen, die uns begeistern und als Vorbilder dienen können, nicht, dass sie einfach talentierter, begabter und großartiger sind. Oft ist es einfach so, dass sie nicht lockerlassen, wo wir uns fügen. Ist es einfach die Tatsache, dass sie sich an bestimmten Stellen mehr erlauben, sie selbst zu sein, als wir es uns erlauben. Sie folgen sich mehr. Sind sich treuer. Nehmen ihre Vorlieben und Bedürfnisse ernster als wir.

Vielleicht ist ja alles, was Sie von Ihrem Traumleben oder Ihrem Traumberuf abhält, nur Ihre eigene Distanz zu Ihrem Potenzial und Ihrem inneren Wesen. Suchen Sie sich einen Menschen, der das lebt, wovon Sie träumen, und beginnen Sie, alles über diesen Menschen herauszufinden. Aber Achtung: Hier geht es nicht um die Klassenbesten. Hier geht es um Vorbilder des Herzens. Während Sie recherchieren und mehr Informationen bekommen, kann es gut sein, dass so manches einstige Vorbild vom Sockel kippt. Dass Sie entdecken, dass es zu große Diskrepanzen zwischen der äußeren Fassade und der tatsächlichen inneren Kraft gibt. Aber andere berühren Sie dafür umso mehr. Vertrauen Sie Ihren Regungen und Ihrer Resonanz, während Sie diesen Menschen und sein Leben studieren:

244 ∞ *Der Weg in die Berufung*

- Was bewegt mich an diesem Menschen?
- Was berührt mich an seinem Leben?
- Was spornt mich an?
- Wovon träume auch ich?
- Was verbindet uns?
- Was möchte ich auch für mein Leben?

Vorbilder sind keine außerirdischen Lichtgestalten aus fernen Erfolgsgalaxien.

Vorbilder repräsentieren Ihre inneren Potenziale, die Sie bisher noch nicht in vollem Umfang ins Leben eingebracht haben. Mit einem Vorbild treten Sie mit für Ihren Weg hilfreichen, unterstützenden und erweiternden Kräften in Verbindung. Vorbilder sind Wegweiser.

Als wir anfingen, uns mit Menschen wie Paulo Coelho und Richard Branson zu beschäftigen, schienen unsere Leben und ihre kaum etwas gemeinsam zu haben. Nur Faszination und Sehnsucht schien uns mit ihnen zu verbinden. Im Laufe der Jahre wurden die Schnittmengen immer größer – aber auch unsere eigenen Profile immer klarer.

Gucken Sie ab! Suchen Sie sich Vorbilder ∞ 245

4. Kapitel

WER LOSLÄSST, HAT ZWEI HÄNDE FREI

Abgucken ist also gut. Wichtig ist: Loslassen. Wir können es nicht oft genug sagen: Loslassen müssen Sie wieder und wieder von allen möglichen alten Vorstellungen, wer Sie sind, wo und wie man arbeitet, was Sie können und womit man sein Geld verdienen kann. So sollten Sie sich freimachen von jeder beruflichen Selbstdefinition, die sich auf ein Wort beschränken lässt. Sie kommen nicht wirklich weiter, solange Sie sich sagen: Ich bin EDV-Fachmann, Friseurin, Ingenieurin oder Banker... Ich habe Bäcker, Speditionskaufmann oder Schlosser gelernt... Ich kenne nur die Automobilbranche, habe immer nur im Einzelhandel gearbeitet. Habe nun mal Jura studiert...

Sie mögen das eine oder das andere gelernt oder nicht gelernt haben. Auf Ihrem Gesellenbrief steht vielleicht eine Berufsbezeichnung, auf Ihrer Bürotür ein Titel, in der Schublade unter den Geburtsurkunden Ihrer Kinder liegt noch ein Studiendiplom einer bestimmten Fakultät, und Ihre Patienten nennen Sie Herr Doktor. Aber das alles sind nicht Sie. Sie sind nicht Ihr Abschlussdiplom, Ihre Zunft, Ihr Titel, Ihre Branche. Und Sie sind auch all das nicht, was Sie als Mangel definieren: Ihr fehlender Abschluss, Ihre geringe Erfahrung, Ihre eingeschlafene Kreativität. Sie sind eine einzigartige Schöpfung mit einer einzigartigen Geschichte und einer unverwechselbaren Kombination aus Talenten, Fähigkeiten, Zielen und Lebensaufgaben.

Georg Schöffler

Einzelhändler (* 1953)

»Meine neueste Kreation«, sagt Georg Schöffler stolz und streicht zärtlich über die Blütenblätter einer weißen Rose. Dem Mittfünfziger sieht man an, dass er viel an der frischen Luft ist. Nicht nur seine Augen, sondern auch seine Wangen leuchten, während er erzählt: »Mit ihr habe ich mir einen Herzenswunsch erfüllt.« Man will es ihm glauben. Immerhin wäre es nicht das erste Mal, dass dieser kräftige Mann einen Traum wahr gemacht hat. Genauso war es vor fünf Jahren, als er bei dem Gartenbetrieb im Emsland einstieg, der ihm heute gehört. Damals hielten ihn alle für verrückt. Und sein Vater wollte nichts mehr mit ihm zu tun haben. Denn Georg Schöffler hatte mit einer Tradition gebrochen.

Es war ja auch schwer zu verstehen. Auch für ihn selbst. Georg hatte eine gute Stelle – bei Opel, wie schon sein Vater. Der hatte dort als Arbeiter angefangen. Und sein Leben in der Firma verbracht. In der Familie hätte niemand je infrage gestellt, dass natürlich der junge Georg in Vaters Fußspuren treten würde. Er ging bei Opel in die Lehre. Aber seine Chefs erkannten schnell, dass er mehr leisten konnte. Er wechselte in den Vertrieb, wurde früh Abteilungsleiter, ging auf Reisen, steigerte die Umsätze, genoss Respekt und Anerkennung – bei seinen Chefs ebenso wie bei seinen Kunden. Sein Vater war mächtig stolz auf seinen Jungen und seine Familie gut versorgt. Die Welt schien in Ordnung: eine Frau, die ihn auf seinem Weg unterstützte; zwei Kinder, ein eigenes Haus, gute Freunde, Jahresurlaub an der Algarve. Manch einer beneidete ihn. Aber jedes Mal, wenn er von seinem Vater den Satz hörte: »Der Georg hat es geschafft!«, versetzte es ihm einen eigenartigen, lähmenden Stich in der Brust.

Da war diese unbestimmte Sehnsucht. Dieses vage Gefühl, das könne noch nicht alles gewesen sein, schlich immer wieder in ihm hoch. Vor allem dann, wenn er kränkelte. Keine ernsten Beschwerden, aber doch unangenehm. Dann wollte er weg, raus. Irgendwohin. Er verstand sich selbst nicht mehr. Nur eines dämmerte ihm langsam: Linderung fand er in seinem Garten. Dort züchtete und zog er alle möglichen Pflanzen. »Der Georg hat eben einen grünen Daumen!«, sagten Freunde anerkennend, wenn sie die Blütenpracht bewunderten. Das versetzte ihm keinen Stich in der Brust. Wenn er das hörte, wurde ihm leicht ums Herz. Er konnte machen, was er wollte, aber es zog ihn immer mehr in den Garten. Erst zaghaft, dann mit Macht. Wenn er säte, schnitt und pflanzte oder auch nur seinen Rasen mähte, konnte er durchatmen. Wenn er in der Erde wühlte, fühlte er sich stark. Wenn er bei seinen Blumen war, verschwanden die Magenschmerzen.

Georg Schöffler entdeckte seine Leidenschaft langsam. Einundfünfzig Jahre alt war er, als er begriff: Hierhin gehöre ich – hierhin, in den Garten. Lange behielt er diese Erkenntnis für sich. Wie sollte er seiner Frau beibringen, dass er am liebsten seinen Job schmeißen wollte? Wie sollte er ihr klarmachen, dass er noch einmal bei null anfangen wollte. Aber dann hat er sich doch ein Herz gefasst. Und siehe da: Seine Frau sagte »Ja«. Sie kannte ihren Mann. Und sie zog mit ins Emsland, in die kleine Gärtnerei. Seine Freunde schüttelten den Kopf. Georg Schöffler ließ sich nicht beirren. Als er liest, dass der dortige Gartenbetrieb einen Nachfolger braucht, fasst er sich ein Herz und schlägt zu. Er verkauft sein Haus, investiert den Erlös in den neuen Betrieb, zieht weg von seiner Heimat in eine Mietwohnung. Die Kinder murren, aber auch das hält ihn nicht auf. »Ich musste gehen«, sagt er heute.

Natürlich hat er manchmal gezweifelt. »Das gehört dazu«, meint er. Aber er hat seine Zweifel überwunden und ist dankbar dafür. »Heute bin ich viel ausgeglichener«, erzählt er. Die gesundheitlichen Beschwerden haben aufgehört. Nicht, weil er weniger arbeiten würde. »Arbeit gibt es noch immer genug, aber sie macht mir Freude.« Nachmittags kommen seine Kinder manchmal in die Gärtnerei. Sie kommen gerne, denn ihr Vater ist ausgelassen und heiter. Ganz anders als früher. Nur das Verhältnis zu seinen Eltern ist angespannt geblieben. Sie haben noch nicht verdaut, dass ihr Georg den sicheren Job geopfert und mit der Familientradition gebrochen hat. »Das ist schade«, findet er, »ich würde ihnen so gern mal meine Rosen zeigen.«

Vielleicht sind Sie sich Ihrer Einzigartigkeit nicht bewusst. Aber das heißt nicht, dass es sie nicht gäbe. Das heißt nur, dass Sie vielleicht noch nie den Fokus auf sie gerichtet haben – vielleicht auch, weil noch nie jemand anderes den Fokus auf Sie gerichtet hat.

Das Dilemma der meisten berufstätigen Erwachsenen ist: Sie halten sich für Frösche, bloß weil niemand sie je geküsst hat. Sie leben nur einen Bruchteil ihres Potenzials, weil niemand sie je auf ihre Schätze angesprochen hat. Sie bleiben klein, weil niemand sie nach ihrer Größe gefragt hat.

Weder in der Schule noch im Berufsleben schaut jemand auf unsere Individualität und die Einzigartigkeit unseres Wesens. Meist wird nur geprüft, in welches bestehende Kästchen wir am ehesten hineinpassen könnten. Geht es um die Berufswahl, fragt kaum jemand: Wer bist du? Wofür schlägt dein Herz? Was macht dir wirklich Spaß? Was macht dich einzigartig? Und was zeichnet dich aus? Sind wir jung, schaut man, wie unsere Noten sind, wo wir gute Leistungen bringen könnten und welche Berufe gerade sicher scheinen oder gute Bezahlung versprechen. Werden wir älter, schaut man, was wir schon geleistet haben und wo wir noch mehr Leistung bringen könnten.

Irgendwann stehen wir dann in der Mitte unseres Lebens auf einer Party und werden von der Frage ereilt: »Was machen Sie denn so?« Mehr als ein Wort kommt den meisten von uns dann nicht mehr über die Lippen. Die Eitlen sagen: Ich bin Geschäftsführer. Die Korrekten verkünden: Oberstudienrat. Und all die anderen antworten genauso einsilbig: Ingenieurin, Schlosser, Sekretärin, Pilot... Diese schematischen Einwortantworten sind heute ganz selbstverständlich. Aber sie machen auch deutlich, wo wir in unserer Gesellschaft und unserer Wirtschaft gerade feststecken: Wir kennen uns nicht. Wir zeigen uns nicht. Wir werden anhand von Zahlen beurteilt und geben in Gesprächen mit anderen Menschen statt einer Selbstbeschreibung eine Stellenbeschreibung ab.

In einem Small Talk auf die Frage »Was machen Sie beruflich?« eine Antwort zu geben fällt mir (Eva) immer schwerer. Ich war nie besonders Small-Talk-tauglich, aber heutzutage scheint es mir fast absurd, auf diese Frage mit einem Wort wie Journalistin oder Therapeutin, Beraterin oder Autorin zu antworten. Jeder dieser Begriffe ist wie ein Standardformular, auf dem ich meine Berufung, meine Leidenschaften und Talente, meine Visionen und meine Entwicklungen in ein vorgedrucktes Kästchen quetschen soll.

Wenn ich einem Menschen auf die Frage »Was machen Sie beruflich?« eine ehrliche Antwort geben sollte, dann wäre die kürzest mögliche Formulierung: Andere Menschen und mich selbst entdecken und uns dabei einander näher bringen. Ab da wäre alles Weitere nur noch eine Beschreibung der möglichen Wege, die ich dabei gehe: Manchmal schreibe ich zu diesem Zweck Bücher. Ein anderes Mal gebe ich Seminare oder rede mit einzelnen Menschen in unserer Praxis.

Manchmal muss ich dafür etwas ganz Neues wagen: Einen Film drehen oder eine Frauenbewegung anzetteln. Meinen Mann überzeugen oder eine Stunde im Garten dösen, damit mir die richtige Idee kommen kann. Tag und Nacht an etwas herumdoktern, bis es endlich funktioniert. Das sind viele Tätigkeiten, während der ich immer mehr meiner Talente entdecken und entfalten kann; mit denen ich mein Geld verdiene und meine Steuern bezahle. Deren Antrieb aber aus einem einzigen Ort kommt: tief aus meinem Inneren. Aus meinem Herzen. Den Kraftstoff für all meine Aktivitäten liefert meine Vision, Menschen zu verbinden.

Wer loslässt, hat zwei Hände frei

Aber bevor Sie jetzt innerlich erstarren und im Geist fünf Schritte zurückgehen, weil Sie sich von einem großen, so wenig konkreten Wort wie Vision herausgefordert fühlen – die Verwirklichung jeder noch so weltverändernden Vision beginnt mit einem ersten kleinen Schritt. Und es gibt unzählige Möglichkeiten, diesen ersten kleinen Schritt auf dem neuen Weg zu tun. Jemand sagte einmal zu mir: Kleb eine Briefmarke auf einen Umschlag, in dem deine Bewerbung steckt, und wirf sie in den Kasten – das ist der alles entscheidende Schritt, den du jetzt tun musst.

Für manch einen kann es schon erleichternd sein, den Arbeitsplatz ein wenig menschlicher, persönlicher und den eigenen Bedürfnissen entsprechend zu gestalten. Kürzlich stand ich an einer Kasse im Supermarkt, und die Kassiererin hatte dort einen kleinen Blumenstrauß in einer ebenso kleinen, hübschen Vase neben sich stehen. In der Schlange wartend, konnte ich sehen, wie fast jeder beim Anblick dieser Vase lächelte. Manche Kunden sprachen die Frau an – genau wie ich –, und alles war menschlicher. Es gab Kontakt. Dazu brauchte es nicht mehr als eine persönliche Geste eines Menschen.

Ich weiß noch, wie ich mir nach meinen Jahren als Managerin in einem Büro mit weißen Wänden und grauen Kunststoffmöbeln nach meinem Nervenzusammenbruch und meiner Kündigung mein kleines Arbeitszimmer in meiner selbst renovierten Altbauwohnung hergerichtet hatte. Ich saß auf einem von mir selbst mit buntem Stoff bezogenen, alten Drehstuhl und schaute mich um: Überall waren persönliche Dinge, die mir etwas bedeuteten und den Raum mit Leben erfüllten. Ich strich mir über meine gemütlichen, ausgebeulten Hosen und dachte daran zurück, wie ich mich früher als Managerin jeden Abend hektisch meines Businessoutfits wie einer zu en-

252 ∞ *Der Weg in die Berufung*

gen und sperrigen Rüstung entledigt hatte, kaum dass die Wohnungstüre hinter mir ins Schloss gefallen war.

Ich war dankbar. Dankbar für den Nervenzusammenbruch, für meinen ehrlichen Körper und mein unbestechliches Herz. Dankbar dafür, dass sie mich hierher gebracht hatten, fing ich an, mich in einem überwältigenden Gefühl von Freiheit und Freude auf dem Stuhl im Kreis zu drehen. Immer schneller, bis mir schließlich schwindelig wurde. Nie wieder habe ich seitdem in einem Zimmer gearbeitet, das auch nur ansatzweise aussah wie ein Arbeitszimmer.

Irgendwann habe ich festgestellt, dass ich viel besser schreiben kann, wenn ich es mir auf der Couch gemütlich mache. Heute schreibe ich alle kreativen Texte irgendwo in meiner mir ureigenen halb liegenden Position.

Es kann einer Ihrer ersten Schritte auf Ihrem Weg sein, vielleicht nur eine Kleinigkeit an Ihrem Arbeitsplatz bewusst zu ändern, die gut für Sie ist oder Ihnen ein besseres Gefühl gibt.

Viele von Ihnen sagen jetzt sicher sofort: Klar! Halb liegend – das ist die Position, die meinem Chef am besten gefällt, wenn er mich in meinem Büro antrifft. Mit dem Super-Killerargument »War schon immer so, wird auch nie anders sein« können Sie natürlich alles sofort im Keim ersticken. Oder Sie fragen sich:

⇢ Was brauche ich?

⇢ Und was davon ist in ersten kleinen Schritten möglich?

Damals in meiner Zeit in der Modebranche hätte ich (Wolfram) bei den letzten Absätzen auch sofort gedacht: Was will die denn? Was hat denn das mit Arbeit zu tun? Mein Frühstück zu Hause bestand damals aus zwei Tassen Kaffee und einer ersten Zigarette auf nüchternen Magen. Meine erste »richtige« Nahrung gab es am späten Vormittag im Büro in Form eines belegten Brötchens. Mittagessen fiel oft aus wegen zu viel Arbeit. Am Nachmittag bei der x-ten Zigarettenpause wurde es mir dann irgendwann flau im Magen, und ich holte mir um die Ecke schnell etwas zum Essen auf die Hand. Zwischendurch gab es wieder Kaffee mit Zigarette und außer den Wegen von Termin zu Termin keine Bewegung.

Wenn Sie heute so oder ähnlich wie ich damals leben, dann geht es um die Fragen: Wie lange wollen Sie noch so mit sich umgehen? Was ist der erste kleine Schritt, den Sie für sich, für Ihren Körper, für Ihre Gesundheit tun könnten? Wollen Sie sich weiter zerstören oder endlich wertschätzen? Konkret könnte das bedeuten, wenigstens morgens vor der Arbeit nicht zu rauchen und für eine solide Grundlage für den Tag zu sorgen. Eine Banane wäre für einen Menschen wie mich damals schon eine wahre Gesundheitsbombe gewesen.

Bewegung? Dafür gibt es tagsüber während der Dienst- oder Geschäftszeiten weder einen Raum noch Zeit. Das war auch meine angenehme Entschuldigung, bis ich einen neuen Chef bekam. Der hatte jeden Tag eine Sporttasche dabei und joggte jeden Mittag konsequent eine Runde. Danach war er fit. Und ehrlich gesagt: Der Mann war zwar fünfzehn Jahre älter, aber nicht halb so schlapp und grau im Gesicht wie ich. Er war damals schon sehr erfolgreich und ziemlich dynamisch. Er entschied sich klar für sich selbst. Und damit war er auch genauso klar bei seinen anderen Entscheidungen.

Über einen anderen Kollegen haben viele von uns damals gelächelt, weil er sich zu Besprechungen sein Wasser und seinen Tee mit Honig mitbrachte, statt wie alle anderen literweise

Kaffee zu trinken. Wir fanden ihn verschroben. Heute kann ich nur sagen: Hut ab! Er hat damals schon gespürt, was ihm guttut, und sich nicht dem angepasst, was alle um ihn herum machten. Längst gehört es heute auch zu meinem Leben, dass ich mir die Dinge mit auf Reisen nehme, die mir guttun. Und Bestellungen in Restaurants aufgebe, die auf mich abgestimmt sind. Wenn ich mittags geschäftlich essen gehen muss, lasse ich einfach gewisse Beilagen weg, damit ich nachmittags nicht komatös im Stuhl hänge. An manchen Tagen kann ich keinen Sport machen. Dann drehe ich einfach eine schnelle Runde um den Block. Dafür ist immer Zeit.

Es gibt immer einen ersten Schritt. Und niemand kennt diesen Schritt besser als Sie selbst. Sie wissen genau, was Ihnen am meisten fehlt. Oder was Sie am meisten vernachlässigen.

Sie wissen am besten, was in Ihrem Arbeitsalltag innerhalb der nächsten vierzehn Tage spielend einzubauen und umzusetzen ist. Die 14-Tage-Frage ist immer die Frage, die Sie zum Handeln bringt. Was geht? Was ist möglich? Was kann ich konkret tun? Und zwar unmittelbar innerhalb der nächsten zwei Wochen? Das ist der erste kleine Schritt, der Sie aus dem Denken heraus und am inneren Schweinehund vorbei ins Tun bringt.

Denn am Ende ist fast alles, was Sie gerade tun oder lassen, vor allem eins: eine Gewohnheit. Manche von Ihren Gewohnheiten tun Ihnen gut. Andere sind einfach nur dazu da, Gefühle von Stress und Spannung zu überdecken, und wieder andere sind nur übernommen, ohne dass Sie sich je gefragt hätten, ob sie wirklich für Sie förderlich sind und zu Ihnen passen. Aber die meisten Gewohnheiten sind schon so lange bei uns, dass wir nicht mehr auf die Idee kommen, uns zu fra-

Wer loslässt, hat zwei Hände frei

gen, ob sie wirklich zu uns gehören und uns auf unserem Weg dienlich sind. Das gilt natürlich auch für unsere Art, mit unserem Berufsleben und dessen realen oder vermeintlichen Verpflichtungen umzugehen.

Vergessen Sie nicht: Die meisten von uns arbeiten einfach nur so, wie sie es zu Hause gelernt haben. Vielleicht nicht inhaltlich. Vielleicht machen Sie etwas ganz anderes als Ihre Eltern. Aber Sie haben Prägungen mitbekommen, wie man zu arbeiten hat. Bei uns (Eva) zu Hause arbeiteten anständige Menschen zum Beispiel nicht nachts. Und anständige Menschen schliefen morgens auch nicht aus. So hatte ich mich zwar mit meinen beruflichen Inhalten im Laufe der Jahre weit von zu Hause wegbewegt, aber meine Grundprägungen in Sachen Arbeitsrhythmus waren immer noch die alten, unbewusst übernommenen. Das sorgte in meinem Inneren für Spannung und machte mir im beruflichen Alltag zu schaffen, bis ich anfing, mir zunehmend meine Nachtschichten und meine Vormittage für mich zu erlauben.

Wenn Sie wirklich auf Ihren Weg wollen, müssen Sie alles zur Disposition stellen, was sich nicht gut anfühlt.

Auch wenn alle sagen, dass man etwas auf diese bestimmte Art und Weise macht. Sie müssen – und zwar auf immer feineren Ebenen – herausfinden, was wirklich zu Ihnen und genau zu Ihren Anforderungen passt und was Ihnen hilft, optimal zu funktionieren.

Es hilft, bisher selbstverständliche Abläufe und Gewohnheiten infrage zu stellen und durch Alternativen zu ersetzen. Betrachten Sie für den Anfang einmal Ihren jüngsten Arbeitsalltag und untersuchen Sie ihn auf seine Idealverträglichkeit. Wenn Sie Ihren Job verloren haben, dann beziehen Sie die Fragen einfach auf die letzte Schaffensphase.

⋯⟩ Was fehlt mir am meisten?

⋯⟩ Was schadet mir am meisten?

⋯⟩ Was schwächt mich am meisten?

⋯⟩ Welche meiner beruflichen Ziele bringen mir unmittelbares Wohlgefühl und spürbare Befriedigung? Welche sind eher äußerlich?

⋯⟩ Welchen Mangel, welche Unzufriedenheit in meinem Leben kompensiere ich durch Arbeit?

⋯⟩ Wo opfere ich mich auf?

⋯⟩ Wo leiste ich viel, aber ohne nennenswerten Erfolg?

Fast ausnahmslos gibt es eine Ursache dafür, wenn wir uns opfern, wenn wir leisten ohne Erfolg, wenn wir kompensieren, wenn wir unter Bedingungen arbeiten, die uns nicht guttun: Unbewusst stehen wir in den Schuhen von jemand anderem. Gehen wir den Weg von jemand anderem. Verfolgen wir die Ziele von jemand anderem. Auch wenn Sie sich für selbstbewusst halten – in jedem von uns wirken unzählige ausgesprochene und unausgesprochene Erwartungen unserer Eltern. Je jünger wir sind, desto stärker wirken sie in unser eigenes System hinein und verhindern, dass wir uns ungestört selbst entdecken und unserem Naturell entsprechend entfalten können. Erst einmal verinnerlicht, wirken sie unser Leben lang wie eine Fernsteuerung und sorgen dafür, dass wir uns mehr und mehr von unserem Kern entfernen. Jeder von uns versucht, den in ihn gesetzten Erwartungen gerecht zu werden. Dabei kann er es meist niemandem wirklich recht machen – am wenigsten aber sich selbst.

Wer loslässt, hat zwei Hände frei ∞ 257

Der entscheidende Ausstieg aus dieser Endlosschleife ist auch hier die Bewusstheit.

Nur wer sich der Erwartungen anderer, die in ihm wirken, bewusst ist, kann sich entscheiden, ihnen zu entsprechen oder auch nicht.

Jetzt ist die Zeit gekommen, herauszufinden, wer Sie waren, bevor Sie die Fremderwartungen Ihrer Herkunftsfamilien, Ihrer Geschwister, Ihres sozialen Umfeldes, Ihrer Freunde und später Ihrer Partner übernommen haben.

⇢ In welchen Bereichen entspricht mein Berufsleben eher den Prägungen und Wertesystemen meiner Eltern als mir selbst?

⇢ Was tue ich heute noch so, wie ich es gelernt habe, obwohl es nicht mehr richtig passt?

⇢ Wo ähnelt mein Leben sehr stark dem meiner Eltern?

⇢ In welchen Bereichen meines Lebens fühle ich mich manchmal fremd?

⇢ Wo habe ich das Gefühl, dass ich selbst das Steuer nicht in der Hand habe? Immer wieder Dinge tue, die mir nicht wirklich entsprechen, mich nicht wirklich befriedigen? Die sich wie ferngesteuert anfühlen?

⇢ Wo habe ich das Gefühl, etwas aus Verantwortung für andere heraus tun zu müssen?

⇢ Wo versuche ich die Bedürfnisse meiner Familie, meines Partners, meiner Kinder zu leben oder mehr zu befriedigen als meine eigenen? Ihnen mit meinem Verhalten und meinem Tun Sicherheit zu geben?

Und dann finden Sie etwas mehr über Ihre eigenen unmittelbaren Bedürfnisse heraus. Fragen Sie ruhig genau nach. Nehmen Sie sich ernster, als Sie es bisher getan haben. Seien Sie neugierig auf sich und gehen Sie mit der Haltung heran, dass es noch vieles in Ihnen gibt, das Sie noch gar nicht kennen. Was auch immer Ihnen in den Sinn kommt, bringen Sie es aufs Papier.

- Was macht mir wirklich Spaß bei dem, was ich tue?

- Welche meiner Tätigkeiten macht mir wirklich im Moment des Tuns Freude?

- Worauf habe ich keine Lust mehr?

- Welche Veränderung würde mir am meisten Entspannung verschaffen?

- Welche Veränderung würde mir am meisten Freude bringen?

- Wovon würde ich mich am liebsten trennen?

- Wann geht mir die Arbeit am besten von der Hand?

- Wie sähe mein idealer Arbeitsplatz aus?

- Arbeite ich lieber alleine oder lieber mit anderen?

Ihre Arbeitsbedingungen und -rhythmen der letzten Jahre sind vielleicht üblich. Aber das heißt deshalb noch nicht, dass sie richtig für Sie sind und Sie unter allen Umständen weiterhin in ihnen verharren müssen, wenn sie Ihnen nicht mehr guttun und Sie sich nach etwas anderem sehnen. Denken Sie an eine Pflanze. Wenn sie am falschen Ort, im falschen Boden

Wer loslässt, hat zwei Hände frei ∞ 259

oder im falschen Licht steht, dann gedeiht sie nicht, trägt vielleicht niemals Blüten oder geht ein.

Vielleicht haben Sie ja ein schickes Büro. Oder sogar eins in der oberen Etage mit Sekretärin und Besprechungszimmer. Aber ist es deswegen persönlicher, lebendiger und freudvoller? Haben Sie dort heute schon Spaß gehabt – vielleicht sogar laut gelacht, vor Freude gehüpft oder den Moment genossen? Schafft es Umstände, die Ihr Körper zum Erblühen braucht? Macht es Ihr Herz glücklicher? Stimuliert es Ihre Kreativität? Nimmt es Ihnen den Druck und die Angst?

Die Fragen nach den ureigenen Arbeitsbedingungen können unbequem oder befremdlich wirken. Aber je mehr Sie sich solche Fragen ehrlich stellen und ernsthaft beantworten, desto näher kommen Sie sich und Ihren Bedürfnissen. Sich selbst und die scheinbare Normalität zu hinterfragen sorgt dafür, dass Sie zu Ihren Talenten und Kräften zurückfinden, sie entfalten und sie ver-wirklichen. Wir haben es bereits ganz am Anfang gesagt: Es geht um Selbstverwirklichung. Selbstverwirklichung nicht im Sinne eines Egotrips, sondern im ursprünglichen Sinn des Wortes.

Wie sollen Sie sich verwirklichen, wenn Sie sich nicht kennen? Jetzt ist die Zeit des Kennenlernens! Stellen Sie sich vor, Sie begegnen gerade einem wirklich faszinierenden Menschen, der das Potenzial hat, diese Welt zu verändern. Stellen Sie sich vor, Sie hätten es mit Barack Obama, Nelson Mandela oder Mutter Teresa zu tun. Mit denen würden Sie auch nicht übers Wetter plaudern wollen. Stellen Sie sich selbst auf Ihrer Entdeckungsreise also ruhig auch einige große Fragen über das Leben. Finden Sie heraus, was Ihr innerer Motor ist; was Sie wirklich am Laufen hält – oder halten könnte, wenn Sie wieder bei Kräften wären:

- Was würde ich gerne auf dieser Welt verändern?

- Was ist das Wichtigste in meinem Leben?

- Was fehlt mir am allermeisten auf dieser Welt?

- Für welches Ziel wäre ich bereit zu kämpfen?

- Wofür würde ich alles geben?

- Was ist das Bedeutendste, das ich anderen und dieser Welt geben kann?

- Was liebe ich über alles?

- Wo steckt meine ganze Leidenschaft?

Oft bitten wir im Rahmen unserer Arbeit Menschen, die in ihrem Aktionsradius gerade sehr begrenzt sind oder keine Perspektive mehr sehen können, sich über die Grenzen ihrer Realität hinauszubewegen. Dabei wollen wir sie nicht ermutigen, weltfremde Spinner zu werden. Vielmehr geht es darum, den Verstand für einen Moment zu umgehen. Unser Verstand ist ein nützliches Instrument und hat uns sicher oft in unserem Leben gute Dienste erwiesen und soll es auch weiterhin tun.

Aber er funktioniert zum einen nur in einem begrenzten Rahmen. Und zum anderen ist er ein Gewohnheitstier. Er funktioniert immer wieder in den gleichen Strukturen und Mustern: Seine Schlüsse für unsere Gegenwart und Zukunft zieht er fast ausschließlich aufgrund von Erfahrungen in der Vergangenheit. Das macht ihn – zumindest anfänglich – nicht zum besten Berater, wenn es um etwas Neues geht.

Also schütteln Sie sich beim nächsten Fragenblock und begeben Sie sich in die Welt eines Regisseurs, der einen neuen

Wer loslässt, hat zwei Hände frei ∞ 261

Film produziert. Sie bestimmen völlig frei und jenseits Ihres realen Erfahrungshorizonts, wie und wohin sich Ihr Held entwickelt …

- Was würden Sie tun, wenn Sie zwanzig Millionen auf dem Konto hätten und nie mehr arbeiten müssten?
- Was würden Sie sich wünschen, wenn die gute Fee vorbeikäme? Diese spezielle Fee erfüllt Ihnen gerne auch mehr als drei Wünsche …
- Was wäre das Bedeutendste, das jemand am Ende Ihres idealen Lebens über Sie sagen könnte?
- Was wäre das Bedeutendste, das Sie Ihren Kindern weitergeben oder dieser Welt hinterlassen wollen?

Beim Wünschen und Träumen dürfen Ihre Antworten ruhig auch mal etwas länger ausfallen. Auf den Punkt bringen, konkretisieren und eindampfen können Sie sie hinterher. Aber bitte schreiben Sie die Antworten auf jeden Fall auf und denken Sie nicht nur darüber nach.

Sie werden sich wundern, wie viel klarer und konkreter alles wird, wenn Sie es aus dem losen Herumschwirren der Gedanken aufs Papier bringen. Beim Aufschreiben kommen Ihre Gedanken in Form, werden für Sie deutlicher erkennbar und beginnen auch, deutlichere Gefühle in Ihnen zu wecken. Gefühle, die wiederum der Kraftstoff sind, der für Ihren natürlichen Antrieb sorgt.

All die Fragen sind hilfreich, um innerlich und daraus folgend auch äußerlich alte Begrenzungen zu überwinden, gedanklich zu entrümpeln und für neuen, freieren Gestaltungsraum zu sorgen. Sie müssen einfach wissen, dass die Basis all Ihrer Aktivitäten Ihre Gedanken sind.

Jeder Handlung geht ein Gedanke voraus. Jede Neuerung **auf dieser Welt fand zuerst im Kopf eines Menschen statt, bevor sie auf der Ebene der Materie realisiert wurde.**

Eine wichtige Grundregel für alles, was wir in diesem Buch beschreiben, ist: Die äußere Entwicklung folgt immer der inneren Entwicklung! Regelmäßige Fragen, Dehnübungen für Ihren Denkapparat und eine konsequente Schulung Ihrer intuitiven und kreativen Fähigkeiten sind in diesem Prozess elementar wichtig. Das heißt für Ihre berufliche Wandlung und Weiterentwicklung, dass es zuerst einen gedanklichen Wandel und eine innere Weiterentwicklung braucht, bevor dieser auf äußerer Ebene in Erscheinung treten kann.

Schauen Sie sich Ihre Antworten also genau an und lernen Sie sich über sie kennen. Gibt es Themenbereiche, die sich wiederholen? Gibt es Kernthemen? Können Sie einen roten Faden erkennen? Gibt es Themen, die sich schon durch Ihr halbes Leben ziehen? Was können Sie über sich entdecken?

Wenn Sie wirklich ernsthaft in Ihr bisheriges Leben eintauchen, dann werden Sie mit der entsprechenden Wachheit entdecken können, dass es in Ihnen tatsächlich schon die ganze Zeit so etwas wie einen Ruf gibt, bestimmte Antworten zu finden und bestimmte Aufgaben zu erfüllen. Dass Sie tatsächlich für diesen Ruf mit optimalen Anlagen und Voraussetzungen ausgestattet wurden. Dass Ihr Ruf über all die Jahre hinweg immer wieder mehr oder weniger laut hörbar ertönt. Manchmal nur als Unterton, als Summen, manchmal als klare Melodie. Dass alles im Kern tatsächlich schon immer da war. Dass sich Konstellationen, Widerstände, Sehnsüchte und Kräfte tatsächlich wie ein Muster durch Ihr Leben weben, das sich über-

Wer loslässt, hat zwei Hände frei ∞ 263

all von demjenigen aufspüren lässt, der wirklich aufmerksam mit Ihnen ist. Die Frage ist: Wollen Sie derjenige sein?

⇢ Wovon haben Sie als Kind geträumt?

⇢ Was war damals Ihr Traumberuf?

Welche Anlagen und Muster können Sie in diesen Kindheitsträumen entdecken, die Ihnen Hinweise für Ihren heutigen Lebensweg geben?

Können Sie sich an Situationen erinnern,

⇢ in denen Sie sich wirklich wohlgefühlt haben?

⇢ die für Sie unvergesslich sind?

⇢ in denen Sie etwas besonders Schwieriges gemeistert haben?

⇢ in denen Sie existenzielle Erfahrungen gemacht haben?

⇢ in denen Sie ganz besonders glücklich waren?

Was haben diese Situationen gemeinsam? Welche Geschichten erzählt Ihr Leben wieder und wieder? Was sagen sie über Sie aus?

Vielleicht staunen Sie ja über die Zusammenhänge. Vielleicht verblüfft Sie so manche Ihrer Antworten. Vielleicht rührt Sie etwas an. Vielleicht setzt sich einiges auf einmal wie ein Puzzle endlich zu einem Bild zusammen. Vielleicht fällt Ihnen aber auch bei vielem nicht gleich etwas ein, fehlt Ihnen die Erinnerung, Sie werden müde, oder Ihre ersten Antworten sind nur knapp und so einsilbig wie die Berufsbeschreibungen beim Party-Small-Talk.

Geben Sie nicht gleich auf. Geben Sie sich und Ihren aufkeimenden Antworten lieber ein bisschen Zeit. Gehen Sie mit den Fragen ein paar Tage schwanger. Es geht hier nicht um das Bestehen eines Tests. Entscheidend ist Ihre offene und neugierige Haltung sich selbst gegenüber und nicht die sofortige, umfassende Beantwortung aller Fragen. Je mehr Sie sich Ihrem Inneren zuwenden, desto mehr zeigt es sich. Manchmal stellt sich eben nicht gleich eine Antwort ein. Aber Tage später kommt Ihnen dann auf einmal eine Einsicht, die Ihnen Klärung und einen neuen Blick auf etwas bringt. Manchmal träumen Sie von etwas. Manchmal verändert sich Ihre Sicht auf aktuelle Umstände eher unterschwellig. Manchmal scheint es auch so, dass Sie sich mit jeder Frage nur immer verunsicherter und entfernter fühlen: Ich weiß nicht… Ich erinnere mich nicht… So genau kann ich das nicht sagen… Dazu fällt mir nichts ein…

Das ist nur der Anfang. Die meisten von uns haben sich selbst noch nicht wirklich kennengelernt. Waren ihr Leben lang so stark im Außen aktiv, dass sie nur wenig Zugang zu ihrem inneren Wesen haben. Also verurteilen Sie sich nicht und reden Sie sich nicht ein weiteres Mal in Ihrem Leben ein, dass es in Ihnen nichts zu entdecken und zu verwirklichen gäbe. Dass Sie nie wissen werden, was Ihre Berufung ist und wozu Sie auf dieser Welt sind. Dass Arbeit einfach Arbeit ist. Auch hier ist es, wie mit allem Neuen: Es braucht Überwindung und einen kleinen Schubs für den Sprung ins kalte Wasser. Akzeptieren Sie die Ladehemmung, aber überwinden Sie sich trotzdem, wenigstens ein Wort zu jeder Frage aufzuschreiben.

Wichtig ist dabei, dass Sie sich darin üben, die Antworten eher spontan zuzulassen, als sie angestrengt »erdenken« zu wollen. Wenn Sie sich erlauben, einfach hinzuschreiben, was

Wer loslässt, hat zwei Hände frei

Ihnen gerade in den Sinn kommt, ohne dass Sie es gleich auf Machbarkeit, Sinnhaftigkeit oder Zweckdienlichkeit prüfen, kann sich eher zeigen, was in Ihnen wartet und vielleicht schon lange unter Ihren rationalen und von außen geprägten Selbstbildern verschüttet war. Sollten Sie einen Menschen haben, dem Sie vertrauen, dann lassen Sie sich die Fragen von ihm stellen. Das hilft Ihnen, sich zu fokussieren, und zwingt Sie, dabeizubleiben.

Es geht um den Prozess des Sich-selbst-Zuhörens. Darum, Antworten eher passiv zu empfangen, als sie konzentriert und willentlich finden zu wollen.

Die Erfahrung zeigt, dass diese Vorgehensweise vor allem für Männer oft ungewohnt und anfangs befremdlich ist. Aber lassen Sie sich als Mann von einer möglichen Anfangsblockade nicht verwirren. Unsere Erfahrung mit solchen Entwicklungsprozessen zeigt: Wenn Männer sich erst einmal durch das innere Dickicht geschlagen und ihre Berufung entdeckt haben, fällt es ihnen oft leichter als den Frauen, ihre Berufung tatsächlich zu leben. Weil die meisten Männer ein Leben lang gelernt haben, sich Ziele zu stecken, ihren Verstand und ihre Kraft für sie einzusetzen und sie auch gegen Widerstand zu erreichen. Der Weg in die Berufung fällt ihnen allerdings schwerer als den Frauen, weil der nur funktioniert, wenn man Zugang zu seinen Gefühlen findet und ihnen auch vertraut. Darin sind die Frauen meist geübter als die Männer. Am Ende müssen also beide Geschlechter ihr Repertoire im Umgang mit dem Beruf erweitern, wenn es um den neuen, ganzheitlichen Erfolg geht, von dem hier die Rede ist.

5. Kapitel

FRIEDE, FREUDE – EIERK...? ERFOLG!

Vielleicht haben all die Fragen des vergangenen Kapitels etwas in Ihnen in Bewegung setzen können. Vielleicht rumort es in Ihrem Inneren. Vielleicht beginnt etwas zu drücken, so als ob es herauswollte. Vielleicht haben Sie etwas entdecken können, von dem Sie sagen: Ja! Das ist es! Das ist das, was ich eigentlich tun will. Genau dafür schlägt mein Herz. Danach sehne ich mich schon lange. Das ist meine Berufung. Vielleicht haben sich aber auch nur einige erste Puzzleteile vom großen Ganzen gezeigt.

Was auch immer sich regt, lassen Sie sich jetzt nicht wieder davon wegzerren von Ihrer allzeit bereiten kritischen Stimme, die vielleicht sagt: Das reicht noch nicht! Wer sollte das schon für bedeutungsvoll halten? Wie willst du damit dein Geld verdienen? Was auch immer sich gezeigt hat – es hat sich gezeigt, weil etwas Neues in Ihnen in die Welt will. Sie wären in diesem Buch nicht so weit vorgedrungen, wenn nicht etwas in Ihnen bereit wäre für eine größere Transformation oder einen Bewusstseinswandel. Sie hätten sich sonst nicht durch all das hindurchgearbeitet. Auch wenn Ihnen jetzt noch einige Nebelschwaden die Sicht versperren. Das ist normal.

Viele Menschen haben kurz vor einer größeren Veränderung das Gefühl, ihr Leben teile sich immer mehr in zwei

Friede, Freude – Eierk...? Erfolg! ∞ 267

Hälften. Etwas drängt in ihnen auf Veränderung. Etwas anderes jedoch hält mit aller Gewalt fest an Gewohntem. Vielleicht gibt es Dinge in Ihrem Leben, die Ihnen früher Spaß gemacht haben, die Sie heute gar nicht mehr erfüllen. Ziele, die Sie erreicht haben, die aber jetzt fad und leer wirken, obwohl sie lange Zeit allzu erstrebenswert erschienen. Oder Sie tun, was Sie tun, durchaus gerne, aber irgendetwas scheint einfach zu fehlen. Es ist, als ob Sie auf halbem Wege stecken geblieben wären.

So ging es mir (Eva) damals, bevor ich anfing, das Buch *Liebe dich selbst und es ist egal, wen du heiratest* zu schreiben. Mein Leben fühlte sich an wie ein Schuh, der zu klein geworden war. Es war nicht so, dass sich alles völlig falsch anfühlte. Ich mochte meine Arbeit in der Praxis. Aber etwas fehlte. Ein Teil von mir lag brach. Von Kind an wollte ich immer zwischen Menschen vermitteln. Aber von Kind an wollte ich auch immer schreiben. Nun vermittelte ich zwischen Menschen. Aber ich schrieb nicht mehr. Mit der Zeit wurde der Ruf in mir immer lauter: Ich muss wieder schreiben. Und in mir war immer noch ein ungelebter Traum – nämlich noch einmal ein Buch zu schreiben.

So malte ich mir manchmal aus, wie das wohl wäre. Ich hatte Ideen, machte manchmal sogar Notizen und hing oft Tagträumen darüber hinterher, wie ich irgendwo in Ruhe säße, schriebe und Erfahrungen aus meiner Arbeit in der Praxis weitergäbe. Aber dann dachte ich wieder: Alles Quatsch… Wie soll das gehen? Und so blieb am Ende mein Alltagsleben mit all seinen Anforderungen und Ablenkungen doch stärker. Und mein Traum blieb nur ein Traum. Einer, der allerdings immer heftiger an mir zerrte und dafür sorgte, dass ich unzufrieden wurde.

268 ∞ *Der Weg in die Berufung*

Die latente, graue Unzufriedenheit, die sich ins Alltagsleben so vieler einschleicht, hat immer etwas damit zu tun, dass wir zwar unseren Pflichten nachkommen, aber unser Potenzial nicht leben, wie Rennpferde, die nur in der Box stehen. Und dass wir unserer inneren Stimme nicht vertrauen und das Abenteuer unseres eigenen Lebens nicht wagen.

Heute sind wir davon überzeugt, dass jeder von uns dringend auf dieser Welt gebraucht wird und wir nicht dazu da sind, uns einfach nur totzuschuften oder fernsehend unsere Tage herumzubringen. Deshalb wird das Leben auch irgendwann ungeduldig, wenn wir zu lange in der Box auf der Stelle treten, statt endlich zu starten. Meist bekommen wir nach einer gewissen Zeit voller Ablenkungsmanöver einen oder gleich mehrere Schubse von außen.

Bei mir fing es damit an, dass sich mehr und mehr Menschen, die ich gut kannte, überraschend trennen oder scheiden lassen wollten. Ich stand fassungslos davor und dachte manchmal nur: Wie könnte ich Ihnen nur sagen, was Wolfram und ich erlebt haben? Wie könnte ich Ihnen sagen, dass es nach einer Phase der völligen Hoffnungslosigkeit noch so viele Möglichkeiten gibt? Ich müsste es endlich für Sie aufschreiben ...

Nach einem letzten, großen, völlig überraschenden Schub des Lebens, von dem ich später noch berichten werde, fing ich tatsächlich eines Tages an, mein erstes *Liebe dich selbst*-Buch zu schreiben. Ich kaufte mir einen Laptop und legte los. Mein Herz klopfte, und es fühlte sich an wie ein echtes Abenteuer.

Aber das Abenteuer konnte niemand so richtig sehen. Da draußen war noch das alte Leben: der Alltag, meine Familie, meine Arbeit in der Praxis, der Haushalt und bald auch noch mein arbeitsloser Mann. Oft hatte ich kaum Zeit zum Schrei-

Friede, Freude – Eierk...? Erfolg!

ben, es sei denn, ich wartete, bis abends alle im Bett waren. Dann, wenigstens für ein, zwei Stunden, konnte mein Abenteuer weitergehen. Und wenn ich dann dasaß und alles aufschrieb, was mich selbst so sehr bewegte, fühlte es sich mit jeder fertigen Seite deutlicher so an, als ob nichts mich mehr aufhalten könnte.

In dieser Phase erlebte ich gleich drei der großen, magischen transformatorischen Momente auf dem Weg in die Berufung.

Wenn es um den persönlichen Ruf geht, beginnt alles im Inneren.

In mir waren damals nur ein Wunsch und ein Traum. Der Wunsch, ein Talent wieder nutzen zu können. Und der Traum, anderen Menschen damit helfen zu können. Getrennt schien keins von beidem wirklich Sinn zu ergeben. Aber als ich meinen Traum und mein Talent in Verbindung brachte, da fühlte sich alles auf einmal ganz klar in mir an: Ja, genau! Das ist es, was ich will. Da entstand zum ersten Mal richtige Schubkraft für eine Veränderung.

Das sollten Sie für Ihren Weg nicht vergessen: Talent und Ruf gehören zusammen und können auch nur zusammen wirklich etwas bewegen.

Der zweite magische Moment der Transformation findet statt, wenn Sie dem Ruf endlich folgen und ihn mit Hilfe Ihres Talents tatsächlich endlich sichtbar nach außen bringen. Wenn Sie diese Hürde aus eigener Kraft überwinden und endlich wagen, das zu tun, was Sie tun müssen, weil Ihr Herz es Ihnen sagt, dann werden Sie auf einmal vom Projekt selbst getragen. Diese Dynamik ist nicht ganz leicht in Worte zu fassen. Aber solange Sie nur träumen, müssen Sie die Kraft aufbringen, um den Traum Wirklichkeit werden zu lassen. Ist er erst einmal geboren, dann hat er genügend Kraft, um Sie über größere Hürden hinwegzutragen.

Erst als ich damals tatsächlich schrieb und das schwarz auf weiß zu Papier brachte, was mir so wichtig war, da war ich wie immunisiert gegen die Ablenkungen und Widerstände meines Alltags. Mein Projekt entwickelte nun so viel eigene Kraft und Dynamik, dass mich nichts mehr aufhalten konnte. Kein übervoller und kräftezehrender Tagesplan. Nicht die Kündigung meines Mannes und unsere finanzielle Unsicherheit. Und auch nicht all die Unkenrufe aus meiner Umwelt.

Vielleicht – nein: ziemlich wahrscheinlich! – spricht auch in Ihrem Leben alles Mögliche dagegen, dass Sie sich ausgerechnet jetzt an Ihre Berufung heranwagen. Bei all dem, was dagegen spricht und vielleicht sogar aktiv dagegenhält, brauchen Sie einen Motor, der Sie mit dem entsprechenden Anschub versorgt. An diesem Punkt, der bei manchen jahrelang zu Frust und Unzufriedenheit führt, sollten Sie wissen: Der Anschub kommt, wenn sich endlich Ihr persönliches Talent, Ihre Leidenschaft und der innere Ruf miteinander verbinden. Und Sie tatsächlich die ersten Schritte mit aller Disziplin, Ernsthaftigkeit und Konsequenz wagen.

Und – damit wären wir beim dritten Turboanschub für diese Phase auf dem Weg in die Berufung – wenn sich alles mit einem größeren Sinn verbindet. Alle Menschen, die wir studiert haben, die dauerhaft und in ganzheitlichem Sinn erfolgreich waren, fühlten sich getragen von einem Gefühl, dass das, was sie tun, in einem größeren Kontext Sinn ergibt. Wichtig ist also nicht nur, dass Sie Ihre Talente, Gaben, Anlagen und Sehnsüchte wiederentdecken. Sondern dass Sie sich fragen: Was will ich damit bewirken? Wozu will ich sie einsetzen? Was treibt mich an?

Friede, Freude – Eierk...? Erfolg! ∞ 271

Manch einer will endlich eine magische, ihn einschränkende Grenze in seinem eigenen Leben überwinden. Ein anderer will anderen helfen. Ein nächster hat eine große Leidenschaft für eine Sache. Ein anderer ist einer Frage und ihrer Beantwortung unermüdlich auf der Spur.

Ihre Talente sind die Werkzeuge. Aber Freude, Erfüllung und Leidenschaft kommen erst auf, wenn Sie das Gefühl haben, sie für etwas Bedeutsames, Heilsames oder Hilfreiches einsetzen zu können.

Ob das, was Sie tun, bedeutsam, heilsam oder hilfreich ist, bestimmt weder die Gesellschaft noch Ihre Firma, Ihr Chef, Ihr Partner oder Ihre Herkunftsfamilie. Über die wirkliche Bedeutung dessen, was Sie ins Leben bringen, bestimmt nur das Hüpfen Ihres Herzens. Manch einer bringt einfach Schönheit, Zärtlichkeit, Musik oder Farbigkeit in diese Welt. Da ist vielleicht nicht auf den ersten Blick erkennbar, dass das bedeutsam, heilsam oder hilfreich ist. Aber wenn Schönheit, Zärtlichkeit, Musik oder Kunst von Herzen kommen, dann dienen sie den Menschen, wirken heilsam auf sie oder erfreuen ihr Herz. Kaum etwas könnte bedeutsamer, heilsamer und hilfreicher für diese Welt sein. Vertrauen Sie also einfach dem Hüpfen Ihres Herzens.

Mein Herz hüpfte damals so lebendig und voller Freude, dass mich niemand mehr zurückhalten konnte. Beim Schreiben begleitete mich dieses Gefühl, etwas Sinnvolles zu tun. Oft klopfte mein Herz bei dem Gedanken, anderen Menschen vielleicht Hoffnung geben zu können. Manchmal wurde ich ganz aufgeregt bei der Vorstellung, dass vielleicht überall Menschen einen neuen Weg zurück in ihre Beziehungen finden könnten. Manchmal war ich einfach nur dankbar, dass ich so einer erfüllenden Arbeit nachgehen durfte. Manchmal war ich beim Schreiben so voller Leidenschaft, dass ich einen Satz ein Dutzend Mal umschrieb, bis er genau das ausdrückte, was ich fühlte und weitergeben wollte. Ich war extrem pingelig. Aber nicht, weil mich jemand dazu anhielt oder ich bei Ungenauigkeiten mit Sanktionen rechnen musste. Ich trug etwas in mir und wollte es einfach nur so genau wie möglich wieder- und an andere weitergeben.

Das Hüpfen, das im Herzen entsteht, wenn sich Passion, Talent und höherer Sinn miteinander verbinden, ist die wahre Kraft, die einen Menschen dauerhaft nach vorne tragen kann.

Wenn das Herz hüpft, Ihre Gefühle beim Tun lebendig sind und Sie dabei auch noch von innen heraus voller Freude sind, dann können Sie sich sicher sein, dass Ihr Handeln Ihnen und dieser Welt – in höchstem Maße! – dient. Genauso sicher können Sie sich sein, dass jede andere Art der Zielstrebigkeit der eigenen Bedürftigkeit entspringt. Und damit weder Ihnen noch irgendjemand anderem wirklich etwas bringt. Wenn Sie sich anstrengen, wenn Sie Druck machen, dann haben Sie Angst; dann fehlt Ihnen Vertrauen; dann glauben Sie, dass Ihnen etwas fehlt oder dass jemand anderes Ihnen etwas wegnehmen könnte.

Es ist also nicht entscheidend, was Sie tun, sondern aus welcher Motivation und mit welcher inneren Haltung Sie es tun. Sie können das Gleiche tun. Aber einmal bringen Sie damit Druck und Angst in diese Welt. Und das andere Mal Freude und Hoffnung. Und diese unbestechlich konsequente Kette geht noch weiter.

Die Motivation, mit der Sie handeln, ist entscheidend dafür, was Sie in diese Welt bringen. Und: Was Sie in diese Welt bringen, kommt genauso zu Ihnen zurück.

Friede, Freude – Eierk...? Erfolg! ∞ 273

Eckhart Tolle spricht in diesem Zusammenhang von erwachtem Handeln. Der Weisheitslehrer geht wie fast alle Weisen dieser Welt davon aus, dass sich das gegenwärtige Entwicklungsstadium unserer Gesellschaft dem Ende nähert und wir uns an der Schwelle zur nächsten Stufe der Evolution eines neuen Bewusstseins auf unserer Erde befinden.

Erwachtes Handeln ist für Tolle Handeln, das von diesem neuen Bewusstsein inspiriert und durchdrungen ist. Handeln, das dem Handelnden und der Menschheit gleichermaßen unmittelbar dient und nicht mehr länger von Gier oder Machtstreben geprägt ist. Es geht vor allem darum, dass wir lernen, immer wacher zu werden für die inneren Motivationen und Einstellungen, die in unser Handeln einfließen. Denn sie allein bestimmen, was wir tatsächlich in die Welt bringen.

Menschen, die in diesem Sinne erwacht handeln, erleben eine Umkehrung ihrer Prioritäten: Bei allem, was sie tun, ist ihr Bewusstseinszustand der entscheidende Faktor und nicht das, was sie tun, und die Umstände, unter denen sie es tun. Auch Erfolg bekommt dann einen neuen Kontext. Wenn unser Bewusstsein, unsere Freude, unsere Leidenschaft, unsere innere Verbundenheit und Motivation das wirklich Bedeutsame sind, das wir mit all unserem Tun in die Welt bringen, dann ist auch unser Erfolg einzig davon abhängig.

274 ∞ *Der Weg in die Berufung*

Eckhart Tolle

Spiritueller Autor (* 1948)

Wer Eckhart Tolle nicht kennt, mag auf den ersten Blick denken: Was für ein komischer Kauz. Und was für merkwürdiges Zeug er redet! »Es gibt keine Zukunft, es gibt keine Vergangenheit. Es gibt nur das Jetzt.« Oder: »Was du Ich nennst, gibt es nicht. Es ist nur ein Gedanke.« Das klingt irgendwie schräg. Dazu das äußere Erscheinungsbild: Cordhose, Hemd, Pullunder – keine weißen Gewänder, keine modischen Schnörkel. Einfach unscheinbar. Völlig in sich gekehrt und doch manchmal glucksend vor Heiterkeit wie ein Kind. Wirklich ein kauziger Typ.

Man kommt nicht so leicht darauf, dass dieser kauzige Typ einer der bedeutendsten spirituellen Lehrer der Gegenwart ist. Aber tatsächlich: Die Bücher von Eckhart Tolle wurden millionenfach verkauft. Sein Erstlingswerk *Jetzt!* wurde in 32 Sprachen übersetzt. Und dann entdeckte ihn auch noch Amerikas beliebteste TV-Talkmasterin Oprah Winfrey. Zehn Sendungen hat sie allein ihm und seinem Buch *Eine neue Erde* gewidmet. Über das Internet haben Millionen Menschen überall auf der Welt zugeschaut. Für einen spirituellen Lehrer ist das Weltrekord.

Und es ist verblüffend. Denn was Eckhart Tolle lehrt, ist beileibe nicht neu. Aber es ist einfach – und klar. Und es ist das genaue Gegenteil von dem, was die Mehrheit der Menschen von heute kennt und lebt. Er lehrt Sätze wie: »Die Stille ist dein wahres Wesen.«; »Das Einzige, was wirklich ist, was je da ist, ist das Jetzt.« Oder: »Du bist das eine Leben, das eine Bewusstsein, von dem das ganze Universum erfüllt ist.« Ob man es glaubt oder nicht: Diese Sätze treffen Millionen Menschen ins Herz.

Wie kommt Eckhart Tolle darauf? Was befugt diesen Mann, so

zu reden? Die Antwort lautet: eine Erfahrung, die den damals Neunundzwanzigjährigen aus heiterem Himmel überfiel und sein ganzes Leben veränderte. Er beschreibt diese Erfahrung als die völlige Auflösung seiner Identität. Und als das glasklare Bewusstsein umfassenden Einsseins mit allem. Ohne Unterschied, ungetrennt, grenzenlos. Und das alles in einem einzigen Jetzt.

Zu dieser Zeit war Eckhart Tolle ein leidlich erfolgreicher Dozent an der Universität von Cambridge. Ein langer und kurvenreicher Weg hatte ihn dort hingeführt. Geboren wurde er in Dortmund, doch dort kam er mit der Schule nicht klar. Deshalb floh er im Alter von dreizehn Jahren zu seinem Vater nach Spanien, führte ein Lotterleben, siedelte dann aber nach England um, holte das Abitur nach und begann ein erfolgreiches Studium. Nur glücklich war er nicht. Den jungen Dozenten quälten Depressionen und Selbstzweifel. Sogar Selbstmordabsichten waren ihm nicht fremd. Bis er an einem Morgen im Jahr 1977 nach einer qualvollen Nacht mit dem Bewusstsein aufwachte: »Ich kann mit mir selbst nicht mehr weiterleben.«

Dieser, wie er sagt, »sonderbare Gedanke« wurde zu seinem Schlüsselerlebnis. Denn er fragte sich: Wie kann es sein, dass in mir jemand sagt, dass er mit mir nicht mehr weiterleben kann? Wer ist es, der mit dieser absoluten Klarheit all das durchstreicht, was ich bis dahin für mich selbst gehalten hatte? In diesem Augenblick, so schildert er es in seinem Buch *Jetzt!*, machte es in ihm Klick. Und er erwachte zu seinem »wahren Selbst«, das so viel mehr und so viel weiter ist als das kleine Ich, mit dem er sich bis dahin identifiziert hatte. »Was zurückblieb, war meine wahre Natur – das stets gegenwärtige *Ich bin*: reines Bewusstsein.«

In dieses Bewusstsein ließ er sich hineinfallen – und wurde dann wohl tatsächlich zu dem, was man einen komischen Kauz

nennt. Zwei Jahre habe er nach diesem Erwachen in einem ent-
rückten Zustand verbracht – vollständig aus allem gesellschaftlichen Leben zurückgezogen, »auf Parkbänken sitzend in einem
Zustand intensivster Freude«, wie er selber sagt. Andere hätten
ihn zu dieser Zeit vielleicht als »Penner« bezeichnet. Erst als die
Intensität nachließ und Freunde und Bekannte ihn immer öfter
um Rat fragten, entschied er sich, in die Welt zurückzukehren.

Und da ist er nun. Da ist er und lehrt eine geschäftige Welt
die Stille: »Die Stille ist dein wahres Wesen.« Das heißt: Wenn
es in dir wirklich still wird und der rastlose Strom der Gedanken
verebbt, dann öffnet sich eine Dimension, die größer und tiefer
ist. Denn dann wirst du dir des Raumes bewusst, in dem all unser Denken stattfindet – und der all unser Denken überdauert.
Tolle nennt ihn »reines Bewusstsein«. Er sagt: »Der Bereich des
Bewusstseins ist viel größer als sich verstandesmäßig ermessen
lässt. Wenn du nicht länger alles glaubst, was du denkst, löst du
dich vom Denken und siehst klar, dass der Denker nicht der ist,
der du bist.«

Sondern? Auch darauf weiß Eckhart Tolle eine Antwort: »Du
bist das eine Leben, das eine Bewusstsein, von dem das ganze
Universum erfüllt ist.« Du bist das, was Theologen vielleicht
Gott nennen würden oder Philosophen »reines Sein«. Das ist,
wenn man so will, die gute Nachricht, die Eckhart Tolle seinen
vielen Millionen Lesern überbringt: »Tod ist nicht das Gegenteil
von Leben. Leben hat kein Gegenteil. Leben ist unvergänglich.«
Vergänglich ist nur das Ich: das, was wir von uns denken, aber
in Wahrheit gar nicht sind.

Eckhart Tolle hat diese Erfahrung gemacht. Und tatsächlich:
Er macht kein Aufhebens um sich. Sein Ich ist ihm wirklich
schnurzegal. Das macht ihn sympathisch. Und erfolgreich. Aber
auch das ist ihm vielleicht egal.

An dieser Stelle möchten wir ein Konzept übernehmen, das uns bei Tolle wirklich eingeleuchtet hat und mit unseren Erfahrungen übereinstimmt. Er beschreibt drei Bewusstseinszustände, die zu wirklichem Erfolg führen: Bereitwilligkeit, Freude und Enthusiasmus. Wenn wir weder mit Bereitwilligkeit noch mit Freude noch mit Enthusiasmus bei der Sache sind, dann können wir bei ehrlichem und genauem Hinschauen immer entdecken, dass wir uns und anderen Leid bescheren.

Sosehr mein Herz damals hüpfte, wenn ich schrieb – sosehr wurden mir viele meiner Alltagspflichten lästig. Wäscheberge, Banküberweisungen, Kindertaxi ... Manchmal hätte ich gerne alles hingeschmissen und gesagt: Lasst mich doch in Ruhe mit dem ganzen Zeug. Oft habe ich widerwillig in der Küche gestanden und für meine Familie Essen gekocht, das dann auch nicht selten so schmeckte, wie ich drauf war – und das, obwohl ich eigentlich eine gute Köchin bin.

Wenn Sie sich im Übergangsstadium auf dem Weg aus Ihrem alten Leben zu Ihrer Berufung befinden, dann verändern sich Bedeutungen, und Ihnen wird klar, wo Sie sich und anderen etwas vorgemacht oder sich pflichtbewusst aber freudlos geopfert haben. Gerade die Dinge, die Sie vorher vor allem aus Pflichtgefühl heraus getan haben, erzeugen jetzt oft regelrechten Widerwillen in Ihnen. Vieles, das vorher ganz im Zentrum Ihrer Aufmerksamkeit stand, scheint Sie nicht mehr wirklich zu berühren. Immer öfter haben Sie einfach keine Lust mehr, noch irgendwelche Anstrengungen zu unternehmen, um die alltägliche Tretmühle am Laufen zu halten.

In der Übergangsphase brauchen Sie Bereitwilligkeit. Das Neue zieht Sie magisch an, aber das Alte will noch überall getan werden. Jetzt gilt es wach zu werden. Die Übergangsphase ist oft zäh, weil wir immer »erwachter«, sprich: bewusster, all unsere lausigen Motivationen und Beweggründe für so vieles mitbekommen, was wir bisher einfach erledigt haben. Wir merken, dass wir uns opfern, anpassen, pflichtbewusst funktionieren, abarbeiten und vieles gedankenverloren und freudlos nebenbei erledigen.

Seien Sie wach, nehmen Sie es wahr. Aber mogeln Sie sich jetzt nicht drumrum, sondern ändern Sie Ihr Bewusstsein.

Wenn Sie keine Freude empfinden können bei dem, was Sie tun, dann versuchen Sie, es bereitwillig anzunehmen.

Versuchen Sie einzusehen, dass die Situation das jetzt gerade verlangt, und tun Sie es deswegen bereitwillig und stellen Sie sich nicht innerlich dagegen. Damit finden Sie Frieden, auch wenn dieses Annehmen auf den ersten Blick wie fatalistische Passivität wirkt. Aber wenn Sie tatsächlich ganz und gar annehmen, was Sie tun, dann bringen Sie tatsächlich etwas Großartiges in diese Welt: Frieden.

Wenn Sie etwas weder mit Freude tun noch es annehmen können – dann lassen Sie es.

Das Essen, das Sie pflichtbewusst, aber widerwillig für die Familie kochen, schmeckt nicht wirklich und erfüllt schon gar nicht auf tieferer Ebene. Alles, was Sie auf diese Weise tun, tun Sie, ohne wirklich die Verantwortung zu übernehmen. Verantwortung für das Einzige, für das Sie wirklich Verantwortung übernehmen können – für Ihren Bewusstseinszustand. Der wiederum das Einzige ist, was wirklich eine Rolle spielt.

Freude war einer meiner Turbolader, der mich von Anfang an beim Schreiben des ersten Buches begleitet und durch alles hindurch getragen hat. Freude kann die weitaus ungesünderen alten Triebfedern vieler Ihrer Handlungen ablösen: nämlich Verlangen und Gier. Wenn Sie mit Freude bei der Sache sind,

Friede, Freude – Eierk...? Erfolg! ∞ 279

dann sind Sie ganz präsent, und die Kräfte aus Ihrem Inneren können einfach aus Ihnen herausfließen. Ihr Tun wird mühelos und leicht. Und bei genauem Hinsehen können Sie eine elementare Umkehrung entdecken: Wenn Sie wirklich präsent und bei der Sache sind, dann stellt sich Freude ein. Dann entspringt die Freude nicht so sehr dem, was Sie tun, sondern Sie fließt aus Ihrem Inneren in Ihre Tätigkeiten ein.

Schließlich gibt es noch Enthusiasmus – das Hüpfen des Herzens. Der Enthusiasmus kommt immer dann, wenn Sie nicht nur Ihre Gaben in die Welt bringen, sondern sie auch für eine Vision einsetzen können.

Wenn Sie Sinnhaftigkeit in Ihrem Handeln spüren und sich im größeren Zusammenhang dieser Welt entdecken, dann bekommt Ihr Schaffen eine enorme Kraft und wird regelrecht mit Energie aufgeladen.

Man braucht nicht viel Fantasie, um sich vorzustellen, welche Veränderungen Sie in diesem Zustand mit Ihrem Handeln bewirken können und welche großartigen Dinge Sie ins Leben bringen können.

Unserer Erfahrung nach verläuft dieser Weg des erwachten Handelns in Phasen. Wenn wir langsam aufwachen, müssen wir oft als Erstes entdecken, dass wir das meiste weder bereitwillig und schon gar nicht freudig oder gar voller Enthusiasmus tun. Das meiste tun wir gestresst, aus dem Glauben heraus, wir müssten hart arbeiten, um unser Ziel zu erreichen. Im weiteren Verlauf des Erwachens müssen wir uns eingestehen, dass unser Streben nach äußerem Erfolg uns zu keinem Ziel bringt, sondern nur immer weiter erschöpft. Dass unser ganzes Karrierekonzept vor allem eine unendliche Geschichte ist, die stets in einer imaginären Zukunft enden soll, die nie einzutreten scheint.

Enttäuscht, aber endlich hellwach und aufgetaut aus unserer Kontrolle und all der Anspannung, können wir unseren Körper wieder spüren, unsere Gefühle wieder erleben und unser Herz wieder hören. Dann stellen wir meist fest, dass wir ziemlich weit in eine Richtung von unserem Weg abgekommen sind. Und wir entdecken, wie sehr wir uns danach sehnen, endlich einmal in die andere Richtung zu gehen.

So war es bei uns beiden an unterschiedlichen Stellen unseres Lebens, dass wir uns danach sehnten, unsere alte Karriere hinter uns zu lassen und uns der Arbeit mit Menschen zu widmen. Dieses Bedürfnis kam von innen, entsprang echter Leidenschaft und hatte wirkliche Kraft. So viel, dass es ausreichte, um uns auf den Weg zu echter Freude und unserer Berufung zu führen. Und uns ermöglichte, damit nicht nur unseren Lebensunterhalt zu verdienen, sondern auch etwas Sinnvolles für diese Welt und uns zu tun.

Eigentlich perfekt – aber eben nur eigentlich. Denn rückblickend wissen wir heute, dass Berufung stetige Entwicklung bedeutet. Wir hatten einfach nur einen ersten großen Schritt getan. Der allerdings etwas vom Ausschlag eines Pendels hatte und vor allem ein Akt der Befreiung war. Wir machten jetzt etwas völlig anderes, deutlich Erfüllenderes als je zuvor. Wir hatten dafür unser altes, eher ungesundes Berufsleben und seine Sicherheiten hinter uns gelassen, aber wir hatten damit auch wertvolle Fähigkeiten von uns aufgegeben.

Ich (Eva) hatte angefangen mit Menschen zu arbeiten, aber aufgehört zu schreiben. Und mir (Wolfram) fehlten zwischen all den geschriebenen und gesprochenen Worten bei meiner Arbeit als Autor, bei Vorträgen und in der Praxis die Farben und Formen, die fühlbaren Stoffe. Ich hatte aufgehört, größere Teams zu führen und vor allem Orte zu schaffen und zu gestal-

Friede, Freude – Eierk...? Erfolg! ∞ 281

ten, in denen Lebendigkeit und Schönheit spürbar und real sichtbar waren. Das hatten wir beide damals unterschätzt. Solche wichtigen Gaben kann man nicht einfach brachliegen lassen. Wenn man es tut, dann fangen sie innerlich an zu drücken. Denn wenn sie wirklich zu uns gehören und uns für dieses Leben mitgegeben wurden, dann bleiben Gaben und Talente immer in uns lebendig. Sie haben Kraft und wollen gelebt werden. Wenn wir sie verdrängen, vernachlässigen oder uns von ihnen abwenden, dann sorgen sie für innere Unruhe, Sehnsucht und das Gefühl, dass wir nicht wirklich in unserer Kraft sind.

Berufung ist nie ein einmaliger Akt, sondern eine kontinuierliche Entwicklung, bei der es um Integration und stetige Erweiterung und Vertiefung geht.

Immer wieder können sich auch im Verlauf der Entwicklung die Rahmenbedingungen und Ausdrucksformen für Ihre Berufung ändern. Vielleicht ist eine Zeit lang das Schreiben Ihre Ausdrucksform für das, was Sie zu geben haben. Und irgendwann ist es wichtiger und erfüllender, wenn Sie sich eher handwerklich ausdrücken. Oder es gibt eine Phase, in der Sie alleine arbeiten wollen. Und dann auf einmal sehnen Sie sich plötzlich nach einem größeren Team. Manchmal wächst alles rasant schnell, wenn Sie Ihrer Berufung folgen, sodass Sie in kurzen Abständen neue Risiken wagen müssen, um mit dem Entwicklungsprozess zu gehen.

Bei uns ist es eigentlich mittlerweile immer so: Sobald wir auf einer Ebene eine gewisse Sicherheit erlangt haben, entwickelt sich alles weiter oder in eine neue Richtung. Das ist nichts, was Sie wirklich langfristig planen können. Sie sind immer wieder gefordert, über sich hinauszuwachsen. Ich (Eva) weiß noch: Kaum hatte ich mich an den Zustrom in unserer Praxis nach dem ersten Buch gewöhnt und unsere Bürostrukturen einigermaßen angepasst, kamen ständig Anfragen, ob ich Seminare geben oder größere Vorträge halten könnte.

Ich hatte Sorge, dass ich in einer solchen Arbeit mit großen Gruppen dem einzelnen Menschen nicht wirklich gerecht werden könnte. Außerdem hatte ich damals immer noch Angst, vor vielen Leuten öffentlich zu reden. Ich sagte den Anfragenden immer wieder ab. Aber die Warteschlange für unsere Praxis wurde immer länger, und ich hatte das Gefühl, dem Strom überhaupt nicht mehr nachzukommen. Irgendwann fragte ich einen sehr erfahrenen Trainer, was er mir raten würde. Er schmunzelte und sagte: »Wenn Gott gewollt hätte, dass du mit einigen wenigen Leuten allein in deiner Praxis sitzt, dann hätte er dir sicher kein Buch gegeben, das von Millionen Menschen gelesen wird. Folge einfach der Entwicklung und geh mit ihr voran ...«

All Ihre Gaben und Kräfte, all Ihre Freude und Enthusiasmus, all Ihre Visionen und Leidenschaften wollen kontinuierlich weiter ins Leben. Damit ist der Weg in die Berufung nie langweilig, sondern vielmehr ein stetiger, innerer – und unendlicher – Entfaltungsprozess. Immer, wenn Sie einen Teil von sich ausgedrückt, eine Gabe integriert haben, wird Ihr Fundament stabiler, von dem aus Sie sich höher hinauswagen, mehr ausprobieren und Ihrer Berufung auf immer umfassenderen Ebenen Ausdruck verleihen können.

Haben Sie sich also in einem ersten, mutigen Akt aus der ungesunden Selbstausbeutung oder Selbstaufopferung freigestrampelt und Ihren neuen Weg gefunden, entdecken Sie unter Umständen irgendwann nicht nur, dass das Alte an sich gar nicht schlecht war. Sondern dass Sie dort auch einige Ihrer kostbarsten Talente – damals wahrscheinlich auf noch nicht erwachte Art und Weise – einsetzen konnten. Sie merken im-

Friede, Freude – Eierk...? Erfolg! ∞ 283

mer dann, dass es darum geht, noch einmal aufmerksam auf die Vergangenheit zu schauen, wenn Sie sich wieder erschöpft und erneut unvollständig fühlen oder neue Sehnsüchte in Ihnen aktiv werden.

Mir (Eva) fehlte mein Schreiben. Aber ich wusste ganz genau, dass ich nie wieder wie früher als Journalistin arbeiten wollte. Ich wollte schreiben, um damit die Dinge, die mich im Innersten beschäftigten, auszudrücken. Es ging also darum, meine altbewährte Gabe für mein neues Ziel einzusetzen und wiederzubeleben, ohne erneut in die alten Sackgassen zu steuern.

Es gibt keine überflüssigen Schritte auf dem Weg in die Berufung. Auch die unbefriedigendsten Stationen auf Ihrem beruflichen Weg ergeben später oft einen Sinn.

Als ich mich damals während der dunkelsten Phase unserer Ehe als junge Mutter und Ehefrau so einsam fühlte, weil mein Mann nie da war und ich in einer fremden Stadt, ohne meinen Beruf und ohne meine alten Freunde an Sandkästen saß, da dachte ich: Alles ist vorbei. Hier hat mich das Leben ausgesetzt und vergessen.

Heute kann ich Ihnen sagen: Das war mit Abstand die wichtigste Ausbildungsphase meines Lebens. In dieser Zeit habe ich eine Art innere Universität besucht und all meine Leidenschaft für meinen heutigen Beruf entwickelt. Gezwungenermaßen bin ich bis in die tiefsten Schichten meiner Seele hinabgetaumelt, habe unzählige Bücher über menschliche Entwicklung gelesen und angefangen, Seminare für persönliche Entwicklung zu besuchen. Nichts schien mir wirklich aus meiner Sackgasse herauszuhelfen. In meiner verfahrenen Ehe und meinem unglücklichen Inneren sah ich mich vor immer neue Fragen gestellt und musste immer neue Zusammenhänge erforschen.

Dann irgendwann merkte ich, wie ich begann, das Leben mit anderen Augen zu sehen, mich für neue Dinge zu interessieren und neue Menschen kennenzulernen. Äußerlich war mein Leben weiterhin extrem eingeschränkt. Ich saß immer noch an Sandkästen und wartete auf meinen Mann und bessere Zeiten in meiner Ehe. Aber immer öfter kamen Leute zu mir und baten mich um Rat. Ich merkte gar nicht, wie sehr ich innerlich gewachsen war. Bis ich kurz vor der Scheidung stand und wusste: Jetzt musst du aufstehen und was wagen! Tu etwas für deinen Traum und mache endlich eine Ausbildung zur Psychotherapeutin.

Ich fand nicht nur einen Ausbildungsplatz. Das Schicksal wollte es, dass ein Freund dringend jemanden in seinem Büro zur Unterstützung brauchte. So war ich auf einmal Schülerin und gleichzeitig als einfache Teilzeitbürokraft auch wieder im Arbeitsleben. Im Büro wuchsen meine Aufgaben schnell. Bald holte ich die alten Blazer wieder heraus und ging zu ersten Kundenterminen mit. Sobald mein Kind im Bett war, büffelte ich für meine Ausbildung. Und am Wochenende war ich mit ein paar Dutzend anderen Suchenden, Wechselnden und Neubeginnenden in der Ausbildung.

Die Prüfungen rückten näher. Es war kein Geheimnis, dass weit über die Hälfte der Absolventen den Abschluss nicht schaffen würden. Der Druck in mir war immens. Ich war nie gut im reinen Faktenlernen gewesen. Hier musste ich nun pauken, pauken, pauken, bis es mir aus den Ohren kam. Eines Abends, kurz vor meiner mündlichen Prüfung, saß ich zu Hause und lernte. Mein Mann war auf Geschäftsreise. Unser Kind schlief eine Etage höher im Bett. Plötzlich war eine seltsame Art der Lähmung in mir. Von der Taille abwärts konnte ich aus heiterem Himmel meinen Körper nicht mehr spüren

Friede, Freude – Eierk...? Erfolg! ∞ 285

und auch meine Beine nicht mehr bewegen. Es war beängstigend. Ich konnte mich nur noch wie ein nasser Sack vom Stuhl herunterlassen und langsam auf den Ellenbogen zum Telefon robben. Also rief ich mitten in der Nacht den Notarzt.

Ich landete stationär im Krankenhaus, wurde von allen möglichen Ärzten und mit allen möglichen technischen Hilfsmitteln untersucht. Niemand konnte die Ursachen finden oder für Heilung sorgen. Mein Druck wuchs, weil ich kaum noch Zeit bis zur Prüfung hatte. Bis der behandelnde Arzt schließlich sagte, dass ich diese Prüfung definitiv nicht machen könnte und im Krankenhaus bleiben müsste. Ich heulte vor Ohnmacht. Bis ich mich schließlich ins Schicksal fügte und erschöpft einschlief. Als ich aufwachte, war die geheimnisvolle Lähmung weg.

Aber in mir war auch alle Hoffnung verschwunden, dass ich die Prüfung noch bestehen könnte. Es war einfach zu spät, ich konnte nicht mehr genug aufholen. Trotzdem ging ich wenige Tage später zur Prüfung, die für jeden Prüfling damit begann, dass er drei Amtsärzten, die erhöht vor ihm in einem großen Saal saßen, seinen Lebenslauf und die Beweggründe für den Weg in einen Heilberuf schildern musste, bevor es in die eigentliche Prüfung ging.

Ich schilderte mein Leben, und als wäre es das letzte Mal, erzählte ich vollen Herzens, warum ich unbedingt mit Menschen arbeiten wollte. Der vorsitzende Arzt stellte mir zum Abschluss eine einzige inhaltliche Frage und wandte sich dann flüsternd den beiden anderen Ärzten zu. Dann drehten sich alle drei wieder zu mir um und gratulierten zu der bestandenen Prüfung. Ich fragte: Wieso? Ihre Antwort war: »Sie haben uns mir Ihrer Leidenschaft für die Sache überzeugt. Wir werden Sie nicht mehr weiter prüfen.«

Susanne Schöning

Unternehmerin und Gründerin von Zwergenwiese GmbH (* 1955)

Am Anfang war der Zwiebelschmelz. Den hatte schon ihre Mutter gekocht. Und daran erinnerte sich Susanne Schöning, als sie weit draußen auf der Schwäbischen Alb in ihrer Öko-Kommune saß und sich fragte, was es für sie Sinnvolles zu tun gäbe. Die Mutter hatte allerdings Schweinefett für den Brotaufstrich verwendet. Das durfte es bei Susanne Schöning nicht geben. Denn zu ihrem damaligen Lebensmodell gehörte der Fleischverzicht. Nach der Geburt ihrer Tochter habe sie sich »angesichts der Umweltverschmutzung, der bedrohlichen Kernkraftnutzung, des Kalten Krieges gefragt: ›Was passiert hier eigentlich?‹« Zu dem Zeitpunkt sind Fleisch und Wurst von ihrem Speiseplan verschwunden, denn die Tiere taten ihr leid, und essen wollte sie sie erst recht nicht mehr.

Und so begann die Erfolgsgeschichte von Susanne Schönings Zwergenwiese: 1979 im Gemüsegarten einer Landkommune. »Zwergenwiese« – dahinter verbirgt sich eines der erfolgreichsten Naturkost-Unternehmen Deutschlands. Mehr als sechzig Produkte verzeichnet die Produktpalette, darunter der obligatorische Zwiebelschmelz, diverse Brotaufstriche, Zwergenwiese Fruchtgarten als süße Variante, Ketchup, Soßen und Senfspezialitäten – alles vegetarisch und aus biologischem Anbau. Rund 50 Mitarbeiter hat Susanne Schöning in der 2000 Quadratmeter großen Produktionshalle im schleswig-holsteinischen Silberstedt beschäftigt. Sie produzieren rund acht Millionen Gläser Naturkost pro Jahr und erwirtschaften acht Millionen Euro Umsatz.

Die ersten Mitarbeiter hat Susanne Schöning 1991 eingestellt. Bis dahin hat die gebürtige Holsteinerin alles selbst gemacht. Im heimischen Garten wuchs ihr Gemüse, in der Kommunenküche wurde es zerhackt und eingekocht, anschließend mit einer großen Kelle in Marmeladengläser gefüllt. Und samstags wurden die Gläser auf umliegenden Wochenmärkten unter die Leute gebracht. Mit Erfolg. Die Nachfrage wurde immer größer. Bis es der Aussteigerin zu viel wurde. »Irgendwann konnte ich meine Handgelenke vom vielen Zudrehen der Gläser nicht mehr bewegen«, erinnert sie sich. »Da war mir klar: Maschinen müssen her. Und größere Räume für mehr Personal.«

»Heute darf ich behaupten, dass man als Unternehmer in etwa zwanzig Prozent mehr Mut als Angst braucht. Das bedeutet auch die Bereitschaft, persönlich zu wachsen und die eigenen Grenzen auszudehnen. Daraus erwächst eine positive Spirale von Kraft und Fähigkeiten, und irgendwann wird man gewahr, dass einen die Idee trägt.« Susanne Schöning

Die Entscheidung zur Firmengründung ist Susanne Schöning freilich nicht leichtgefallen. Eigentlich wollte sie ja aussteigen – und nun stand sie davor, selbst Unternehmerin zu werden! Sie wusste, dass es gelingen könnte. Sie sagte sich: »Ich bin mit zwei rechten Händen, Gesundheit und einem klaren, einfachen Verstand und einer guten Spürnase ausgestattet, also ist es meine Pflicht, diese Gaben einzusetzen, für mich selbst und zum Wohle aller.« Also hat sie es gewagt, einen 80 000-DM-Kredit aufgenommen und eine Produktionsstätte in ihrer norddeutschen Heimat erworben. Die Zwergenwiese war geboren. Dass daraus ein dermaßen erfolgreiches Unternehmen werden könnte, hätte sie damals nicht zu träumen gewagt. »Ich wollte nur mein Problem lösen«, sagt sie. Sie hat es getan.

Manchmal sitzen Sie lange vor einem schwarzen Loch. Manchmal vor einer Wand aus Beton. Manchmal haben Sie lange Zeit nur ein paar giftgrüne Puzzlesteine am oberen Rand des Puzzlefeldes zusammensetzen können. Und später unten ein paar ziemlich düstere braune. Keins der beiden Felder scheint alleine wirklich Sinn zu ergeben. Und beide scheinen auch in keinerlei Zusammenhang zu stehen. Erst wenn Sie trotzdem weiterpuzzeln, zeigt sich Stein um Stein langsam ein Baum mit saftig-grünen Blättern und starken Wurzeln bis tief in die Erde. Auf einmal ergibt alles einen Sinn, und Sie erkennen, wie sehr alles zusammengehört. Das Grün der Blätter erschien nur damals so giftig und ungesund, weil Sie die Wurzeln in der Erde noch nicht entdeckt hatten.

Vertrauen Sie darauf, dass Ihr Puzzle einen Sinn ergibt und darüber hinaus auch noch in einen größeren Zusammenhang eingewoben ist.

Vertrauen Sie darauf, dass dieses Buch genau zur rechten Zeit in Ihre Hände gelangt ist, um Ihnen einen Schubs zu geben, endlich Ihre wahre Größe ans Licht zu bringen und an Ihre Ziele zu glauben.

Vertrauen Sie darauf, dass Sie sich beim Weiterpuzzeln vielleicht schon bald mit völlig anderen Augen sehen und dem, was Sie aus Ihrem Leben machen, mehr Wertschätzung entgegenbringen. Das wird dazu führen, dass Sie die Veränderungen, die jetzt durch Ihr Leben fegen, nicht mehr fürchten, sondern freudig willkommen heißen.

Friede, Freude – Eierk...? Erfolg! ∞

6. Kapitel

WER ERFOLG HABEN WILL, MUSS AUCH BEREIT SEIN, ERFOLG ANZUNEHMEN

Liebe dich selbst hat nichts mit Egomanie zu tun und ist auch kein »Piep, Piep, Piep, wir haben uns alle lieb…« Selbstliebe ist auf Dauer der einzige Weg zu Erfolg und Wohlstand. Im ersten Teil (11. Kapitel) haben wir von Paul erzählt, der sich ein Paradies erschaffen hatte, finanziell völlig unabhängig war, diesen Wohlstand aber nie genießen konnte, weil er sich innerlich des Paradieses nicht wert fühlte.

Wir können so viel haben, wie wir wollen, wenn wir tief in unserem Herzen nicht glauben, dass wir es verdient haben, können wir es nicht wirklich annehmen.

Diese Dynamik sorgt dafür, dass manche Menschen, egal wie groß ihr angesammelter Wohlstand ist, nicht zur Ruhe kommen. Sie können das Erreichte innerlich nicht wirklich empfangen und jagen rastlos immer neuen Reichtümern und Zielen hinterher.

Aber auch wenn wir tatsächlich nur wenig haben und uns nach mehr Erfolg und Wohlstand sehnen, ist das oberste Gesetz: Wir müssen lernen, zu empfangen und anzunehmen. Und unsere oft gut vor unserem Bewusstsein verborgenen Ängste vor Erfolg, Wertschätzung und Wohlstand aufspüren und transformieren lernen.

In Gesprächen um Wohlstand und Reichtum werfen viele gerne den Glaubenssatz ein: »Ach, da bin ich doch lieber arm und glücklich …« In den Köpfen vieler Menschen gibt es alle möglichen Urteile über Reichtum und Erfolg. Da ist ganz selbstverständlich verwurzelt, dass reiche Menschen irgendwie die schlechteren und angeblich auch selten glücklich sind. Kursiert solch ein Glaubenssatz in Ihrem Unterbewusstsein, wirkt er wie Gift auf jedes bewusste Bestreben, mehr Wohlstand oder Erfolg zu haben. Ihr Glaubenssatz besagt: Ok, du willst reich werden? Dann wirst du aber unglücklich sein! Und wenn Sie trotzdem glücklich bleiben oder werden wollen, dann dürfen Sie eben nicht reich werden.

Sie denken: »So simpel bin ich nun wirklich nicht gestrickt, dass ich allen Ernstes denken könnte: Jetzt darf ich aber nicht reich werden, sonst werde ich unglücklich.« Innere, unbewusste Glaubenssätze funktionieren eins zu eins, denken nicht um die Ecke und machen auch keine Ausnahmen. Sie funktionieren wie Computerprogramme, und unser Unterbewusstsein funktioniert präzise und nüchtern wie ein Computer. Es führt alles einfach ganz mechanisch entsprechend seiner Software aus.

Was Sie denken, bestimmt darüber, was Sie erleben. Egal, wie tief Sie Ihre Gedanken auch vor Ihrem Bewusstsein verbergen oder wie weit von sich selbst entfernt Sie sie nach außen projizieren.

In unserem Beispiel heißt die Software: arm = glücklich, reich = selten glücklich. Diese Formeln sind natürlich extrem vereinfacht, aber trotzdem treffen sie den Kern eines der klassischen unbewussten Erfolgssabotageprogramme. Die deutlich bessere Software wäre: glücklich = reich.

Um dieses Programm in unserem Inneren zu installieren,

Wer Erfolg haben will … ∞ 291

braucht es anfangs Fragen wie etwa: Wie kann ich in meinem Leben Wohlstand und Zufriedenheit erschaffen – und beides miteinander verbinden? Was unterscheidet Menschen, die wohlhabend und zufrieden sind, von anderen? Wohlhabende und zufriedene Menschen können im Leben und im Herzen empfangen. Menschen, die inneren und äußeren Wohlstand vereinen, haben anderen Menschen vor allen Dingen eins voraus: Sie sind außerordentlich empfänglich. Empfänglich für Liebe und Wertschätzung.

Was hat die Liebe mit Wohlstand zu tun? Alles! Denn, was die meisten von uns davon abhält, außergewöhnlich erfolgreich und glücklich zu sein; was uns daran hindert, Wohlstand für uns und unsere Familien zu schaffen, sind tief verwurzelte Wertlosigkeitsgefühle in unserem Inneren. Wir haben nicht mehr, weil wir unbewusst glauben, dass wir nicht mehr verdienen. Die Fähigkeit zu empfangen ist direkt mit unserem Selbstwertgefühl verknüpft. Die meisten von uns sind der Überzeugung, dass sie nur ein begrenztes Maß an Wohlstand verdienen oder erreichen können. Und das sabotiert dann oft sehr subtil unsere Bemühungen, mehr in unserem Leben zu erschaffen.

Nur wenn Sie sich wertschätzen, kann Wohlstand in Ihr Leben treten.

Wir leben in einer Welt, die nach den Gesetzen der Resonanz funktioniert. Gleiches zieht Gleiches an. Wenn Sie wirklich so leben, als ob Sie etwas Kostbares wären; Ihr Wesen und Ihre Anlagen schätzen lernen; Ihre Potenziale und Talente entfalten und Ihrer Berufung folgen, dann werden Sie auch empfänglicher für Wertschätzung von außen. Je mehr Sie sich selbst lieben, desto mehr ziehen Sie Wohlstand und Erfolg auf ganz natürliche Weise an. Mit Geld kann man keine Liebe kaufen, aber Liebe ist das Einzige, das wirklichen Wohlstand erschaffen kann.

Wir sind alle beseelt, und unser Leben erblüht und fühlt sich erfüllt an, wenn wir uns für die Liebe öffnen und diese größere, existenzielle Verbundenheit annehmen können. Wenn wir uns öffnen für das, was Nelson Mandela vermittelt und was Marianne Williamson über uns Menschen schreibt: nämlich, dass wir unermesslich stark sind, brillant, großartig, talentiert und begnadet. Dass wir geboren sind, um der Herrlichkeit, die in uns ist, Ausdruck zu verleihen – dann sorgen wir auf ganz natürliche Weise für Wohlstand und Zufriedenheit in unserem Leben – und in dem anderer. Dazu heißt es bei Williamson: Wenn wir unser Licht leuchten lassen, dann ermutigen wir andere dazu, dasselbe zu tun.

Vielleicht klingt das alles in Ihren Ohren zu träumerisch, zu poetisch, zu religiös. Die Wahrheit ist ungemein praktisch und in jedem Moment Ihres Alltags erfahrbar.

Wer Liebe von anderen haben will, glaubt, dass sie ihm fehlt. Wer glaubt, dass ihm die Liebe fehlt, der fühlt sich wertlos, verschließt sich und wird abhängig von anderen und Äußerem. Wer sich für sich selbst öffnet, dem fließt die Liebe von innen zu. Das strahlt aus und macht anziehend: für mehr Liebe, mehr Wohlgefühl, mehr Wohlstand. Menschen, die sich lieben lernen, sind die wahren Anführer und die echten Reichen.

Wenn Sie genauer hinschauen, dann ist Wohlstand nichts, was man hat, sondern ein Zustand hoher Durchlässigkeit, Öffnung und Bewusstheit. Je mehr Sie sich kennen und annehmen lernen, alten Ballast abwerfen und neues Bewusstsein für sich selbst entwickeln, desto mehr kann die Liebe ungehindert durch Sie fließen. Aber stellen Sie sich doch einmal vor, diese

Wer Erfolg haben will ... ∞ 293

Welt ist ein Garten und Sie sind ein Schlauch, durch den das Wasser fließt, mit dem dieser Garten bewässert wird.

Was ist das Wasser? Das Wasser ist die Liebe. Aber nicht die eingeengte, verklärt romantische Vorstellung, die wir von ihr haben. Sondern die allgegenwärtige, universelle, schöpferische Energie, die von Ihnen weder erzeugt, noch zerstört werden kann und doch alles belebt und durchströmt. Sie ist ein ungemein kreativer, dynamischer Energiestrom, der immer in Bewegung ist und in alles hineinfließt, was lebendig ist. Sie stammt nicht von Ihnen, sondern Sie sind ihr Ausdruck. Sie durchströmt Sie und kommt durch Sie, durch all Ihre Gedanken, Wünsche und Taten in unsere Welt.

Sie ist auch keine Emotion. Sie umfasst weit mehr als das Wohlbefinden und Mitgefühl, das wir spüren, wenn sie uns durchströmt. Diese Liebe unterscheidet und bevorzugt nichts. Sie reagiert wertfrei und bedingungslos auf die Absichten, die Sie mit ihr verbinden. Sie ist reines Bewusstsein.

Je freier Sie in Ihrem Leben zirkuliert, desto glücklicher, befriedigender, erfolgreicher und wohlhabender ist Ihr Leben.

Liebe ist Ihr inneres Kapital, Ihr unbegrenztes Vermögen, das Sie gezielt in alles investieren können, worauf Sie sie richten. Damit kann sie sich in eine unendliche Fülle von Möglichkeiten verwandeln, die allein davon abhängt, wohin Ihr Fokus geht. Je mehr Sie bewusst lieben, je mehr erschaffen Sie – ganz automatisch und mühelos.

Nun stellen Sie sich vor, dass jedes Gefühl der Wertlosigkeit, jede verdrängte Verletzung und jeder alte, einschränkende Glaubenssatz wie ein Knick in Ihrem Schlauch wirkt, der die Liebe – ihr unbegrenztes Vermögen – am Fließen hindert. Jedes Mal, wenn Sie bewusster werden, also einen Knick entdecken und den Schlauch entwirren, werden Sie durchlässiger, sodass das Bewusstsein der Liebe immer freier und kraftvoller durch Sie hindurchfließen kann. Je bewusster Sie denken, sprechen, fühlen, handeln und erschaffen, desto nährender sind Sie für die Welt und andere Menschen.

Aber der Mechanismus funktioniert leider auch umgekehrt. Je mehr Sie von unbewussten alten Glaubenssätzen, Prägungen und verdrängten Verletzungen und Wertlosigkeitsgefühlen bestimmt und Ihre Handlungen gesteuert werden, desto vertrockneter und ausgelaugter ist Ihr Leben. Nichts scheint durch den Schlauch fließen zu wollen. Sie fühlen sich unterbrochen, haben das Gefühl, dass von allem zu wenig da ist; dass Sie getrennt von anderen, vom Wohlstand, von der Welt sind und vor allem von sich selbst.

Sind wir voller Knicke, versuchen wir es meist mit Anstrengung, um die Dinge in unserem Leben in Fluss zu bringen. Und wir haben das Gefühl, dass wir alles Mögliche von außen brauchen, weil der Strom in uns nur ein Rinnsal ist. Aber die Anstrengung sorgt nicht für Durchfluss, sondern für noch mehr Druck auf den Knicken.

Anstrengung ist nicht die entscheidende Kraft für die Realisation unserer Wünsche. Entscheidend für alles, was wir in unserem äußeren Leben erschaffen, ist unsere innere Bewusstheit und Geklärtheit.

Erst durch die Öffnung der Knicke löst sich nicht nur unser Gefühl von Getrenntheit, sondern auch der innere Druck auf der Leitung lässt nach. Dieses Gefühl, dass wir ständig etwas tun müssen und rastlos unter Spannung stehen.

Wenn wir von altem Schmerz, alten Prägungen und Glaubenssätzen loslassen; wenn wir bereit sind, unser Leben einer größeren Entrümpelungsaktion und einem inneren Wandel zu unterziehen; wenn wir den Mut zu Neubeginn und Wagnis haben; wenn wir bereit sind, uns der Welt zu zeigen und endlich an das zu glauben, was wir der Welt anzubieten haben; wenn wir uns öffnen, um endlich zu empfangen, dann verbessern sich unsere Beziehungen, florieren unsere Unternehmen, strömt Erfolg in unser Berufsleben und Wohlstand in unsere Familien. Wenn wir unseren unglaublichen, inneren Reichtum annehmen, dann können wir auch endlich den Reichtum des Lebens genießen.

Wenn Sie die letzten Abschnitte nicht einfach lesen, sondern sich erlauben, sie mit ein paar tiefen Atemzügen einzuatmen und ihnen nachzuspüren, dann können Sie vielleicht schon irgendwo im Inneren ihre Wirkung fühlen. Wenn Sie sie vielleicht sogar in Ihr Herz einlassen können, dann werden Sie sich nicht länger als einen Menschen sehen, der sich allein durchkämpfen, abstrampeln und gegen andere behaupten muss.

Jenseits jeder Religion oder jedes Weltbildes können Sie sich als gut verbunden in einem prosperierenden, universellen Netzwerk erleben, dessen Vermögen, Ressourcen und Infrastrukturen Ihnen jederzeit zur Verfügung stehen. Sie sind die Niederlassung, in der sich der Gesamtunternehmensgeist trotzdem weiter ausdrückt. Ob Sie das prosperierende Unternehmensnetzwerk universelle Kraft, Bewusstsein, Gott, Geist, Sein, Liebe oder wie auch immer nennen, spielt dabei letztendlich keine Rolle. Entscheidend sind nur zwei Dinge. Zum einen, ob Sie bereit sind, sich für seine unerschöpflichen Ressourcen zu öffnen, um sie in die Welt weiterzugeben. Und zum anderen, ob Sie bereit sind, zu diesem Zweck mit ganzer Leidenschaft Ihre Talente, Gaben und Anlagen zu nutzen.

Um nach diesem Ausflug in größere Höhen noch einmal im Alltagsbewusstsein zu landen: Bei manchen Menschen macht es eines Tages Klick, und sie leben in diesem erweiterten Bewusstsein für die Zusammenhänge unserer Existenz. Aber bei den meisten Menschen braucht es eine Zeit der Übung und Neuausrichtung.

Wir alle haben uns auf die eine oder andere Weise unser Leben lang als von allem – vom Wohlstand, von der Liebe und vom Erfolg – getrennt gesehen, sodass wir erst ein paar Knoten in unserem Kopf entwirren müssen, wenn wir plötzlich erfahren, dass alles da ist und wir dafür nichts tun müssen, außer uns zu öffnen. Da meldet sich sofort unser Verstand und sagt: Das kann einfach nicht sein… Das wäre doch viel zu leicht… Es ist so leicht. Und doch gibt es jede Menge zu tun. Allerdings nicht in der herkömmlichen Art. Wenn Sie diesen Weg wählen, dann ist es von nun an Ihr Hauptjob, sich selbst kennenzulernen. Ihr Nebenjob ist es, Ihre Talente zu entdecken und auszudrücken. Der Rest ist marginal.

Einer der Knoten, die es im Hauptjob zu lösen gilt: Finden Sie den Unterschied heraus zwischen Geben aus einer empfangenden Haltung und Geben aus Bedürftigkeit und Opferhaltung. Den meisten von uns fällt es im Alltag schwer, von anderen etwas anzunehmen: Ach, lass nur! Das kann ich schon alleine… Nein, geht schon. Das brauch ich wirklich nicht… Das hab ich doch gerne getan. Dafür will ich nichts haben… Wenn wir so auf die Angebote unserer Umwelt reagieren, sind wir oft stolz darauf. Wir müssen niemanden um etwas bitten. Wir helfen lieber den anderen.

Aber dahinter stecken nicht selten Selbstverleugnung und Aufopferung. Wir geben, weil wir eigentlich etwas brauchen. Die anderen sollen sehen, wie selbstlos wir sind. Indem wir besonders großzügig mit unserer Zeit, unserem Geld, unserem Engagement und unserer Aufmerksamkeit für andere sind, verbergen wir auf diese Weise einfach unser unterschwelliges, tatsächliches Bedürfnis nach Anerkennung, unsere versteckten Wertlosigkeitsgefühle und die daraus resultierende Unfähigkeit zu empfangen. Wir leben das Leben eines Gutmenschen, fühlen uns dabei aber oft innerlich unerfüllt und einsam.

Sybille Grüter

Beraterin (* 1964)

Sybille Grüter versucht gar nicht erst, ihre Tränen zu verbergen, während sie von ihrer Vergangenheit erzählt. Sie ist berührt von der Geschichte, die sie erzählt; berührt von ihrer eigenen Biografie. Manchmal kommt ihr alles vor wie ein Traum, sagt sie. Und dann lacht sie auch schon wieder, und alles sprudelt nur so aus ihr heraus. Mit ihren vierundvierzig Jahren ist Sybille Grüter eine schöne Frau. Eine, die ihren Gefühlen Raum gibt und sich zeigt, so wie sie ist.

Das war nicht immer so. »Es gab Zeiten, da habe ich einfach nur funktioniert, jede Gefühlsregung wegkontrolliert. Da konnte ich mich im Spiegel nicht ansehen«, erinnert sie sich. »Zeiten, da dachte ich, ich sei einfach nur falsch.« Aber das hat damals niemand verstanden. Alle mögen Sybille. Und Sybille ist für alle da: für ihre drei Kinder, für ihre kranke Schwiegermutter, für ihren erfolgreichen Mann. Wenn er Geschäftsfreunde erwartet, ist Sybille die sorgende Gastgeberin. Selbstverständlich hat sie köstlich gekocht und anschließend mit den Gästen gescherzt und gelacht. Die perfekte Haus- und Ehefrau eben. Bis es still wird und sie schlaflos im Bett liegt. Dann ist es, als ob ihr etwas die Luft abschnürte. Dann kann sie kaum mehr atmen, dann liegt ein bleischwerer Druck auf ihrer Brust. Sosehr sie sich in Gegenwart der anderen kontrolliert – kaum kommt die Nacht, machen sich Einsamkeit und Leere übermächtig in ihr breit. Immer öfter fühlt sie sich resigniert und erschöpft.

Doch Sybille Grüter macht weiter. Spielt die Glückliche, die Erfolgreiche. Auch wenn aus ihrer diffusen Unruhe und Erschöpfung inzwischen Panikattacken geworden sind. Längst wird sie auch tagsüber von ihnen heimgesucht: im Supermarkt, im Bus. Nur reden kann sie darüber nicht. Langsam beginnt sie, an ihrem Verstand zu zweifeln. Denn eigentlich müsste sie doch glücklich sein: Sie hat einen Mann, der die Familie gut versorgt, drei Kinder und Freunde. Heimlich geht sie zum Arzt. Der meint, sie sei einfach überlastet und gibt ihr etwas zur Beruhigung. Aber die Unruhe bleibt. Genau wie ihr Schweigen. Nur die innere Einsamkeit wächst.

Bis ein Mann sie eines Tages anspricht. Er sitzt mit ihr im Elternbeirat des Kindergartens. Er habe sie schon länger beobachtet, sagt er und fragt sie, was denn los sei. Auf dem Spielplatz treffen sie sich wieder. Ihm schüttet sie ihr Herz aus. Auf dem Nachhauseweg weiß sie, dass sie sich verliebt hat. »Plötzlich konnte ich wieder atmen«, erinnert sie sich. »Endlich war da jemand, der mich verstand. Die Angstattacken wurden weniger, ich bekam wieder Schwung. Er tat mir gut. Ich dachte: Das ist der Mann, den ich brauche.« Er meint es auch gut mit ihr, macht ihr Mut, mehr aus ihrem Leben zu machen; erinnert sie daran, dass sie mal eine Banklehre gemacht hat. Und sagt ihr, dass die Welt Menschen wie sie braucht. Die Affäre der beiden begann.

Aber bald kam auch schon ihr Ende. Denn Sybille hält den Spagat nicht aus. Eines Abends klappt sie im Esszimmer zusammen. Der Damm bricht. Tränen fließen. Und alles kommt auf den Tisch. Die Ehe beginnt zu wanken. Alltagstrott und gemeinsame Gewohnheiten reichen einfach nicht für eine Partnerschaft. Die Katastrophe, die sie immer vermeiden wollten, ist über sie hereingebrochen. Und die schöne heile Welt der perfekten Sybille Grüter liegt in Trümmern. Die Liebschaft auch. Aber Sybille begreift, dass der andere Mann auch nicht die Lösung ist. Allerdings hat er ihr die Augen geöffnet: dafür, dass es höchste Zeit ist, ihr Leben selbst in die Hand zu nehmen.

Sie löst sich von ihm, bleibt bei ihrer Familie. Aber dort bleibt kaum mehr ein Stein auf dem anderen. »Ich wusste: Du musst wieder arbeiten. Irgendetwas für dich selbst machen!«, erinnert sie sich. Eine Freundin bietet ihr an, zweimal in der Woche in ihrer Unternehmensberatung auszuhelfen. »Auch wenn es am Anfang nur die Ablage und einfache Bürotätigkeiten waren – aber ich fühlte mich wie neugeboren.« Sybille bekommt Abstand zu der vertrackten Situation daheim, beginnt Grenzen zu setzen. Schuldgefühle quälen sie, als sie die Schwiegermutter einer Pflegerin anvertraut. Sie fühlt sich wie eine Rabenmutter, weil sie ihre Kinder nun zweimal in der Woche in die Kita schickt. Aber sie bleibt ihrem neuen Weg treu. Auch wenn ihre Ehe noch eine ganze Weile Achterbahn fährt und manche ihrer alten Freundinnen sich von ihr abwenden – weil sie egoistisch geworden sei.

Im Büro fühlt Sybille sich wohl. Immer öfter wird sie zu Beratungen hinzugezogen. Mit der Zeit entdeckt sie wieder ihre Freude daran, sich schick zu machen. Nun kann sie wieder vor dem Spiegel stehen. Manchmal sogar lächeln und sich schön finden. Irgendwann geht sie mit zu Kundenbesuchen. Man schätzt ihre Sicht auf die Dinge. Sie nimmt ihr Herz mit in die Projekte. Und sie aktiviert ihre Fähigkeiten, die sie vor einer kleinen Ewigkeit in der Bank gelernt hatte.

»Ich habe meinen Weg gefunden«, sagt sie mit ihrem strahlenden Lächeln. »Ich habe es geschafft, Ehe, Familie, Talente und Leidenschaften unter einen Hut zu bringen.« Wie sie das macht? Sie arbeitet projektbezogen. Manchmal quillt ihr Terminkalender über, dann gibt es wieder ruhigere Zeiten, in denen sie sich mehr um die Familie kümmern kann. Für ihren Haushalt hat sie Unterstützung gefunden. Das erlaubt ihr, wirklich für ihre Liebsten da zu sein, wenn sie zu Hause ist.

Sybille Grüter

Sybille ist stolz auf sich; stolz und glücklich, dass sie wieder arbeiten kann und Erfolg dabei hat – und dass sie ihr Gefühl für die Menschen und ihr Bedürfnis, andere zu unterstützen, dabei entfalten kann. »Mein Leben ist jetzt nicht zweigeteilt – auch wenn es für manch einen von außen so aussieht. Mein Leben ist jetzt eine Verbindung von meinem Herzen und meinen Fähigkeiten. Zu Hause genauso wie im Beruf. Dafür bin ich dankbar.« Wieder sind da die stillen Tränen, während sie strahlt.

Es ist wunderbar, wenn Sie jemand sind, der gerne gibt. Aber um zu überprüfen, ob Sie das tatsächlich aus Ihrer inneren Fülle und nicht aus einer verdeckten Bedürftigkeit heraus tun, sollten Sie einmal sehr genau hinschauen, ob Sie im Alltag auch in der Lage sind anzunehmen. Können Sie Nachbarn, Freunde oder Kollegen einfach mal um Hilfe, Unterstützung oder kleine Leihgaben bitten? Können Sie Lob oder Komplimente wirklich mit offenem Blick und für Sie innerlich fühlbar annehmen, oder wiegeln Sie gleich ab?

Vielleicht können Sie ja ein paar Tage lang einmal ganz bewusst üben, die kleinen Dinge anzunehmen, die es im Alltag zu empfangen gibt: ein Lächeln, das Ihnen gilt, der gedeckte Tisch zu Hause, Ihr Tagesergebnis im Geschäft… Nehmen ist genauso selig wie Geben.

Wer den Strom der Liebe unterbricht, weil er selbst nicht fähig ist, zu empfangen, hat am Ende auch nur wenig oder nichts Echtes zu geben.

Sich der Verbundenheit mit allem gewahr zu werden ist reine Übungssache: Lauern Sie dem alten Mangelbewusstsein auf und lassen Sie es nicht mehr frei in Ihrem Leben herumstreunen und Mauern um Sie herum bauen. Wenn Sie beschränkende, kleinmachende Gedanken bewusst in sich entdecken, dann fragen Sie sich: Will ich das wirklich denken? Will ich so ein Programm noch länger auf meinem Computer haben, oder will ich etwas Neues denken?

Gedanken sind keine Tatsachen. Gedanken zeigen nur, woran zu glauben Sie gelernt haben. Sie können jederzeit neue Gedanken wählen. Gedanken verursachen Gefühle. Wenn Sie Ihre Gedanken neu ausrichten, dann verändern sich auch Ihre Gefühle.

Setzen Sie sich doch einfach mal in ein Café oder ein Restaurant und denken Sie an die Worte von Marianne Williamson. Laden Sie sich innerlich auf und stellen Sie sich vor, dass Sie tatsächlich dazu geboren sind, um der Herrlichkeit, die in Ihnen ist, Ausdruck zu verleihen. Auch wenn es seltsam, albern oder befremdlich scheint, probieren Sie es einfach. Wagen Sie einfach einmal neue Gedanken. Betrachten Sie es als ein Spiel. »In mir ist Herrlichkeit …«

Lassen Sie diesen Gedanken zu und erlauben Sie dem dazugehörigen Gefühl, sich in Ihrem ganzen Körper auszubreiten, und strahlen Sie es aus. Und dann schauen Sie aus diesem Zustand die Leute an, geben in diesem Bewusstsein Ihre Bestellung auf – und gucken, was passiert oder wie Sie die Dinge in diesem Zustand wahrnehmen. Diese Übung können Sie im Café, im Bus, zu Hause am Mittagstisch, im Büro, bei wichtigen Verhandlungen wie ein kleines, unsichtbares Wohlstands-Trainingsprogramm praktizieren. Aber wundern Sie sich nicht, wenn sich dabei plötzlich Ihr ganzes Leben verändert.

Eine weitere nicht weniger wichtige Übung: Lernen Sie, in Ihre Überlegungen auch deren mögliche Auswirkungen auf alle anderen Menschen mit einzuschließen. Konkret geht es darum, dass Sie langsam ein Bewusstsein dafür entwickeln, dass Ihr Erfolg, Ihre Glücksgefühle, Ihre Beziehungen, Ihr Wohlstand, aber auch Ihre Gier und Ihr Verlangen nach mehr sich immer automatisch auch auf andere auswirken. Keine Ihrer Handlungen ist abgetrennt vom Rest der Welt. Ganz simpel: Wenn Sie etwas billiger bekommen wollen, wird jemand anderes damit weniger Geld verdienen.

Hier geht es nicht um das Konzept »Selbstloser Samariter«. Es ist existenziell wichtig, dass Sie Ihr Leben danach ausrichten, Ihre innersten Bedürfnisse voll und ganz zu erfüllen. Nur so wachsen Sie und finden Erfüllung. Es geht darum, dass Sie auf die Tricks verzichten. Es ist ein Irrtum zu glauben, dass irgendeiner Ihrer Gedanken geheim wäre. Dass Sie Ihre Wertlosigkeitsgefühle verbergen könnten. Dass niemand merkt, wie leer Sie innerlich sind und wie unterschwellig die Bedürftigkeit die Triebfeder für Ihr Tun ist. Jeder Gedanke, den Sie denken, wird ausgesendet. Er hat eine Frequenz, trägt eine Information in sich, die andere zwar nicht sehen, aber unbewusst sehr wohl spüren können.

Was auch immer Sie denken, es wird zu dem Stoff, aus dem Ihr Leben gemacht ist. Welches Handeln daraus auch immer resultiert, es beeinflusst andere und Ihre Umwelt. Hören Sie auf, sich und anderen länger etwas vorzumachen, und fragen Sie sich stattdessen ehrlich: Handle ich aus Gewohnheit, Angst, Sicherheitsdenken, Habenwollen oder Mangelgefühl? Oder handle ich aus Fülle, Freude, Enthusiasmus, Leidenschaft oder Überzeugung? Der Unterschied ist grundlegend und radikal: Im ersten Fall nehmen Sie. Im zweiten geben Sie. Beide Male sich selbst und anderen. Also lassen Sie doch alle Um-zu-Deals, Machtkämpfe und Gierattacken langsam ziehen und werden Sie sich Ihrer Verbundenheit mit allem, was ist, bewusst. Sobald Sie Ihre Verbundenheit mit der Welt deutlicher erkennen, erkennen Sie auch deutlicher, dass Empfangen immer ganz automatisch auch Geben heißt. Und dass Nehmen weiteren Mangel erzeugt.

Liebe ist eine Art Währung. Man kann sie zurückhalten oder richtig investieren. Jede Investition von Liebe wirkt im Einklang mit den Gesetzen des Universums – sie vermehrt sich, wenn sie weitergegeben wird. Sehnen Sie sich nach Wohlstand, sollten Sie Ihre inneren Vermögenswerte aktivieren, indem Sie bewusst nach neuen Möglichkeiten der Selbstliebe Ausschau halten. Dieser Währungsfluss funktioniert nach einfachen, klaren Regeln: Was gut für Sie ist, ist gut für andere. Was gut für andere ist, ist auch gut für Sie. Wer diese Gesetze kennt und anwendet, wird langfristig Erfolg haben und Wohlstand produzieren. Damit wird erfolgreiches Business in Zukunft immer enger mit persönlicher Entwicklung verbunden sein. Oder um es unmittelbarer und näher an der Wahrheit auszudrücken: Persönliche Entwicklung ist wirtschaftliche Entwicklung.

7. Kapitel

AM ANFANG STEHT IMMER NUR EIN GEDANKE

> »*Der Gedanke manifestiert sich als Wort, das Wort manifestiert sich als Tat, die Tat wird zur Gewohnheit, und Gewohnheit gerinnt zu Charakter. Achte daher sorgsam auf das Denken und seine Schliche und lass es der Liebe entspringen, aus mitfühlender Sorge um alle Lebewesen… Wie der Schatten dem Körper folgt: Wie wir denken, so werden wir.*«
>
> Buddha

Für mich (Eva) ist dies das aufregendste Kapitel im ganzen Buch. Eigentlich möchte ich hier nichts anderes tun, als Ihnen von der Entstehungsgeschichte von *Liebe dich selbst* erzählen. Natürlich ist das bewegend, weil es ja die Geschichte unseres größten persönlichen Erfolgs ist. Aber für mich ist es mehr. Es ist, als ob ich Ihnen Einlass in mein Heiligstes gewähren würde, wenn ich Ihnen wirklich die Wahrheit über diese Geschichte erzähle. Als ob ich Sie mit in meine sehr intime und bisher für die Außenwelt nicht zugängliche, geheime Welt der Wunder, der Führung, der Fügungen mitnähme. Ich habe bis zum Schluss dieses Buches gewartet, weil es mich Überwindung kostet, diese meine innere Welt der Schöpfungen mit anderen zu teilen. Einfach weil sie so durchlässig, grenzenlos,

Am Anfang steht immer nur ein Gedanke ∞ 307

zärtlich, voller Fülle und nah ist – aber eben auch so unerklärlich und kaum beschreibbar.

Ich wage es trotzdem, im Folgenden das kaum Beschreibbare aufzuschreiben, einfach weil ich sonst vielleicht die größte Chance versäumen würde, Sie wirklich im Herzen zu erreichen für diesen neuen Weg in den Erfolg. Und: Weil sonst dieses Buch am Ende doch nur eine verheißungsvolle, aber ungeküsste Jungfrau bliebe.

Warum macht sie es nur so spannend, fragen Sie sich? Es war spannend! Vom ersten Moment an. Es war eins der größten Abenteuer meines Lebens. Ich kann bis heute nur sagen: Für mich ist die Entstehungsgeschichte von *Liebe dich selbst* immer noch so ein »Kneif mich, damit ich weiß, dass es wahr ist«-Erlebnis. Alles, was mir für dieses Projekt zugeflossen ist, erfüllt mich mit Demut, Dankbarkeit und Freude. Und mit größtem Respekt vor den komplexen Kräften, die in unserem Universum herrschen.

Die Entstehungsgeschichte dieses Projekts hat für mich alles lebendig erfahrbar gemacht, was wir Ihnen hier nur mit geschriebenen Worten nahebringen können.

Woran Sie wirklich glauben, das wird sich in Ihrem Leben entfalten. Worauf Sie Ihre Gedanken fokussieren, das wird sich in der manifesten Welt der Formen realisieren. Und wenn Sie dafür all Ihre Kräfte und Talente aktivieren, stellt Ihnen das ganze Universum seine Kräfte an die Seite.

Deshalb möchte ich Sie bitten, beim Lesen der folgenden Seiten die Brille zu wechseln. Lesen Sie sie nicht als die Geschichte von jemand anderem. Lesen Sie sie so, als ob es Ihre eigene Geschichte sein könnte. Denn in der Tat könnte es auch Ihre Geschichte sein. Alles, was mir zuteil wurde, kann jedermann zuteil werden. Es ist die Geschichte der Entstehung eines Buches. Aber es könnte auch die Geschichte einer Firmengründung, einer Ausbildung, einer Umschulung, eines Neuanfangs, eines Kunstwerks, der Verwirklichung eines Kindheitstraums oder einer Auszeit sein. Die Kräfte, die hier für mich und durch mich gewirkt haben, wirken immer, überall und in allen.

In der realen Welt sichtbar wurde das ganze *Liebe dich selbst*-Projekt mit dem orangefarbenen Buch. Aber auf unsichtbarer Ebene begann dieses Projekt sich lange vorher seinen Weg in mein Leben zu bahnen. Heute weiß ich, dass alles, was in meinem Leben scheinbar kaputtgegangen oder falsch gelaufen ist – all die vermeintlichen Verluste und Niederlagen –, in Wahrheit die Vorbereitung für dieses Projekt war. Die Niederlagen haben mein Ego kleiner und mein Herz weiter werden lassen. Erst wenn gewohnte Wege versperrt waren, war ich bereit, unbekanntes Terrain jenseits meiner Prägungen zu betreten und Neues zu wagen. Aus den Trümmern alter Vorstellungen erblühten neue Fähigkeiten. Vieles musste ich verlieren, um zu entdecken, was wirklich zu mir gehört.

So hatte ich nach meinem beruflichen Wechsel und meiner Ausbildung zur Psychotherapeutin endlich meine Praxis und arbeitete mit Menschen an ihren Karrieren und ihren Beziehungen. Wer weiß, ob ich das alles auf mich genommen, so viel gepaukt und so viele Fortbildungen besucht hätte, wenn es vorher als Journalistin oder Managerin glattgelaufen wäre. Aber auch das Glück der Arbeit mit den Menschen in meiner Praxis brachte mir keine endgültige Ruhe. So erfüllend diese Arbeit auch war, etwas fehlte. Mein Schreiben, ein so kraftvoller Teil von mir, lag brach und rumorte innerlich wie ein eingesperrtes Tier. Immer öfter dachte ich daran, wie es wäre,

Am Anfang steht immer nur ein Gedanke

noch einmal ein Buch zu schreiben, so wie damals am Ende meiner Zeit als Journalistin in Südafrika.

Aber ich konnte mir nichts vormachen: So groß meine Leidenschaft damals beim Schreiben auch gewesen war – das Buch war zwar veröffentlicht worden, aber es hatte kaum jemand gelesen. Ein paar Tausend Exemplare und dann verschwand es in der Bedeutungslosigkeit. Niemanden hatte es wirklich interessiert, was ich über die blutigen Apartheidnachrichten hinaus über die Grautöne zwischen Schwarz und Weiß erzählen wollte. Das glaubte ich, bis dreizehn Jahre später mein Telefon klingelte.

Es war die Zeit, als ich mir zum x-ten Male vorgenommen hatte, jetzt endlich zu schreiben, aber dann Angst vor der eigenen Courage hatte, doch immer wieder Ausreden fand und im Alltagstrott stecken blieb. Ein Mann am anderen Ende des Hörers verkündete nach einer knappen, formellen Begrüßung unaufgeregt: »Der Bundespräsident möchte Sie sprechen.«

Ich zögerte kurz und dachte an einen Scherz von einem Bekannten oder so eine Radiogeschichte, bei der alle mithören und sich über mich totlachen, wenn ich jetzt sage: »Ja gerne, bitte stellen Sie doch durch.« Aber der Mann war so ernsthaft und kontrolliert. Vielleicht war er ja tatsächlich ein Staatsbeamter?

Wenige Tage später flog ich zusammen mit dem damaligen Bundespräsidenten Johannes Rau zu einem Staatsbesuch nach Südafrika. Er war einer der wenigen gewesen, der vor vielen Jahren mein Buch über Zwischentöne und menschliche Schicksale im Südafrika der Apartheid gelesen hatte. Es hatte einen so bleibenden Eindruck bei ihm hinterlassen, dass er jetzt zur Vorbereitung seines Staatsbesuchs auf die Idee gekommen war, mit mir darüber zu sprechen und mich einzuladen, seine Delegation zu begleiten.

Um die Geschichte abzukürzen: An einem der Abende während des Staatsbesuchs stand ich wieder irgendwo inmitten der Delegation bei einem offiziellen Empfang und war froh, wenn mir jemand unterstützend soufflierte, wo ich wie hingucken, Hände schütteln oder mich verneigen sollte. Da nickte Rau dem damaligen Präsidenten Südafrikas Mbeki zu und zeigte plötzlich unvermittelt über die Köpfe hinweg auf mich: »Diese Frau hat mich vor vielen Jahren mit ihrem Schreiben die Menschen in Ihrem Land besser verstehen lassen. Jetzt schreibt sie nicht mehr. Das ist schade. Sie sollte ihr Talent wieder nutzen, um weiter aufzuklären.«

Alle schauten auf mich. Meine Knie wurden weich, und mein Herz schlug heftig. Dann war es, als ob alles in mir elektrisiert wäre. Wie Wellen lief es durch mich hindurch. Alles war wie freigelegt, und ich konnte wieder fühlen, dass ich eine Schreiberin war und immer schon eine sein wollte. Als ich an diesem Abend im Bett lag, schwor ich mir, dass ich zu Hause endlich mit meinem Buch beginnen würde.

Diese unwirkliche Geschichte am anderen Ende der Welt war der Wink mit dem Zaunpfahl, oder besser: der des Himmels, gewesen, um mich daran zu erinnern, dass meine Leidenschaft fürs Schreiben einen Sinn hatte und ich mich ihr wieder widmen sollte. Aber sie war nur der Anfang der seltsamen Koinzidenzen, die die Geburt von *Liebe dich selbst* begleiteten.

Zurück zu Hause war kein Platz, um meine so überwältigenden Erlebnisse vom Kap ausführlich zu teilen. Was sich vorher nur abgezeichnet hatte, ging jetzt als Epidemie um: Immer neue Freunde, Bekannte, Klienten, Kollegen meines

Mannes. Alle Welt schien sich zu trennen. Traurige, manchmal dramatische Geschichten von Entfremdung, Betrug und Scheidung erreichten mich von überall. Jetzt war klar: Ich würde schreiben!

Meine Schreibanfänge zu dieser Zeit waren zwar voller Begeisterung, aber im Vergleich zu früher unglaublich zäh. Jedes Mal, wenn ich meinen Laptop aufklappte und mit dem Schreiben begann, musste ich mich wie durch einen Nebel kämpfen. Aber jedes Mal, wenn ich das geschafft hatte, war ich auf einmal so voller Freude wie selten zuvor.

Es klingt vielleicht verrückt: Aber nicht selten war es so, als ob mir förmlich gegeben worden wäre, was ich gerade aufschrieb. So oft hatte ich beim Durchlesen der letzten Seiten das Gefühl, dass auch ich selbst das alles lernen sollte, was ich da gerade schrieb. Manchmal dachte ich beim Überarbeiten und Korrigieren: »Wirklich interessant. So klar hast du das noch nie gesehen. Gut, dass es dir mal jemand sagt.« Das war ein verrücktes, fast schizophrenes Gefühl. Der ganze Prozess war wie eine schriftliche Unterweisung oder eine Art inneres Fernstudium.

Aber kaum hatte ich mich an diese seltsame Art der Unterweisung und ans Kämpfen durch den Nebel gewöhnt, kam die nächste Prüfung. Wenige Wochen nachdem ich mit dem Buch begonnen hatte, verlor nicht nur mein Mann seine Arbeit. Mir fiel auch ein seltsames, englisches Kassetten-Programm in die Hände, mit dem man ein Buch »manifestieren« konnte. Es eröffnete mir für mich damals gänzlich neues Wissen über die Wirkung und die Kraft der Gedanken. Im Kern ging es darum, sich zu entspannen und sich dann innerlich alles vorzustellen, was man gerade beim Schreiben ins Leben bringen wollte. Und zwar so, als ob es bereits auf ideale Weise geschehen wäre.

Das war noch einmal eine große Herausforderung für mich: Mein Mann, und damit der Hauptverdiener unserer Familie, war arbeitslos, und ich sollte mich entspannen und mir innerlich vorstellen, wie alles einfach ideal liefe. Natürlich war das verrückt. Aber es war auch unglaublich aufregend. Ich saß zu Hause, ließ die Waschmaschine laufen, ging in die Praxis oder holte wie jede andere Mutter mein Kind irgendwo vom Turnen ab. Aber darunter war dieses unglaubliche Abenteuer. In meinen freien Stunden schrieb ich voller Freude ein Buch, an das keiner um mich herum glauben wollte, und hörte seltsame, geführte Meditationen und Visualisierungsübungen, die mein ganzes bisheriges Weltbild aus den Angeln hoben. Die so neu und frisch waren wie die Tageszeitung am frühen Morgen und die sich doch so richtig und vertraut anfühlten wie die Weisheit aller Jahrtausende.

Die Kassetten ließen mich nicht mehr los. Ich hörte sie wieder und wieder und verstand, dass ich mich, mein Projekt und seinen Erfolg aktiv unterstützen konnte, ohne dass ich äußerlich irgendetwas Besonderes dafür tun musste. Ich lernte, dass das alles Entscheidende war, dass ich innerlich meine Gedanken neu ausrichtete und konkret auf meine Ziele fokussierte. Klar war das eine Herausforderung für meinen Verstand und schien auf den ersten Blick zu simpel und eher naiv. Aber immer wenn ich die Kassetten hörte, erlebte ich eine klare und überzeugende Kraft in mir. Und das neue Wissen fühlte sich so richtig an. Es schien genau zur rechten Zeit zu mir gekommen zu sein wie ein Geschenk.

Ich erzählte kaum jemandem davon, um nicht für vollends verrückt erklärt zu werden, und ging einfach frühmorgens mit Kopfhörern auf den Ohren in den Wald, wie andere Leute das auch taten. Nur ich hörte keine rhythmische Musik, die mich

Am Anfang steht immer nur ein Gedanke ∞ 313

beim Laufen in Schwung brachte. Ich lauschte Worten, die mir eine neue Welt eröffneten. Entweder joggte ich dabei oder machte einen Spaziergang. Manchmal setzte ich mich einfach auf einen Baumstumpf und ließ mich hinwegtragen in die innere Welt voller Kreativität, Schaffenskraft, Erfolg und Wohlstand.

Ich schrieb ein gutes Jahr an dem Buch. Und in diesem Jahr habe ich die geführten Meditationen und Visualisierungsübungen Hunderte Male gehört. Oft klopfte mein Herz, wenn ich mir, von der Stimme auf dem Band angeleitet, in allen Formen und Farben vorstellte, wie ich das nächste Textpensum innerlich erschuf und das Buch seine eigene Kraft annahm. Wie ich immer klarer definierte, was ich mit diesem Buch in meinem und vor allem in dem Leben anderer Menschen bewirken wollte. Wie ich meinen Vertrag bei meinem künftigen Verleger unterschrieb und das Buch seinen Weg zu den Menschen fand und sich wie ein Lauffeuer ausbreitete. Ich sah vor meinem inneren Auge, wie manche Menschen strahlten und andere befreit weinten, während sie das Buch lasen. Und ich erlebte, wie die Kraft, die ich herausgab, unendlich vervielfacht wieder zu mir zurückkam.

Wenn ich von meinen morgendlichen Ausflügen in den Wald nach Hause kam, war ich wie elektrisiert. Manchmal platzte ich regelrecht, so voller Einsichten, Ideen und aufgeregter Vorfreude war ich. Manchmal stellte ich mir im Wald Fragen zu Dingen, die ich noch nicht klar erkennen konnte, und bat um Führung. Inspiriert und angeleitet von diesem inneren Schaffens- und Erkenntnisprozess, schrieb ich und schrieb und ließ auch im Außen entstehen, was mir jeden Morgen im Inneren gegeben wurde. Vor meinen Augen und unter meinen Händen entfaltete sich, was mich selbst oft be-

314 ∞ *Der Weg in die Berufung*

wegte und mit Demut und neuen Einsichten erfüllte. Manchmal dachte ich in dieser Zeit eher verwirrt und fast verschämt, wovon ich heute überzeugt bin: Dieses Buch ist nicht von mir – sondern es kam zu mir. Ich habe es lediglich weitergegeben.

Klar ist mir dieser Umstand spätestens seit einem bewegenden Morgen. Ich wachte sehr früh auf und hatte von einem Cover und einem Titel für das Buch geträumt. Ich hatte es ganz klar und farbig gesehen: Orange mit einer liegenden Acht, dem Zeichen der Unendlichkeit, und dem Titel *Liebe dich selbst und es ist egal, wen du heiratest.* Aufgeregt weckte ich meinen Mann und sagte: »Ich weiß jetzt, wie das Buch aussieht und wie es heißt.«

An diesem Morgen konnte ich mit all dem, was in mir geschah, bei meinem Mann einfach nicht mehr hinter dem Berg halten: »Auch wenn du mich für verrückt hältst, weil es ja nur ein Traum war. Aber ich weiß, das ist der Titel, und ich weiß: Dieses Buch wird ein Bestseller.« Mein Mann drückte mich und gab mir lächelnd, aber doch auch mit ungläubigem Kopfschütteln einen Kuss.

Ich war zwar nicht einmal halb fertig, hatte auch keinen Lektor oder gar einen Verlag – aber trotzdem gab es für mich tatsächlich keinerlei Zweifel mehr: Dieses Buch würde genau dieses Cover und diesen Titel haben. Mit dieser zunehmenden inneren Klarheit und Bewegung wurde allerdings nicht alles leichter in meinem Leben. Die Diskrepanz zwischen innen und außen wuchs unaufhörlich, und eine Distanz zu einigen alten Freunden stellte sich ein. Wie sollte ich mit ihnen darüber reden? Ich wollte einfach nicht für verrückt erklärt werden. Also konnte ich fast immer nur auf einer formalen Ebene mit anderen über das Buch reden: Ja, ja, habe schon soundso-

Am Anfang steht immer nur ein Gedanke ∞ 315

viele Seiten fertig... Nein, habe noch keinen Verlag, bin aber zuversichtlich... Werde schon Glück haben... Ja, weiß, dass es Tausende von Beziehungsratgebern gibt...

Tatsächlich war die Suche nach dem geeigneten Verlag auch die nächste Hürde, die es zu nehmen galt. Allmorgendlich verband ich mich auf meinen inneren Reisen mit einem Menschen, der dieses Buch mit dem Herzen verstehen und es optimal unterstützen könnte. Ich sah immer wieder, wie er von dem Manuskript in Bann gezogen wurde und mich daraufhin anrief und mir einen Vertrag anbot.

Aber ich hatte mich auch ganz pragmatisch herangetastet. Hatte alle Bücher, die mich bei meiner persönlichen Entwicklung besonders unterstützt hatten, aus dem Regal geholt, nach Verlagen sortiert und auf Stapel gelegt. Der Verlag mit dem höchsten Stapel schien am ehesten zu mir zu passen. Zusätzlich hatte ich noch einen weiteren Verlag im Auge, für den der Autor schrieb, der mir eine Initialzündung bei der Heilung meiner eigenen Ehe ermöglicht hatte. Auch das schien mir eine gute Verbindung zu sein.

Die Frankfurter Buchmesse rückte näher. Mein Buch war noch nicht fertig, aber ich wollte unbedingt dorthin und mein Glück versuchen, einen Verlag zu finden. Also bat ich einen Freund, der eine Werbeagentur hatte, mir aus dem halb fertigen Manuskript, dem Titel und dem Unendlichkeitszeichen ein kleines Booklet zusammenzubasteln, das ich dann im Copyshop ein paar Dutzend Mal vervielfältigte.

Mit meinem Mann und einigen halb fertigen Booklets unter dem Arm fuhr ich zur Frankfurter Buchmesse und entschied mich, jede Scham für einen Tag hinter mir zu lassen. Wie ein Vertreter wanderte ich von Stand zu Stand. Aber alle Verlage schickten mich mehr oder weniger freundlich mit der

Erklärung weg, dass sie auf der Messe keine Manuskripte annähmen. Nur der kleine Verlag, für den der Autor schrieb, der für meine Initialzündung gesorgt hatte, nahm das Manuskript tatsächlich an. Nach all den erfolglosen Anläufen an diesem Tag war das ein großer Schritt nach vorne. Hoffnungsvoll und müde fuhr ich mit meinem Mann am Abend nach Hause.

Bei aller Freude darüber, dass einer von meinen beiden Wunschkandidaten das Manuskript angenommen hatte, war da immer noch der andere Verleger – der mit dem höchsten Stapel. Direkt am Tag nach der Buchmesse schrieb ich ihm einen leidenschaftlichen Brief und schickte ihm mein kleines Booklet. Kaum war es abgeschickt, rief auch schon der Verleger an, der das Manuskript auf der Buchmesse angenommen hatte: Er habe es gelesen und wolle mein Buch verlegen. Ich war dankbar und überglücklich und versprach, mich Ende der Woche mit ihm zu treffen, um alles unter Dach und Fach zu bringen.

Zwei Tage später klingelte wieder das Telefon. Diesmal war es der Verleger mit dem höchsten Stapel. Er eröffnete mir ein phänomenales Vertragsangebot. Ich musste ihm gestehen, dass er zwar mein Herzenskandidat war, ich aber bereits ein Versprechen abgegeben hatte.

Nun hatte ich zwei schlaflose Nächte und fühlte mich wie zerrissen. Was sollte ich nur tun? Bei allem Abwägen der Fürs und Widers für den einen oder anderen Verlag – nur mein Herz würde entscheiden können, wer der richtige Wegbereiter für dieses Projekt sein würde. Ich besuchte beide Männer persönlich und wollte die Entscheidung von meinem unmittelbaren Gefühl in der Begegnung abhängig machen. Mein Herz entschied – auch wenn es schwerfiel.

Am Anfang steht immer nur ein Gedanke ∞ 317

Nun ging alles wie im Rausch. Mein neuer Verleger ließ meinen Text unverändert, er mochte den Titel, die Farbe des Covers und auch das Unendlichkeitszeichen. Als seine Grafikabteilung die liegende Acht irgendwie nicht richtig umsetzen konnte und er als Alternative ein chinesisches Zeichen vorschlug, bat ich meine damals knapp zehnjährige Tochter um Hilfe. Sie malte mit einem dicken Pinsel lauter Achten, bis die passende dabei war. Mein Mann schoss ein Foto von mir, ich schrieb das Manuskript zu Ende – und fertig war das erste *Liebe dich selbst*-Buch.

Fertig war allerdings noch nicht meine innere, allmorgendliche Arbeit im Wald. Mal verband ich mich innerlich mit den Lesern, mal mit den fertigen Büchern. Für mich waren sie wie zwei, die zusammengehörten und nun ihren Weg zueinanderfinden mussten. Immer wieder sah ich vor meinem inneren Auge Menschen, die sehnsüchtig nach Hilfe in ihrer Beziehung suchten. Ich stellte mir vor, wie die, die das Buch gebrauchen könnten, vor den Regalen stehen blieben und regelrecht von ihm angezogen würden. Ich sah Gesichter, die erleichtert und hoffnungsfroh ins Buch vertieft waren. Oft sah ich, wie das Buch von Leser zu Leser begeistert weitergegeben wurde.

Eines Tages, als das Buch einige Monate ohne besonderen Erfolg auf dem Markt war, rief der Verleger an: Es wäre interessant, auf einmal könnte er in seinem Computer erkennen, wie in bestimmten Regionen die Verkaufszahlen sprunghaft anstiegen. Diese Art von Ausbreitung sei ein ganz klares Indiz von Empfehlung von Leser zu Leser. Ja! Es war genauso gekommen, wie ich es gesehen hatte. Und noch mehr: Wenige Wochen später stand das Buch tatsächlich auf den Bestsellerlisten und hielt sich dort jahrelang bis zum heutigen Tag.

Alles geschah ohne Druck und ohne künstliche Hilfsmittel. Die Menschen sorgten für das Buch. Sie gaben es weiter und schrieben mir E-Mails, bis mein Postfach überquoll. Von überall kamen Danksagungen und Schilderungen von ungewöhnlichen Begegnungen mit dem Buch: »Es war verrückt. Eigentlich wollte ich ein anderes Buch aus dem Regal nehmen, als Ihres heraus- und mir direkt vor die Füße fiel. Und dann saß ich da und konnte überhaupt nicht mehr aufhören zu lesen …« »Es war, als ob das Buch mich förmlich angesprochen hätte …« »Ich wollte es erst nicht, aber das Buch wollte mich. Es lag auf dem Tisch einer Freundin und hat mich magisch angezogen …« Dutzende solcher Mails kamen damals.

Aber eine Rückmeldung kam öfter als jede andere. Unzählige Male las ich: »Danke! Es war, als ob Sie meine eigene Geschichte aufgeschrieben hätten. Als ob Sie jeden Satz für mich persönlich geschrieben hätten.« Kaum einen Wunsch hatte ich beim Schreiben öfter gehabt als den, meine Geschichte mit anderen so zu teilen, dass sie ihnen in ihrem eigenen Leben wieder Mut und Hoffnung macht. Als diese Flut von E-Mails über mich hereinbrach, da wusste ich, dass tatsächlich angekommen war, was ich ausgesendet hatte.

Und ich bekam das größte Geschenk, das ich mir hätte wünschen können: Ich merkte, dass ich all die Jahre, als ich mich in meiner verfahrenen Ehe so alleine gefühlt hatte, nie alleine gewesen war. Dass hinter den Fassaden der anderen genauso viel Einsamkeit, Hoffnungslosigkeit und Suche nach Antworten gewartet hatten wie hinter meiner. Und dass mehr Menschen bereit waren für einen neuen Weg, als ich für möglich gehalten hatte. Auf einmal fühlte ich mich nicht mehr fremd. Ich kam mir vor wie in einer Gemeinschaft. Und ich wusste nun mit jeder Faser meines Körpers, dass wir tatsäch-

Am Anfang steht immer nur ein Gedanke

lich alle immer verbunden sind und alles, was wir aussenden, tatsächlich immer ankommt. Die einzig bedeutsame Frage ist nur: Was sende ich aus? Angst? Oder Liebe?

PS: Vielleicht ist jetzt in Ihnen der Wunsch entstanden, von nun an ebenfalls aktiv und bewusst auszusenden, was Sie sich tatsächlich für Ihr Leben wünschen. Um Ihnen in diesem Prozess Unterstützung zu bieten, haben wir ein eigenes Arbeitsprogramm entwickelt, mit dem auch Sie in Ihrem Inneren erschaffen können, wonach Sie sich sehnen. Es heißt:

Entfalten Sie Ihr Potenzial

Das *Liebe dich selbst*-Arbeitsprogramm für beruflichen Wandel, Wohlstand und Erfüllung

Arbeitsbuch mit zwei Audio-CDs
Arkana Verlag
Erscheinungstermin: Frühjahr 2010

8. Kapitel

ÄNDERE DEINE GEDANKEN, DANN ÄNDERT SICH DEIN LEBEN

So jetzt ist sie raus! Die ganze wundersame Geschichte von der inneren Entstehung des ersten *Liebe dich selbst*-Buches. Für manch einen von Ihnen ist es sicher befremdlich, äußere Geschehnisse und Entwicklungen mit inneren, bewussten Vorstellungen in Verbindung zu bringen. Sie denken vielleicht: »Sie hat einfach Glück gehabt ... Da sind ein paar Dinge zur rechten Zeit am rechten Ort zusammengekommen ... Aber ich habe im Moment wirklich andere Probleme, die ich nicht mit im Wald herumrennen und an bessere Zeiten denken lösen kann.«

Immer – auch jetzt in diesem Moment – sind Sie frei, Ihre Gedanken zu wählen.

Natürlich können Sie sich entscheiden zu denken: »Sie hat einfach Glück gehabt.« Dann bestimmt dieser Gedanke auch Ihr Leben. Dann werden Sie glauben, man braucht einfach Glück, um seine Träume zu verwirklichen. Natürlich können Sie auch denken, dass man Probleme mit Kämpfen und harter Arbeit lösen muss und nicht mit bewusster Gedankenschulung. Aber beides sind in diesem Moment nichts als Gedanken. Fragen Sie sich doch einmal, ob ein anderer Gedanke nicht hilfreicher wäre.

Ändere deine Gedanken ... ∞ 321

Denn das, was Sie denken, ist nicht in Stein gemeißelt; Sie haben in diesem Moment die Wahl, zu entscheiden, was Sie über die letzten Seiten denken. Entweder: »Sie hat einfach Glück gehabt.« Oder: »Spannend, was Sie da erlebt hat. Vielleicht ist es ja einen Versuch wert.« Beides sind nur Gedanken. Aber Gedanken, die sich völlig unterschiedlich auf Ihr Leben auswirken.

Fragen Sie sich, was Sie wollen. Und entscheiden Sie sich, welche Gedanken dafür hilfreich und unterstützend sein können. Vielleicht ist unter all dem Druck, der möglicherweise gerade auf Ihrem Leben lastet, bei all den täglichen Anforderungen, denen es gerecht zu werden gilt, den Krisennachrichten, die in Ihnen immer neu für Ungewissheit und Verunsicherung sorgen, ja trotzdem dieses Gefühl, das wie ein leises, lebendiges Herzklopfen nicht verstummen will. Dieses Gefühl, das an einen anderen Weg glaubt. Daran, dass Sie der Welt doch noch etwas zu geben haben, etwas wirklich Wertvolles, das tief in Ihrem Inneren steckt.

Sie wissen nicht, wie Sie diese innere Größe ausdrücken sollen? Sie können sich im Moment nicht vorstellen, dass es kraftvoller sein könnte als all die äußeren Negativnachrichten? Ihnen fehlt der Glaube, dass irgendjemand das, was in Ihnen steckt, für wichtig genug halten oder sich wünschen könnte, dass Sie noch einen Versuch unternähmen, es endlich ins Leben zu bringen?

Und doch bleibt da das leise Herzklopfen ...

Alles, was Sie für dieses Herzklopfen wagen müssen, ist, Ihre Gedanken zu ändern. Und sich im Idealfall jeden Tag ein kleines bisschen Zeit für die Stille und innere Einkehr zu nehmen, um von hier aus Ihre Gedanken aktiv, gezielt und wiederholt in neue Bahnen zu lenken. Das ist das, was wir Ihnen aus unserem Leben weitergeben können. Das ist die wahre Macht, die Sie über Ihr Leben haben.

Das Leben ist, aber Sie können bestimmen, was Sie darüber denken. Und was Sie denken, bestimmt Ihr Leben.

Auch für mich (Eva) war dies alles damals eine Revolution. Aber ich habe es einfach ausprobiert. Und heute ist in meinem Leben nichts mehr, wie es einmal war. Ich habe zurückgefunden zu meiner Berufung, neue Talente ins Leben gebracht, mich seelisch weiterentwickelt, Heilung in meiner Beziehung erfahren und Erfolg, Leichtigkeit, Vertrauen und Wohlstand in mein Leben und das meiner Familie gebracht. Für meinen Geschmack war das den Versuch von damals wert.

Mittlerweile ist das, was damals so neu und unglaublich schien, fester Bestandteil unseres Lebens geworden. Alle unsere neuen Projekte beginnen heute in unserem Inneren. Längst ist es auch für mich (Wolfram) ganz selbstverständlich, regelmäßig meine innere Arbeit zu tun. Und mittlerweile macht auch unsere Tochter ihre ersten, faszinierenden Erfahrungen mit dieser Art, ihre Gedanken bewusst auszurichten.

Immer öfter sitzen wir in Stille zu dritt beieinander, joggen zusammen oder gehen durch den Wald, um uns für unser Inneres zu öffnen und uns bewusst auf das auszurichten, was wir gerade für unser Leben wünschen. Längst meditieren wir jeden Tag, wobei Meditation sich auf viele verschiedene Weisen ausdrücken kann. Ob in körperlicher Stille, innerer Visualisierung oder Bewegung – bedeutsam ist, was uns in tieferen Kontakt mit unserem Inneren bringt. Manchmal tanzen wir alle drei, bis wir wirklich loslassen und uns wieder spüren können. Manchmal sitzen wir still und folgen unserem Atem. Nichts ist starr und längst nicht alles ernst. Wichtig ist nur eins: Dass wir unsere Zeit finden, uns unserem Inneren zuzu-

Ändere deine Gedanken ... ∞ 323

wenden. Sonst fühlen wir uns schnell leer, unruhig, desorientiert oder angespannt.

Je mehr wir uns dieser Art der Kontemplation und der Stille zuwenden, desto leichter fällt alles in unserem Leben an seinen Platz. Desto weniger müssen wir uns anstrengen, unsere Ziele zu erreichen. Ob Beruf, Beziehung oder Gesundheit, wir beziehen all unsere bedeutsamen Lebensbereiche in unsere innere Arbeit mit ein. Wir erleben, wie viel Schwung, Verbundenheit und neue Kraft einer Familie auf diese Weise zufließen. Und wir haben nie vorher erlebt, dass wir diese Dynamik auf andere Art hätten in Bewegung setzen können, die wir jetzt allein durch die innere Ausrichtung und Bewusstwerdung aktivieren.

Aber diese Lebensweise ist kein New Age »Wünsch dir was«. Alles, was ich (Eva) im Kapitel zuvor beschrieben habe, erzählt zwar von einem äußerst dynamischen inneren Schaffensprozess, aus dem Erfolg und Wohlstand in unserer Familie entstanden sind. Aber wenn Sie daraus »mein Haus, mein Boot, mein Pferd…« machen und sich ausmalen, welche Besitztümer Sie sonst noch gerne hätten, ist das nur eine Kompensation wahrer Bedürfnisse und nicht die innere Welt der Stille und Schöpferkraft, für die wir Sie hier begeistern möchten.

Es gibt mittlerweile viele Bücher, die die Kraft der Gedanken und die Möglichkeiten aktiver Manifestationsprozesse beschreiben. Das populärste ist wohl *The Secret*, das weltweit die Bestsellerlisten stürmte und für einen wahren Bewusstseinssprung auf breiter Ebene gesorgt hat. All die Bücher beschreiben, wie wir in der Welt unserer Vorstellung unsere manifeste Welt gestalten. Und viele erzählen Geschichten, wie sich Menschen auf diesem Weg großen Wohlstand erschaffen haben.

324 ∞ *Der Weg in die Berufung*

Nachdem wir viele Jahre lang erfolgreiche Menschen studiert und beobachtet haben, hegen wir keinen Zweifel daran, dass es so etwas wie Wohlstands- und Erfolgsdenken gibt, das in seinen Grundstrukturen in krassem Gegensatz zu dem automatisierten Mangel- und Angstdenken der Mehrheit unserer Bevölkerung steht. Wir sind überzeugt davon, dass man sich innerlich auf Wohlstand und Erfolg ausrichten kann. Es ist nichts falsch daran, Dinge erreichen zu wollen. Aber statt Erfüllung wird Frust aufkommen, wenn Sie mit dieser Praxis einzig aus dem Grund beginnen, um zukünftigen Wohlstand zu erschaffen.

Ändere deine Gedanken ... ∞ 325

Oprah Winfrey

US-Talkmasterin und Medienunternehmerin (* 1954)

Das Schönste für sie ist ein Blubberbad – ein Blubberbad nach einem der üblichen Sechzehn-Stunden-Arbeitstage voller Termine, Fernsehauftritte, Geschäfte, Sitzungen und so weiter. Diesen Luxus gönnt sich Oprah Winfrey, wo immer es geht. Und dazu steht sie. Wie zu allem, was sie tut. Denn eine der Lebensregeln der erfolgreichsten, einflussreichsten und beliebtesten Frauen Amerikas lautet: »Erfolgreich sein bedeutet, den Punkt zu erreichen, an dem du vollkommen mit dir im Reinen bist. Und es spielt dabei überhaupt keine Rolle, was du sonst alles erreicht hast!«

Dabei hat Oprah Winfrey viele Dinge erreicht: Weltruhm als Talkmasterin ihrer »Oprah Winfrey Show«, die täglich von einundzwanzig Millionen Menschen in über hundert Ländern gesehen wird; Einfluss als Inhaberin ihres eigenen Medienimperiums; Erfolg als eine Frau, die sich aus den denkbar widrigsten Verhältnissen hinaufgearbeitet hat zu einem Weltstar. Geboren wurde sie als Tochter einer minderjährigen Putzfrau und eines Soldaten in einem Provinznest im US-Staat Mississippi. Ihre Kindheit verbrachte sie bei den Großeltern auf einer Schweinefarm – bis sie zu ihrer Mutter ins Schwarzen-Getto von Milwaukee zog, wo sie über Jahre hinweg von drei unterschiedlichen Männern sexuell missbraucht wurde. Daraus ging ein Kind hervor, das sie mit dreizehn Jahren zur Welt brachte, doch kurz nach der Geburt wieder verlor. Oprah begab sich danach in die Obhut ihres strengen Vaters, der ihr – wie sie sagt – das Gefühl der eigenen Würde zurückgab und dadurch ihrer späteren Karriere den Weg bereitete: erst als Fernsehmoderatorin, dann als

Talkmasterin, später als Schauspielerin und heute als Chefin eines großen Medienimperiums.

Doch so dankbar Oprah für all dies ist – sie sagt von sich, sie sei eine »gesegnete Frau« –, so wenig bedeutsam erscheint es ihr, gemessen an dem, was für sie wirklich zählt: »Erfolg bedeutet für mich, die innere Kraft und den inneren Mut zu haben, ›Nein‹ zu sagen: ›Nein, so lasse ich mich nicht behandeln! Ich möchte für mich nur das Beste.‹« Und was das Beste für sie ist, das sagt ihr die Stimme ihres Herzens: »Meinen materiellen, ebenso wie meinen geistigen Erfolg verdanke ich vor allem der Fähigkeit, auf meinen Instinkt zu hören«, erklärt sie. Und: »Das ist die Fähigkeit zu verstehen, wo der Unterschied liegt zwischen dem, was der Kopf sagt, und dem, was das Herz sagt. Ich folge immer dem Herzen. Ich bin dort, wo ich heute bin, weil ich es mir erlaubt habe, auf meine Gefühle zu achten.«

Es ist wohl diese Gabe, die Oprah Winfreys Ruhm als Talkmasterin ausmacht. Ihre Offenheit gegenüber ihren Gästen ist legendär. Egal, über welches Thema sie mit wem redet: Stets ist Oprah völlig präsent, gibt ihren Gesprächspartnern das Gefühl, ganz für sie da zu sein. So war es auch bei der denkwürdigen Sendung, als sie eine junge Frau zu Gast hatte, die ebenfalls als Kind sexuell missbraucht wurde. Oprah war so betroffen, dass sie die Kameras ausschalten lassen wollte. Und gleichzeitig zutiefst dankbar, weil sie durch dieses Ereignis dazu kam, Frieden mit ihrer eigenen Vergangenheit zu machen.

Sie selbst erklärt sich ihr außergewöhnliches Mitgefühl und ihre Gabe zur Empathie dadurch, dass sie im Laufe ihres Lebens begriffen hat, dass sie genauso viel wert ist wie jeder andere Mensch: »Wir sind alle gleich«, sagt sie aus tiefster Überzeugung. »Es gibt etwas, das alle Menschen verbindet.« Diese Einsicht erlaube es ihr, sich zu öffnen. Diese Einsicht mache ihr

Oprah Winfrey ∞ 327

Mut, in ihren Shows ganz sie selbst zu sein, ohne dabei vollkommen sein zu müssen. Diese Einsicht ermögliche es ihr, ihren Gesprächspartnern den Raum zu geben, den sie brauchen, um sich in ihrer Würde und Schönheit zeigen zu können.

Diese Einstellung sagt etwas aus über einen anderen zentralen Charakterzug der »guten Fee« Oprah Winfrey *(Süddeutsche Zeitung)*: Sie ist eine leidenschaftliche Liebhaberin der Wahrheit. »Du musst wahrhaftig mit dir selbst umgehen«, sagt sie. »Du musst wissen, was du wirklich bist und wirklich willst.« Alle Fehler, die sie in ihrer sagenhaften Karriere begangen hat, hätten ihren Grund allein darin, dass sie Dinge getan hat, mit denen sie anderen Leuten gefallen wollte. Während ihr umgekehrt nicht einmal ein Fehler unterlaufen sei, wenn sie etwas für sich selbst getan hat – für das, worin sie ihre Berufung sieht.

»Das Wichtigste, um voranzukommen, ist die Fähigkeit, die Wahrheit des eigenen Lebens zu suchen. Und zwar auf jede Weise. Du musst wahrhaftig zu dir selbst sein. Du kannst einem Beruf nachgehen, weil deine Eltern sagen, das sei für dich das Beste; du kannst einem Beruf nachgehen, weil du glaubst, damit eine Menge Geld zu verdienen; du kannst einem Beruf nachgehen, weil du glaubst, dadurch große Aufmerksamkeit zu erlangen. Nichts von alledem wird dir guttun, solange du nicht wahrhaftig zu dir selbst bist! Diese Wahrhaftigkeit kommt aus deinem natürlichen Instinkt. Er sagt dir bei allem, was du tust, ob es sich gut oder schlecht anfühlt.«

Oprah Winfrey

Und worin sieht sie ihre Berufung? »Das Großartigste bei dem, was ich tue, ist, dass ich das Leben der Menschen verändern kann.« Das ist für sie vor allem eine spirituelle Aufgabe, bei der sie seit Januar 2008 einen bemerkenswerten Partner an ihrer Seite hat: Eckhart Tolle (siehe auch Seite 275ff.). Nachdem Tolle mit seinem Buch *Eine neue Erde* in ihrer Show »Oprah's Book Club« zu Gast war, entwickelte sich zwischen den beiden eine enge Zusammenarbeit. Insgesamt zehn Sendungen bestritten die beiden fortan zusammen, die Millionen Menschen überall auf der Welt verfolgten – ein durchschlagender Erfolg. Die Lektüre des Buches sei für sie »ein Aufwachen« gewesen – eine Erfahrung, die sie auch ihrem Publikum wünsche, wie Oprah ihren Zuschauern erklärte. Wer die denkwürdigen Sendungen seinerzeit verpasst hat, kann sie inzwischen im Internet abrufen. Auf der Seite www.opraheckhart.com sind sie zu einer Art spirituellem Lehrgang zusammengestellt.

Oprahs Zusammenarbeit mit Eckhart Tolle macht deutlich, dass es ihr wirklich um die Menschen geht – und wirklich um eine neue, bessere Erde. Sie macht keinen Hehl daraus, dass sie vor jeder Show meditiert und darum betet, dass ihre Botschaft die Menschen auf eine gute und stimmige Weise erreicht; dass sie begreifen, dass sie für ihr eigenes Leben verantwortlich sind und selbst dann die Dinge zum Guten wenden können, wenn ihnen Schlimmes widerfahren ist: »Die Fähigkeit zum Triumph liegt allein in dir. Immer, immer!«

Niemand bezeugt die Wahrheit ihrer Worte so sehr, wie sie selbst. Oprah Winfrey ist – neben Barack Obama, dessen Wahlkampf sie unterstützte – wohl das unwiderstehlichste Beispiel für die Wahrheit des amerikanischen Traums: vom missbrauchten Mädchen aus dem Getto hin zu einer der einflussreichsten Frauen Amerikas – und dabei doch auch zu einer der bescheidensten und einfachsten. Denn nichts liegt ihr ferner, als mit ihrem Einfluss und Reichtum zu prunken oder zu protzen. Sie sagt, sie sei sich ihrer enormen Verantwortung jederzeit bewusst. Und sie sagt es nicht nur, sondern bekundet es auch durch ihr großes soziales Engagement. Mit ihrer Stiftung Oprah's Angel Network hilft sie Notleidenden in Afrika, mit anderen Projekten fördert sie die Verbesserung der Schulbildung. Denn sie weiß: Hätte ihre Großmutter ihr nicht das Lesen beigebracht und ihr damit das Tor zu einem anderen, besseren Leben aufgestoßen, wäre aus der kleinen Oprah wohl nie der Weltstar von heute geworden – der Weltstar, der seine Herkunft nie vergessen hat und deshalb sein Vermögen gern mit anderen teilt. Und sich ansonsten nur die kleine Extravaganz des Blubberbades leistet.

Das wahre Geheimnis dessen, was wir auf den letzten Seiten beschrieben haben, liegt nicht in der Zukunft, sondern in der Gegenwart. Es entfaltet seine Kraft, wenn Sie annehmen und lieben lernen, was jetzt ist. Aus dieser Liebe kann etwas Neues geboren werden, das dann wiederum zu neuer Liebe führt. Das ist der Schaffensprozess, von dem wir hier reden.

Wohlstand können Sie nur jetzt erfahren und nicht in der Zukunft erreichen.

Sie haben in Ihrem Leben sicher Millionen Mal etwas anderes gehört, deswegen sagen wir es in diesem Buch immer wieder, um in diese feste Programmierung hinein langsam einen neuen Glaubenssatz in Ihrem Inneren zu säen: Wir sorgen für Wohlstand in unserem Leben, wenn wir den Wohlstand, der in uns ist, erkennen. Wenn Sie entdecken, wer Sie sind; wenn Sie Ihre Talente und Gaben befreien und Ihren inneren Visionen Ausdruck verleihen; wenn Sie Ihrer inneren Führung vertrauen und folgen, dann fühlen Sie sich reich und wissen, was Sie haben. Dann sind Sie dankbar für das, was Sie haben, wer Sie sind, wo Sie sind und was Sie gerade tun. Eckhart Tolle sagt, Dankbarkeit für den gegenwärtigen Moment und für die Fülle des gegenwärtigen Moments sei wahrer Wohlstand.

In der Zeit, als ich jeden Morgen innerlich mit dem orangefarbenen Buch verbunden war, da hatte ich natürlich Träume und Ziele. Aber sie waren ein natürlicher Ausdruck meiner wieder ins Leben gebrachten Talente und Visionen und nicht der Überlegung: Was könnte ich tun, um damit zukünftig viel Geld zu verdienen? Oder: Welches Thema wäre das richtige, um damit Erfolg zu haben? Ich bin morgens nicht durch den Wald gelaufen und habe mir vorgestellt: Bestseller, Bestseller, Bestseller ... Ich war enthusiastisch, begeistert und beseelt von diesem Projekt und erfüllt davon, es ins Leben zu bringen. Ich

Ändere deine Gedanken ... ∞ 331

wollte nichts. Ich »hatte« damals bereits alles. Und das wollte ich weitergeben. Ich fand das, was ich »hatte«, großartig. Und ich fand es herrlich, dem endlich Ausdruck geben zu können. Und so begeistert, wie ich war, so überschwänglich war auch meine Vision, nichts Geringeres als einen Bestseller zu schreiben.

Es geht darum, dass Sie sich wertschätzen, sich von ganzem Herzen annehmen und der Welt zeigen. Das ist das ganze Geheimnis: *Liebe dich selbst.*

Lieben Sie und verteilen Sie Ihre Liebe reichlich und in großen Mengen!

Marianne Williamson sagt: »Die Welt hat nichts davon, wenn Sie sich mit Kleinigkeiten abgeben.« Sich mit Kleinigkeiten abzugeben macht Sie arm und bedürftig. Sich mit Kleinigkeiten abzugeben heißt, in der vertrauten Angst und den gewohnten Mustern zu verharren. Wenn Sie sich weiter mit Kleinigkeiten abgeben, dann wird sich Ihr Leben immer nur wie eine vertane Chance anfühlen – wie eine Aneinanderreihung von »könnte sein« oder »hätte sein können«.

Ernest D. Chu, ebenfalls Bestsellerautor, Investmentbanker und spiritueller Lehrer, sagt: »Wie ich es vor einigen Jahren meinem Freund versichert habe, würde ich auch Ihnen versichern, dass die Welt ohne jeden Zweifel Ihre Großartigkeit braucht, ja geradezu danach hungert. Deshalb werden diejenigen meist reichlich belohnt, die lernen, Liebe zu empfangen und sie dann aus dem inneren Gefühl heraus, sie zu verdienen, durch sich hindurchströmen lassen.«

Als Banker hält Chu einen Mangel an Wohlstand für eine Liquiditätskrise. Bei seiner Definition von echtem Wohlstand geht es bei dieser Liquidität aber nicht um Geld, sondern um den Strom liebevoller Absicht. Diese liebevolle Absicht, die wir aussenden und mit unseren Gedanken, Handlungen und Zielen verbinden, ist für ihn eine Art Seelenwährung, die Ihnen in unerschöpflichen Mengen zur Verfügung steht und die sich leicht in alles umtauschen lässt, was Sie sich wünschen. Nicht nur in materielle Werte wie Geld oder angenehmen Luxus. Sondern auch in immaterielle Werte. Diese Währung kann Ihr Leben mit Liebe, Leidenschaft und Zufriedenheit erfüllen. Sie steigt im Wert, je bewusster, umfassender und absichtsvoller Sie sich ihr zuwenden.

Chu ist davon überzeugt: »Wenn wir sie benutzen, und sei es auch nur unbewusst, dann spüren wir, wie ein Gefühl der Befriedigung und Mühelosigkeit durch unser Leben strömt. Mit Hilfe der Seelenwährung erreichen wir unsere Ziele, und oft übersteigen die Ergebnisse unsere Erwartungen. Geld, Liebe und Unterstützung scheinen uns mühelos zuzufließen. Auf magische Weise scheinen die richtigen Leute in unserem Leben aufzutauchen, und die günstigen Gelegenheiten fallen uns in den Schoß, als würden wir sie magnetisch anziehen.«

Vielleicht nicken Sie nun. Vielleicht fühlen Sie sich jetzt, am Ende dieses Buches, wie aufgeladen und in Kontakt mit der Fülle in Ihrem Inneren. Aber vielleicht ist da auch schon wieder diese leise, altvertraute Stimme, die Ihnen sagt, dass gute Dinge nicht von Dauer sein können. Dass Sie sich jetzt von unseren Worten haben mitreißen lassen. Dass aber gleich, wenn Sie dieses Buch weglegen, draußen wieder die Realität mit der globalen Wirtschaftskrise und all Ihren persönlichen Sorgen und Einschränkungen auf Sie wartet.

Aber was wäre, wenn Sie sich jetzt in diesem Moment trotzdem entscheiden würden, von nun an Ihrer inneren Kraft bewusst zu erlauben, Ihnen ein Leben voll von außergewöhnlicher Erfüllung und dynamischem Wohlstand zu erschaffen?

Ändere deine Gedanken ... ∞ 333

Was wäre, wenn Sie ab jetzt lernen würden, Ihre unerschöpfliche Quelle in Ihrem Inneren bewusst zu nutzen?

Wir glauben, dass Sie dann von nun an vor allem zwei Dinge tun könnten: Den unerschöpflichen Wohlstand des Lebens genießen und dabei gleichzeitig dieser Welt das Kostbarste geben, das Sie haben: Ihre Liebe, Ihre Talente und Ihre Schöpferkraft.

NACHWORT

Die Reise in die Berufung hat kein Ende. Auch unsere Reise geht unaufhörlich weiter. Das hat aber nichts mit hektischer Betriebsamkeit zu tun, sondern damit, sich dem stetigen Wandel und Wachstum nicht aus Sicherheitsdenken und Angst in den Weg zu stellen, sondern sich dem natürlichen Fluss anzuvertrauen. Alles Leben ist in Bewegung, und zwar zyklisch in allen Lebensformen.

Mit diesem Buch haben wir eine große Entwicklungsphase mit all den dazugehörigen Erfahrungen verarbeitet und abgeschlossen. Aber in jedem Abschluss liegt immer schon der Same für den nächsten Zyklus. An dieser Stelle möchten wir Sie unbedingt dafür sensibilisieren, auf Ihrem Weg in die Berufung wach zu werden und wach zu bleiben. Wenn Sie gerade in Ihrem Leben erfahren, dass etwas zu Ende geht – ob nun mit Freude oder mit Frust spielt dabei keine Rolle –, ist nur wichtig, dass Sie Ihren nächsten Schritt vor allem an zwei Fragen ausrichten: Was ist es, was mir gerade am meisten fehlt? Und was kann ICH dazu tun, dass das auf die Welt kommt?

Wenn Sie mit diesen beiden Fragen wieder und wieder schwanger gegangen sind, sie sich immer wieder neu gestellt haben, dann kann es gut sein, dass sich Ihnen etwas zeigt, was für Sie viel zu groß, scheinbar unmöglich oder utopisch scheint.

Damit wären wir bei einem der – unserer Meinung nach – wichtigsten Themen unserer Zeit: Netzwerke.

Große Hebelkräfte – jenseits jeder Vorstellungswelt des Einzelnen – können entstehen, wenn mehrere Menschen mit unterschiedlichen Fähigkeiten, Möglichkeiten und Talenten für ein gemeinsames Ziel mit vollem Herzen auf einen Punkt einwirken. Wir sagen an dieser Stelle bewusst »mit vollem Herzen«, weil wir damit nicht die angstvollen Fusions- und Übernahmebewegungen der jüngsten Zeit meinen.

Um es konkret zu machen: Wir selbst vermissen gerade zwei Dinge in unserem Leben. Zum einen bekommen wir von Menschen immer häufiger das Feedback, dass es ihnen schwerfällt, in ihrem Alltag einen Raum der Ruhe und des Versorgtseins zu finden, an dem sie mit den Werten experimentieren können, von denen wir in unserer Arbeit, in unseren Vorträgen und unseren Büchern reden. Viele beschreiben, dass sie von ihrem Alltag zu schnell überrollt und in alte, ungesunde Abläufe zurückgesogen werden.

Zum anderen machen wir selbst eine ähnliche Erfahrung, allerdings im umgekehrten Sinne. Im Laufe der vergangenen Jahre haben sich nicht nur unsere Werte, unsere Lebensweise und der Ort, an dem wir leben und arbeiten, sehr verändert. Unser Leben ist insgesamt viel stiller und zurückgezogener geworden. Wir leben in der Natur, wir haben viel Raum für uns, unsere Kreativität, unser Inneres, unsere Gesundheit und unseren Körper. Wenn wir draußen in der Welt unterwegs sind, dann finden wir nur selten etwas, was uns ähnlich ganzheitliche Qualitäten bietet wie unser Zuhause.

So ist im Laufe der letzten zwei Jahre das Bedürfnis in uns immer weiter gewachsen, einen Ort zu schaffen, der Menschen die Möglichkeit zur Einkehr und Neuausrichtung bietet. Gleichzeitig würden wir mit diesem Ort gerne ein Exempel statuieren, das in vielerlei Hinsicht neue Impulse setzt. Wir glauben, dass es eine ganz neue, echtere und weniger statische Form von Hotellerie, Gastronomie, Gastlichkeit und Seminar- und Tagungszentren braucht. So wie vor Jahrzehnten die Klubhotels entwickelt wurden und in ihrer Konzeption Lebens- und Freizeitbedürfnisse der Menschen völlig neu und lebendig verbunden wurden, so glauben wir, dass es jetzt wieder an der Zeit ist für einen weiteren, gänzlich anders ausgerichteten Entwicklungsschritt.

Unsere Vision in Zeiten der Weltwirtschaftskrise und des weltweiten Wandels ist ein Ort echter Lebensfreude, eine Art Arche Noah, aber auch ein modernes Kloster und ein Hotel von wahrhaftem Genuss und echter Gastfreundschaft. Teil ist auch ein Innovationszentrum, eine Art Thinktank, eine Ideenschmiede; ein Ort, an dem sich Vordenker und Suchende treffen und an dem neues Bewusstsein spürbar und erlebbar ist und von dem es auch in diese Welt getragen wird. In der Basis ist es ein Ort, der die Sinne erfreut, gleichzeitig im Einklang mit der Natur und unserer Erde ist und an dem Menschen wirklich zu sich, zu ihrer Seele und zur Entspannung finden. Dieser Ort ist aber kein Ort der Kargheit. Uns ist daran gelegen, dass er ein Ort voller Sinnlichkeit und Schönheit ist, ausgestattet mit modernsten Technologien und neuesten Standards, mit Lifestyle und gutem Geschmack.

Dieses Projekt übersteigt unseren Rahmen in vielerlei Hinsicht: Bisher haben wir weder den richtigen Ort gefunden – auch wenn wir unsere Augen ständig nach ihm offen halten.

Nachwort ∞ 337

Noch verfügen wir über das nötige Budget. Aber vor allem: Unsere Verbindung mit dem Netzwerk, das dieser Vision mit uns zum Leben verhilft, steckt noch in ihren Anfängen. Teil unserer Vision ist es, gemeinsam mit starken Partnern, Vordenker aus unterschiedlichen Disziplinen und Professionen zusammenzubringen, um diesen Ort zu kreieren, zu planen, zu entwickeln und zu erschaffen. Und unsere Vision ist es weiter, dass dann an diesem Ort einzelne Menschen, Gruppen ebenso wie auch Unternehmen einen Platz zur Einkehr, Heilung und Neuausrichtung finden. Sodass dieser Platz am Ende eine Keimzelle ist, aus der in vielfältigsten Formen neues Bewusstsein in diese Welt strömt.

Das alles klingt nicht nur in Ihren Ohren groß. Auch in unserem Leben ist dies die größte Vision, die uns bisher getragen hat. Damit sie tatsächlich ins Leben kommt, brauchen wir im ersten Schritt vor allem Vertrauen und eine konstant offene Haltung. Wir überdenken und überarbeiten unsere Vision ständig, feilen sie aus, konkretisieren Details und reden, wann immer sich uns Möglichkeiten bieten, mit Menschen über dieses Projekt.

Aus unserer Sicht ist es wichtig, mit einer Vision oder einem neuen Projekt nach außen zu gehen und nach einer gewissen Reifungsphase mit kompetenten und engagierten Menschen immer wieder darüber zu reden. So überprüfen Sie Ihre Idee, stärken Ihre Argumente und treffen nicht selten, scheinbar zufällig, zur rechten Zeit, am rechten Ort die rechten Menschen, mit denen das Netzwerk entstehen kann, das Sie brauchen, um aus Ihrer Idee Realität werden zu lassen.

Wir gehen in diesem Sinne mit unserer Vision voran und möchten Sie ermutigen, dies beherzt und kontinuierlich auch zu tun.

Viel Erfolg und Spaß dabei!

Ihr Wolfram und Ihre Eva-Maria Zurhorst

Kontakt:
www.liebedichselbst.de
team@liebedichselbst.de

Möge dieses Buch Sie daran erinnern,
wie kostbar und großartig Sie sind und
wie sehr diese Welt Sie braucht.

Möge Ihnen dieses Buch Mut machen,
auf Ihr Innerstes zu vertrauen und Ihr
Leben zu leben.

Möge es Ihnen Klarheit schenken, immer
wieder neu zu erkennen, dass die Krisen
und schlechten Nachrichten von heute
ihren Ursprung in Entscheidungen und
Gedanken der Vergangenheit haben.

Dass es gerade jetzt Zeit ist,
neue Gedanken zu wählen und
neue Entscheidungen zu wagen.

Möge Ihnen dieses Buch Liebe,
Hoffnung und Freude bringen.

Das ist unser Wunsch für Sie und
für diese Welt.

DANK

Unsere Väter sind beide viel zu früh und im gleichen Jahr gestorben. Unser Dank gilt daher hier unseren beruflichen Ziehvätern: Josef Spyth und Werner Wild. Hanskarl Willms, Matthias Hardt, Dr. Dieter Heutling und Johannes Rau. Sie haben an uns geglaubt, bevor wir es getan haben. Sie haben etwas in uns gesehen, bevor wir es gesehen haben. Sie haben uns herausgefordert, über unsere Grenzen zu gehen. Jeder von ihnen hat uns wachsen lassen.

Unser Verleger, Gerhard Riemann, gehört mittlerweile auch in diese Riege. Auch er hat an uns und unsere Bücher geglaubt, lange bevor andere das getan haben. Er hatte Geduld mit uns, er hat uns ermutigt und immer auf unseren inneren Weg vertraut.

Aber wir danken auch denen, die es uns vermeintlich schwer gemacht haben und aus damaliger Sicht für das Ende unserer alten Karrieren verantwortlich waren: Heiko Witte und Michael Rottmann. Sie haben uns aus dem engen beruflichen Nest geschubst und sind aus heutiger Sicht daher mit dafür verantwortlich, dass wir das Fliegen gelernt haben.

Unser besonderer Dank gilt Dr. Christoph Quarch. Er hat mir (Wolfram) eine Stimme gegeben. Als erfahrener Journalist hat er mich interviewt und Teile meines beruflichen Lebens aufgeschrieben. Er hat recherchiert, zusammengetragen und die Porträts in diesem Buch geschrieben. Er hat den Boden für dieses Buch bereitet. Vor allem war er immer auch der tieferen Weisheit des Lebens verbunden, die uns erneut auch durch dieses Projekt getragen hat.

Und natürlich danken wir unserem Team – unseren drei Engeln – Kerstin Westhoff, Susanne Branscheid und Ivonne Wiegand dafür, dass sie uns so perfekt organisieren und unterstützen. Ohne sie hätte das ganze *Liebe dich selbst*-Projekt nicht wachsen und gedeihen können.

Dass dieses Buch voller Sonne, Stille und Natur ist, dafür danken wir unseren Gastgebern auf dem Sinai, auf Mallorca und in Lugano, wohin wir uns fernab vom Alltag ungestört und gut versorgt in den »heißen Phasen« zum Schreiben zurückziehen konnten.

Danke
Von Paulo Coelho

Ich danke allen, die meine Träume belächelt haben.
Sie haben meine Fantasie beflügelt.

Ich danke allen, die mich in ihr Schema pressen wollten.
Sie haben mich den Wert der Freiheit gelehrt.

Ich danke allen, die mich belogen haben.
Sie haben mir die Kraft der Wahrheit gezeigt.

Ich danke allen, die nicht an mich geglaubt haben.
Sie haben mir zugemutet, Berge zu versetzen.

Ich danke allen, die mich abgeschrieben haben.
Sie haben meinen Trotz geschürt.

Ich danke allen, die mich verlassen haben.
Sie haben mir Raum für Neues gegeben.

Ich danke allen, die mich verraten und missbraucht haben.
Sie haben mich erwachsen werden lassen.

Ich danke allen, die mich verletzt haben.
Sie haben mich gelehrt, im Schmerz zu wachsen.

Ich danke allen, die meinen Frieden gestört haben.
Sie haben mich stark gemacht, dafür einzutreten.

Ich danke allen, die mich verwirrt haben.
Sie haben mir meinen Standpunkt klargemacht.

Vor allem aber danke ich all denen,
die mich lieben, so wie ich bin.
Sie geben mir die Kraft zum Leben!

Danke.

LITERATURNACHWEIS

Branson, Richard: *Loosing my Virginity*, München: Heyne 2005

Byrne, Rhonda: *The Secret – Das Geheimnis*, München: Goldmann Arkana 2007

Chu, Ernest D.: *Seelenwährung*, München: Goldmann Arkana 2009

Coelho, Paul: *Auf dem Jakobsweg*, Zürich: Diogenes 1999

Coelho, Paul: *Brida*, Zürich: Diogenes 2008

Coelho, Paul: *Der Alchemist*, Zürich: Diogenes 1996

Ein Kurs in Wundern, Gutach i. Br.: Greuthof 1994

Ferriss, Timothy: *Die 4-Stunden-Woche*, Berlin: Econ 2008

Gulder, Angelika: *Finde den Job, der dich glücklich macht*, Frankfurt a. M.: Campus 2004

Hirschhausen, Eckart von: *Das Glück kommt selten allein*, Reinbek: Rowohlt 2009

Jung, C. G.: *C. G. Jung im Gespräch*, Einsiedeln: Daimon 1986

Kerkeling, Hape: *Ich bin dann mal weg*, München: Malik 2006

Koark, Anne: *Insolvent und trotzdem erfolgreich*, Bad Nauheim, Insolvenzverlag 2005

Neu, Hajo: *Weniger arbeiten, mehr leben*, Frankfurt a. M.: Campus 2003

Norton, R. D. (Hrsg.): *Creativity and Leadership in the 21st Century Firm*, Bingley: Emerald 2002

Otte, Max: *Der Crash kommt*, Berlin: Econ 2006

Tepperwein, Kurt: *Vom Beruf zur Berufung*, Landsberg/Lech: mvg 2000

Tolle, Eckhart: *Eine neue Erde*, München: Goldmann Arkana 2005

Tolle, Eckhart: *Jetzt!* Bielefeld: Kamphausen 2000

Tolle, Eckhart: *Stille spricht*, München: Goldmann Arkana 2003

Walsch, Neale Donald: *Gespräche mit Gott*, München: Goldmann Arkana 1997

Williamson, Marianne: *Rückkehr zur Liebe*, München: Goldmann Arkana 1993

Trennung ist keine Lösung!

Denn die Beziehung, die Sie gerade haben, ist die beste, die Sie kriegen können.
Eva-Maria Zurhorst, Deutschlands populärster Beziehungscoach und
kenntnisreiche Expertin zahlloser Rosenkriege, räumt gründlich auf mit der Erwartung,
beim nächsten Partner werde alles anders. Sie macht Mut, die existierende
Beziehung anzunehmen und zeigt, wie Sie mit ihm / mit ihr glücklich werden.

ISBN 978-3-442-33722-4

»Märchen enden meist mit dem Tag der Hochzeit. Eva-Maria Zurhorsts
Buch beginnt am Tag danach.«
Bella

Die CD zum Buch

Das Praxisbuch zeigt ungeahnte Möglichkeiten, sich für Verbindung und Nähe zu öffnen

ISBN 978-3-442-33754-5

Eva-Maria Zurhorst und ihr Mann Wolfram zeigen, wie Ihre Partnerschaft durch Beziehungskrisen neue Kraft und Tiefe gewinnen kann. Denn gerade die Krisen rütteln uns wach, lassen uns tiefere Aspekte unserer Persönlichkeit entdecken und bergen das größte Potenzial für gemeinsames Wachstum. Freuen Sie sich mit Eva-Maria und Wolfram Zurhorst auf das Abenteuer Ehe-Alltag!

Die *Liebe dich selbst* Hörbücher

Gelesen von Eva-Maria Zurhorst

Liebe dich selbst und es ist egal, wen du heiratest
Hörbuch, 6 CDs
ISBN 978-3-442-339934-1

Gelesen von Eva-Maria und Wolfram Zurhorst

Liebe dich selbst und freu dich auf die nächste Krise
Hörbuch, 6 CDs
ISBN 978-3-442-339935-8

ARKANA
AUDIO

Das *Liebe dich selbst* Praxisprogramm

von Eva-Maria und Wolfram Zurhorst auf CD!

Eva-Maria Zurhorst
Liebe dich selbst
und es ist egal, wen du heiratest
ISBN 978-3-442-33910-5

Eva-Maria & Wolfram Zurhorst
Liebe dich selbst
Sich selbst annehmen und dadurch
die Liebe zu anderen entdecken
ISBN 978-3-442-33926-6

Eva-Maria und Wolfram Zurhorst präsentieren ein Beziehungs-Begleitprogramm, mit dem jeder über Visualisierungen und energetische Übungen im praktischen Alltag tiefgreifende Transformation in seiner Partnerschaft erfahren kann. Dabei geben sie hautnah weiter, was sie selbst in ihrer Beziehung als hilfreich und heilsam erlebt haben.